古代歷史文化研究輯刊

三二編

王明蓀 主編

第 7 冊

唐代藩鎮歷史地理研究
（第一冊）

向傳君 著

國家圖書館出版品預行編目資料

唐代藩鎮歷史地理研究（第一冊）／向傳君 著－－初版－－新
北市：花木蘭文化事業有限公司，2024〔民 113〕
目 8+194 面；19×26 公分
（古代歷史文化研究輯刊 三二編；第 7 冊）
ISBN 978-626-344-870-4（精裝）
1.CST：藩鎮 2.CST：區域研究 3.CST：歷史地理 4.CST：唐代
618   113009406

ISBN-978-626-344-870-4

古代歷史文化研究輯刊
三二編 第七冊   ISBN：978-626-344-870-4

唐代藩鎮歷史地理研究
（第一冊）

作　　者　向傳君
主　　編　王明蓀
總 編 輯　杜潔祥
副總編輯　楊嘉樂
編輯主任　許郁翎
編　　輯　潘玟靜、蔡正宣　美術編輯　陳逸婷
出　　版　花木蘭文化事業有限公司
發 行 人　高小娟
聯絡地址　235 新北市中和區中安街七二號十三樓
　　　　　電話：02-2923-1455／傳真：02-2923-1452
網　　址　http://www.huamulan.tw 信箱 service@huamulans.com
印　　刷　普羅文化出版廣告事業
初　　版　2024 年 9 月
定　　價　三二編 28 冊（精裝）新台幣 84,000 元

唐代藩鎮歷史地理研究
（第一冊）

向傳君　著

作者簡介

向傳君，四川犍為人。1988 年出生於四川犍為，2013 年畢業於西南大學。熱愛歷史文化研究和寫作，研究方向為隋唐五代史（重在唐代藩鎮問題）和四川地方文史，現為中國唐史學會會員、樂山沫若書院研究員、犍為歷史文化研究會理事。目前在省級及以上雜誌期刊發表論文 7篇，在市級雜誌期刊發表文史科普類文章 50 餘篇。

提　　要

　　藩鎮，又稱為方鎮，是唐代中後期一個重要的歷史元素。藩鎮最初只是一種軍事防區，後來演變為地方最高一級的行政區。自景雲二年（711 年）唐王朝始置節度使，至天祐四年（907年）唐王朝滅亡，唐代藩鎮延續近二百年，對唐王朝的歷史發展產生了重要影響。

　　本書結合《舊唐書》《新唐書》《資治通鑑》《元和郡縣圖志》等傳統史料和近些年新發現的一些碑刻資料，對各個藩鎮的建置、演變和轄區沿革進行綜合考證，分析中央政策、歷史事件、權力爭鬥、軍事戰爭等因素對藩鎮變革的影響，同時兼述各藩鎮下轄州縣的沿革，並根據各藩鎮的轄區變化，繪製了各藩鎮幾個重要時間點的轄區示意圖，直觀反映出各個藩鎮的建置情況、歷史發展、轄區變化和周邊形勢。

　　對於藩鎮的歷史地理問題，過去一直缺乏全面系統的梳理。本書不僅系統梳理了唐代藩鎮的沿革情況，還深化了對唐後期「中央直屬州」「附屬藩鎮」「行州」等問題的認識。

　　總體而言，本書著力於研究唐代後期的政區變化，或能成為研究唐代藩鎮、唐後期行政區劃變革史的一本參閱書、工具書。

凡　例

一、研究範疇

　　本書的研究範疇為唐代藩鎮，但不包括唐末時五代十國各政權（含李茂貞之秦岐政權）形成早期在統治區域內新建置的藩鎮。比如，前蜀的建立者王建，大順二年（891 年）成為劍南西川節度使，天祐四年（907 年）在唐朝滅亡後稱帝。大順二年至天祐四年，即視為前蜀政權形成早期。在此期間，王建曾奏請在遂州建置武信軍節度使，此類藩鎮不在本書研究範疇。

二、時間範圍

　　本書不執行統一的時間範圍，各藩鎮研究的起止年代，均起於該藩鎮始置的年代，止於該藩鎮併入五代十國各政權（包括其餘割據政權）的年代。比如，邠寧鎮始置於唐乾元二年（759 年），後梁貞明元年（915 年）歸降於後梁。本書對於邠寧鎮的研究，即起於唐乾元二年，止於後梁貞明元年。

三、紀年

　　1.本書紀年一般採用年號紀年加公元紀年的形式。比如：景雲二年（711 年）、天祐四年（907 年）。

　　2.在各藩鎮轄區統計表中和各藩鎮下轄州縣沿革中，表示年代區間範圍時，為了簡潔直觀，均只使用公元紀年。比如：755 年～763 年。

　　3.在各章節中簡要說明藩鎮的建置沿革時，以及在書末《唐代藩鎮統計表》中表示藩鎮的存在時間和軍號存續時間時，為了簡潔直觀，均只使用公元紀

年，且不帶「年」字。比如「涇原節度使（768～891）—彰義軍節度使（891～899）」，又如涇原鎮的存在時間為「768～899」，其軍號為「彰義軍（891～899）」。

四、腳注

1.同一參考圖書或論文，首次引用時注明出版信息，後續引用均省略出版信息。

2.同一碩士博士畢業論文，首次引用時注明來源信息，後續引用均省略來源信息。

五、其他

1.藩鎮有節度使、都防禦使、觀察使、都團練使、經略使等多種類型，書中除需專門寫明的地方外，其餘地方均統一稱為「某某鎮」。比如，成德軍節度使簡稱為「成德鎮」，鄂岳觀察使簡稱為「鄂岳鎮」。

2.各藩鎮的下轄府州沿革中，著重梳理該藩鎮主要轄有的州（郡、府）、軍、城、都護府等的沿革。對於非主要轄有的州（郡、府）、軍、城、都護府等，其沿革體現在其他相應藩鎮之下。比如，京畿鎮主要轄有京兆府，因而其下轄府州沿革中僅體現京兆府。至於京畿鎮曾經轄有的鄜、坊二州，其沿革則體現在鄜坊鎮之下。

3.《新唐書》卷六十四至卷六十九《方鎮表一》至《方鎮表六》，正文中簡寫為《方鎮表一》至《方鎮表六》，引用上述記載，僅在各節第一次注明出處，後續不再注釋。

4.本書中的地圖，均為轄區示意圖，圖片比例大小根據轄區大小而調整，不設置統一的比例尺。

目

次

緒　論

第一節　研究意義和學術史

　　藩鎮，又稱為方鎮，是唐朝中後期一個重要的歷史元素。藩鎮最初只是一種軍事防區，後來演變為地方最高一級的行政區。自景雲二年（711年）唐王朝始置節度使，至天祐四年（907年）唐王朝滅亡，唐代藩鎮延續近二百年，對唐王朝的歷史發展產生了重要影響。

一、研究意義

　　藩鎮作為一個歷史時代的特殊產物，對唐朝中後期的歷史發展，乃至對中國歷史發展產生了重要而深遠的影響。因此，研究藩鎮對於研究唐代史、中國古代史都有著重要意義。

　　最初的藩鎮，是唐朝在邊疆地區建置的節度使。天寶年（742年～755年）之前，唐朝已經在邊境地區建置有十個節度使，史稱「開元十節度使」或「天寶十節度使」。此時藩鎮的建置，目的主要是防衛邊疆。

　　天寶十四載（755年），范陽、平盧、河東三鎮節度使安祿山悍然發動叛亂。後來，安祿山的部將史思明又發動叛亂。歷史上將這場叛亂稱為「安史之亂」。

　　安史之亂爆發後，唐王朝面臨外族入侵、內部叛亂的局面，為了防禦叛軍，穩定政權，逐漸在全國普遍建置藩鎮。此後，藩鎮逐漸攫取了轄區內的行政、民事、財政大權，從而逐漸演變成一級行政區，這就形成了唐代後期實質上「藩

鎮—州—縣」三級行政體制〔註1〕。

大唐朝廷耗費八年時間，最終平定了安史之亂，卻將河北道地區劃分給叛軍降將，形成長期割據的河朔三鎮。其後，河南道的淄青、淮西等藩鎮也發展成為割據型藩鎮。建中年間，河朔三鎮和淄青、淮西、山南東道、河中等藩鎮先後發動叛亂，再度危及唐朝的存亡。最終，唐王朝雖然平定了叛亂，卻並沒有解決藩鎮割據的問題。元和年間，唐憲宗先後平定西川、淮西、淄青、成德等藩鎮，消除了藩鎮割據的局面。然而唐憲宗死後，河朔三鎮隨即又恢復割據姿態。此後，河朔三鎮長期割據，其他藩鎮也屢屢出現割據的局面。

然而，片面地強調唐代藩鎮的割據，也是有失偏頗的。張國剛先生將唐代藩鎮分為割據型、防遏型、禦邊型、財源型〔註2〕。由此可以看出，唐代藩鎮也有著維繫鞏固唐王朝統治的一方面。實際上，終唐一代能夠長期實行割據的藩鎮也只有河朔三鎮。

唐代中後期，中央朝廷完全依賴於各類藩鎮勢力之間的平衡關係，得以維繫其統治一百多年。唐末，黃巢起義衝破這種平衡關係後，唐王朝很快衰落，全國藩鎮也紛紛走向割據。最終唐王朝滅亡，演變為五代十國。在五代十國時期，各政權內部普遍建置有藩鎮。

經過數十年的分裂，最終宋朝統一了十國政權。鑒於唐末五代藩鎮割據的問題，宋朝採取崇文抑武的政策，導致其後數百年的衰弱，長期與遼、西夏、金等政權對峙。

所以，藩鎮的建置對唐、五代及其以後的歷史發展都產生了重要而深遠的影響。

正是由於藩鎮的深遠影響，藩鎮問題也越來越受學者們的重視，從而湧現出許多研究藩鎮的學術文章和著作。在這之中，早期比較有代表性的是吳廷燮的《唐方鎮年表》〔註3〕、嚴耕望先生的《唐代方鎮使府僚佐考》〔註4〕、王壽南先生的《唐代藩鎮與中央關係之研究》〔註5〕、朱玉龍先生的《五代十國

〔註1〕 翁俊雄：《唐後期政區與人口》，北京：首都師範大學出版社，1999年，第314頁。

〔註2〕 張國剛：《唐代藩鎮研究（增訂版）》引言《唐代藩鎮的歷史真相》，北京：中國人民大學出版社，2009年，第5～6頁。

〔註3〕 吳廷燮：《唐方鎮年表》，北京：商務印書館，1980年。

〔註4〕 嚴耕望：《唐代方鎮使府僚佐考》，《唐史研究叢稿》，香港：新亞研究所，1969年。

〔註5〕 王壽南：《唐代藩鎮與中央關係之研究》，北京：北京大學出版社，2023年。

方鎮年表》〔註6〕。其後，張國剛先生的《唐代藩鎮研究》是研究藩鎮的一部經典之作，系統而深入研究了唐朝藩鎮的各個方面〔註7〕。近年來，馮金忠先生的《唐代河北藩鎮研究》是研究藩鎮的又一力作，從諸多全新的方面探討了藩鎮的問題〔註8〕。然而，這些著作大多著眼於研究政治史、社會文化、宗教文化等方面，卻很少涉及歷史地理這個方面。

　　歷史地理作為歷史研究的一個重要方面，對於解讀藩鎮也有著重要意義。一般的情況下，大家提及唐代的藩鎮，都以元和年間的轄區情況來進行探討。然而安史之亂以後，藩鎮延續時間長達一個半世紀以上，各個藩鎮的轄區是伸縮變化的。由此看來，對藩鎮歷史地理的研究也應該構成藩鎮研究的一個重要組成方面。

　　張國剛先生在著作《唐代藩鎮研究》中論證，唐代藩鎮局面的形成是安史之亂及其平定前後各種複雜的政治、軍事形勢和矛盾相互作用的結果〔註9〕。這就道出了歷史政治、軍事戰爭是造成藩鎮局面形成的主要因素。筆者正是希望從中央政策、政治鬥爭、歷史事件、軍事戰爭這些角度，來解讀唐代的藩鎮問題。

　　研究唐代藩鎮的歷史地理，不僅有助於全面認識藩鎮，解讀唐、五代及其後的歷史發展，還有助於研究中國行政區劃史之演變、中國地理歷史之變遷。近年來，郭聲波先生的著作《中國行政區劃通史・唐代卷》系統地對唐代行政區劃沿革進行了研究〔註10〕。筆者希望能從藩鎮轄區的角度，還原唐代後期行政區諸多問題的真相。

　　基於上述原因，對唐代藩鎮的歷史地理進行研究，有著重要的意義。

二、史料及學術史

　　最早系統記載唐代藩鎮地理信息的史料是唐代賈耽的《貞元十道錄》，然而該書已經佚失。二十世紀前期，敦煌鳴沙石室中發現了《貞元十道錄》的殘頁，對貞元之前藩鎮的地理提供了一些信息，對於研究藩鎮地理情況有一些幫助。

〔註6〕朱玉龍：《五代十國方鎮年表》，北京：中華書局，2005年。
〔註7〕張國剛：《唐代藩鎮研究（增訂版）》，北京：中國人民大學出版社，2009年。
〔註8〕馮金忠：《唐代河北藩鎮研究》，北京：科學出版社，2012年。
〔註9〕張國剛：《唐代藩鎮研究（增訂版）》引言《唐代藩鎮的歷史真相》，第5頁。
〔註10〕郭聲波：《中國行政區劃通史・唐代卷》，上海：復旦大學出版社，2012年。

　　唐代宰相李吉甫的《元和郡縣圖志》，是一部保存比較完善的著作，其中記載了較多元和年間及其之前藩鎮的地理情況。該書有部分佚缺，近代學者繆荃孫在《元和郡縣圖志闕卷逸文》中補入三卷，對研究元和時期藩鎮的地理和轄區情況有很大幫助。

　　五代後晉時期官修的《舊唐書・地理志》中涉及了許多關於唐代藩鎮的歷史地理知識，北宋時期宋祁、歐陽修等人修著的《新唐書・地理志》中也涉及了許多唐代藩鎮歷史地理的知識，對於研究藩鎮歷史地理都有著很大意義。然而兩書《地理志》存在不少的錯誤，對藩鎮轄區的變革記載也較少。

　　《新唐書》的一項創舉在於，其中的《方鎮表》以表格的形式記載了各個藩鎮轄區的詳細變化〔註11〕。《方鎮表》共有六卷，比較系統地反映出唐朝藩鎮的轄區變革情況，然而其中存在不少的錯誤。除此之外，《方鎮表》對於藩鎮早期的建置情況和唐末的轄區沿革的記載，都存在較多的疏漏，對邊疆地區藩鎮的漏載也較多。由於是表格排版，造成各條記載放置的年代欄也多有錯誤。

　　近代學者對於《方鎮表》也有了一些考證。其中，吳澤的《〈新唐書・方鎮表〉考校記》的校正，更正了《方鎮表》中記載的部分錯誤〔註12〕。但是該文因為涉及的較少，難以對其進行系統的校正。

　　北宋司馬光主編的史學巨著《資治通鑑》也寫到了唐、五代的歷史，其中也大量涉及藩鎮問題。通過對《資治通鑑》的記載進行研究，也可得出許多關於藩鎮歷史地理的信息。

　　清代學者顧祖禹的《讀史方輿紀要》，是一部巨型歷史地理著作。該書著力於研究歷代的府、郡、州、縣、山川、河流的地理位置及變革情況，其中廣泛地涉及唐朝的地理變革，對於研究藩鎮、州、縣的變革情況有著重要作用。

　　近代以來，已有不少學者對藩鎮的地理轄區進行了研究。譚其驤先生在《中國歷史地圖集》中有兩張涉及唐代藩鎮的地圖，一張為元和十五年（公元820年）的唐朝全圖，一張為元和方鎮圖，比較直觀地表示出了元和年間藩鎮的轄區情況。另外，地圖集中的唐代各道的地圖和五代十國各政權的地圖，對

〔註11〕《新唐書》卷六十四至卷六十九《方鎮表一》至《方鎮表六》，北京：中華書局，2000年，第1155～1340頁。

〔註12〕吳澤：《〈新唐書・方鎮表〉考校記》，《史學史研究》1992年第1期，第25～31頁。

於研究唐朝藩鎮的轄區情況也有很大的幫助〔註13〕。

翁俊雄先生的《唐後期政區與人口》，致力於還原《元和郡縣圖志》的記載，並補充部分州縣，繪製了元和時期各個藩鎮的州縣圖。該書很成功地實現了以上目的，能夠幫助現在人們很直觀地瞭解元和時期的藩鎮轄區〔註14〕。

賴青壽先生的博士論文《唐後期方鎮建置沿革研究》，系統、詳細地梳理了唐代各個藩鎮建置廢除、轄區變革的情況，對於《方鎮表》的記載錯誤進行了諸多更正〔註15〕。總體而言，該文比較全面地反映了唐代藩鎮的建置情況，是對唐代藩鎮轄區沿革比較成功的一次嘗試。

郭聲波先生對唐代地理的研究成果頗豐，其《唐朝嶺南東道行政區沿革》《唐朝嶺南道桂管地區行政區劃沿革》《唐朝嶺南道容管地區行政區劃沿革》等文章多次發表於《暨南史學》期刊上，後來更是在《中國行政區劃通史·唐代卷》一書中系統性地對唐代行政區劃史進行了研究，其中大量涉及唐後期藩鎮的內容〔註16〕。

付先召先生的《唐代後期方鎮轄區變動研究》，在《新唐書·方鎮表》的基礎上，結合兩《唐書》《資治通鑒》等史料的記載，梳理了唐後期各藩鎮的建置和轄區變動情況〔註17〕。

近些年來，學術界對於藩鎮個案的研究較多。比如，李鴻賓先生的專著《唐朝朔方軍研究——兼論唐廷與西北諸族的關係及其演變》〔註18〕、陳翔先生的碩士論文《關於唐代澤潞鎮的幾個問題》〔註19〕等，其中或多或少都涉及各藩鎮的轄區沿革。

除了上述論著之外，有一些著作對於研究藩鎮地理的發表也有一定的幫助。比如，郁賢皓先生的《唐刺史考全編》，系統地考證了唐代各州歷任刺史

〔註13〕譚其驤主編：《中國歷史地圖集》第五冊《隋·唐·五代十國時期》，北京：中國地圖出版社，1996年，第72～73頁。

〔註14〕翁俊雄：《唐後期政區與人口》，北京：首都師範大學出版社，1999年。

〔註15〕賴青壽：《唐後期方鎮建置沿革研究》，博士學位論文，復旦大學歷史系，1999年。

〔註16〕郭聲波：《中國行政區劃通史·唐代卷》，上海：復旦大學出版社，2012年。

〔註17〕付先召：《唐代後期方鎮轄區變動研究》，北京：社會科學文獻出版社，2023年。

〔註18〕李鴻賓：《唐朝朔方軍研究——兼論唐廷與西北諸族的關係及其演變》，長春：吉林人民出版社，2000年。

〔註19〕陳翔：《關於唐代澤潞鎮的幾個問題》，碩士學位論文，陝西師範大學歷史系，2006年。

的任職時間，各藩鎮的節度使也包含於其中〔註20〕。又如，吳廷燮先生的《唐方鎮年表》〔註21〕和朱玉龍先生的《五代十國方鎮年表》分別考證了唐代和五代十國時期各藩鎮歷任節度使的任職時間，對於解讀唐代藩鎮的轄區也有很大的幫助〔註22〕。

儘管學術界對唐代藩鎮歷史地理的研究成果豐碩，但研究力度仍然顯得不足。比如，《新唐書·方鎮表》被學術界廣泛引用，而可考之處仍然不少。目前對於唐代藩鎮轄區沿革的研究也不夠深入，甚至反覆沿用一些錯誤，而沒有追究深層原因，仔細考察其演變過程。

筆者此次對唐代藩鎮歷史地理進行研究，希望能夠通過發掘更多資料，嘗試新的視角和方法，吸取更多的研究成果，從歷史事件、中央政策、權力爭鬥、軍事戰爭等方面分析，系統研究唐代藩鎮歷史地理問題，對各種錯誤進行一些力所能及的糾正。

三、研究方法

本書以唐代開元十五道為骨架，逐章展開闡述，分別對各個藩鎮進行研究。主線聚焦於常設藩鎮，同時兼顧短期建置及唐末分置的藩鎮，通過轄區沿革和下轄州縣沿革兩個方面的考述，以揭示各藩鎮的歷史地理信息，其中，藩鎮的轄區沿革是研究的重點。如前文所述，歷史事件和軍事戰爭是影響藩鎮轄區變化的主要因素。因此，本書將從中央政策、歷史事件、權力爭鬥、軍事戰爭等多個方面來分析藩鎮的地理沿革。

在資料方面，本書的依據主要是以《舊唐書》《新唐書》《資治通鑒》等常用史料為主。需要說明的是，文中引用《新唐書·方鎮表》的記載較多。這是因為《方鎮表》記錄了唐代藩鎮轄區沿革的大量信息，是研究這一方面最主要的史料。如果出現上述史料均無法證實的觀點，再輔以其他相關史料、碑誌、著作、學術論文進行考證。

近年來，學術界在深入研究藩鎮方面取得了顯著進展，通過廣泛利用墓誌碑刻等珍貴資料，不斷拓展研究議題，涵蓋了藩鎮的組織體制、社會流動、家族、宗教、文化等多個方面。然而，但對於藩鎮歷史地理的研究仍然顯得相對

〔註20〕郁賢皓：《唐刺史考全編》，合肥：安徽大學出版社，2000年。

〔註21〕吳廷燮：《唐方鎮年表》，北京：商務印書館，1980年。

〔註22〕朱玉龍：《五代十國方鎮年表》，北京：中華書局，2005年。

薄弱。本書大量引用了墓誌碑刻資料，旨在從多個維度探討藩鎮的歷史地理問題，以期提供更為全面和深入的視角。

研究各藩鎮的轄區沿革，遵循時間線索，分析各個年代發生的轄區變化。具體從兩方面展開論述：一方面進行引證，對《新唐書‧方鎮表》《兩唐書‧地理志》《資治通鑒》《元和郡縣圖志》等史料記載的錯誤或存疑之處進行論證；另一方面，在論述過程中追問轄區變革的歷史原因和發展過程。通過這兩個方面的論述，得出相關結論。對於由該藩鎮分割而建置的短期藩鎮，另設小節進行考述，探究其歷史原因、發展過程和沿革情況。

對於各藩鎮的下轄州縣沿革，本書主要是總結轄區沿革中關於各州的變革情況，並對下轄各縣的沿革進行簡要介紹，必要時進行闡述。由於藩鎮管轄各州的時間不盡相同，有的州長期隸屬於該藩鎮，而有的州則是短期隸屬。因此，書中將藩鎮下轄的州分為長期轄有的州和短期轄有的州。至於隸屬時間極短的州，則不在該藩鎮之下列出，其沿革則體現在其他相關藩鎮之下。

為了直觀地反映出各藩鎮的轄區沿革情況，在考證藩鎮的轄區沿革之後，以表格的形式總結出各個藩鎮在各個時間段的轄區情況，並根據轄區變化繪製重要時間點的轄區示意圖。這些地圖主要依據譚其驤先生的《中國歷史地圖集》第五冊《隋唐五代十國時期》進行繪製，風格與翁俊雄先生的《唐後期政區與人口》相近。通過這些圖表，讀者可以清晰地瞭解各個藩鎮的建置情況、歷史發展、轄區變化及周邊形勢。

第二節　唐代藩鎮綜述

藩鎮作為一個歷史時代的特殊產物，有著雙重的職能。一方面，它是地方軍事防區；另一方面，它又是非正式的行政區。安史之亂前，全國之內僅邊境地區建置有十個藩鎮，這十個藩鎮僅僅是軍事防區。安史之亂爆發後，唐朝廷逐漸在全國普遍建置藩鎮，並賦予了藩鎮行政權力，使得藩鎮成為地方最高一級的行政區。因此，唐代後期的藩鎮，它既是軍事防區，又是行政區。本書主要目的即研究唐代藩鎮作為一級行政區的變革情況。

為了便於理解藩鎮作為一級行政區的變革情況，筆者將對唐代藩鎮的發展階段、類型、分布和一些相關的問題進行介紹。

一、唐代藩鎮的發展階段

對於唐代藩鎮的形成時間和藩鎮演變為行政區的時間，學術界往往存在分歧。張國剛先生在《唐代藩鎮研究》中認為，唐代藩鎮形成於安史之亂爆發後〔註23〕，這種觀點並不把安史之亂前建置的節度使看作藩鎮。《新唐書·方鎮表》對各藩鎮在安史之亂前的建置情況、轄區變化都羅列了出來，這其實就是把安史之亂前的節度使都視作為藩鎮。賴青壽先生在其博論《唐後期方鎮建置沿革研究》也是延續了這種體例。

本書也遵循《新唐書·方鎮表》的舊例，將天寶十節度使（河西、范陽、平盧、河東、朔方、安西、北庭、隴右、劍南九個節度使和嶺南五府節度經略使）視為藩鎮。這裡值得注意的是，在開元、天寶年間已經建置有桂管、福建、五溪、安南四個經略使。但是，這四個經略使並不能視為藩鎮。嶺南五府節度經略使其實已不同於其他經略使，而是高於經略使的建置。據《舊唐書·地理志一》記載：「嶺南五府經略使，綏靜夷獠，統經略、清海二軍，桂管、容管、安南、邕管四經略使。」〔註24〕這表明，桂管、安南雖然已建置經略使，但仍然在嶺南五府經略使的管轄之下。據考證，節度使的建置，始於景雲二年（711年）建置的河西節度使。基於上述原因，本書將藩鎮的始置時間置於景雲二年。

安史之亂爆發後，唐王朝不斷在內地建置節度使、經略使、都防禦使（防禦使）。天寶十四載（755年），朝廷在嶺南道又建置了容管經略使、邕管經略使。到至德元載（756年）之時，全國已經普遍建置有節度使、經略使、都防禦使。郭聲波先生在《中國行政區劃通史·唐代卷》中認為，唐玄宗在該年七月逃亡蜀中的途中詔令諸路本管節度使可以任自簡擇、署置官屬及本路郡縣官，署訖聞奏〔註25〕，這成為節度使兼掌州縣人事的標誌，因而把至德元載作為藩鎮轉變為一級行政區的時間分界點。

藩鎮由一種軍事防區演變為一級行政區，是一個逐漸演變的過程。張國剛先生在《唐代藩鎮研究》一書中認為，「藩鎮作為實際上凌駕於州縣之上的一

〔註23〕張國剛：《唐代藩鎮研究（增訂版）》引言《唐代藩鎮的歷史真相》，第5頁。

〔註24〕《舊唐書》卷三十八《地理志一》，北京：中華書局，1975年，第1389頁。

〔註25〕《資治通鑒》卷二百一十八《至德元載》第6984頁記載：七月「丁卯，上皇制……其諸路本節度使號王（李）巨等，並依前充使，其署置官屬及本路郡縣官，並任自簡擇，署訖聞奏。」

級行政機關，並不是一朝一夕所致，而是有一個歷史的發展過程」〔註26〕。這樣的表述，精準地表達了藩鎮的這個轉變過程。這個過程大約就發生於至德元載到乾元元年這個時期內。乾元元年（758年）五月，正是因為這種轉變已經完成，朝廷下詔廢除了各道採訪使，改黜陟使為觀察使〔註27〕。此後，節度使、經略使、都防禦使均帶職觀察使。這標誌著，藩鎮已經形成一級行政區。

說清楚了這兩個問題後，接下來再對唐代藩鎮的發展階段進行劃分。唐代藩鎮的建置歷史，可以追溯到景雲二年（711年），延續至唐朝滅亡。根據唐代藩鎮不同時期的特點，可以將唐代藩鎮的發展分為五個階段：初置期、成型期、整合期、穩定期和濫置期〔註28〕。

（一）初置期

初置期是指景雲二年（711年）至天寶十三載（754年）。在這個階段，朝廷前後共計建置了河西、范陽（幽州）、平盧、河東、朔方、安西、北庭、隴右、劍南、嶺南十個節度使。這十個節度使的建置情況如下：

景雲二年（711年），朝廷建置河西節度使，從此開始才有了「節度使」的稱號。

先天元年（712年），建置北庭節度使。

開元元年（713年），建置幽州、隴右二節度使。

二年（714年），建置磧西節度使，廢除北庭節度使。

三年（715年），廢除磧西節度使。

五年（717年），建置劍南節度使。

六年（718年），建置安西、北庭二節度使。

七年（719年），建置平盧軍節度使。

八年（720年），建置天兵軍節度使。

九年（721年），建置朔方軍節度使。

〔註26〕張國剛：《唐代藩鎮研究（增訂版）》第一章《唐代藩鎮形成的歷史考察》，第9頁。

〔註27〕《資治通鑒》卷二百二十《乾元元年》第7053頁記載：「五月壬午，制停採訪使，改黜陟使為觀察使。」

〔註28〕賴青壽先生在其博論《唐後期方鎮建置沿革研究》中提出，將唐代藩鎮分為初置期（755年～757年）、相對穩定期（758年～873年）、濫置期（874年～907年）。筆者受其啟發，將唐代藩鎮的發展分為初置期、成型期、整合期、穩定期和濫置期五個階段。

十年（722年），安西、北庭二節度使合併為磧西節度使。

十一年（723年），天兵軍節度使改為太原府以北諸軍州節度使。

十五年（727年），磧西節度使分置安西、北庭二節度使。

十八年（730年），太原府以北諸軍州節度使改為河東節度使。

十九年（731年），北庭節度使併入安西節度使。

二十一年（733年），建置嶺南五府節度經略使〔註29〕。

二十二年（734年），復置北庭節度使。

二十三年（735年），北庭節度使併入安西節度使。

二十九年（741年），復置北庭節度使。

這十個節度使就是史料中經常提到的「開元十節度使」或「天寶十節度使」。

這個階段，只有10個藩鎮，呈現出兩個顯著特點：其一，藩鎮數量很少；其二，它只是一種軍事防務區，並沒有形成一級行政區。諸鎮的建置意義，主要是為了防衛邊疆。

另外，這個階段朝廷還建置了桂管、福建、五溪、安南四個經略使：

開元二年（714年），建置桂管經略使。

十三年（725年），建置福建經略使。

二十六年（738年），建置五溪經略使

天寶十載（751年），建置安南經略使。

前文已經提及，這四個經略使在這個階段並不能視為藩鎮。

（二）成型期

成型期是指天寶十四載（755年）至乾元元年（758年）。天寶十四載，身兼范陽、平盧、河東三鎮節度使的安祿山發動叛亂，給了大唐王朝沉重打擊。朝廷一方面為了平定叛亂，在內部地區廣泛地建置藩鎮，另一方面為了防止外族和地方勢力對邊疆地區的入侵和掌控，又在邊疆地區建置了多個藩鎮。

天寶十四載（755年），建置河南、容管、邕管、山南（治於江陵郡）四鎮。

至德元載（756年），建置京畿、關內、東畿、澤潞、河中、青密、兗鄆、淮西、夔峽、山南西、興平、淮南、江西、襄陽、南陽十五鎮；山南鎮（治江

〔註29〕嶺南五府節度經略使的建置時間，詳見第十三章第一節《嶺南鎮的轄區沿革》。

陵郡）改置為江陵鎮。

二載（757年），建置豫汝（後改稱為蔡汝）、湖南二鎮；襄陽、南陽二鎮合併為山南東道；江陵鎮改置為荊南鎮。

乾元元年（758年），建置振武、浙西、浙東、宣歙、韶連五鎮；河南鎮改置為汴州鎮。

這個階段，初置期建置的桂管、福建、五溪、安南四個經略使也逐漸具備藩鎮性質。其中，五溪經略使於至德元載（756年）升為黔中節度使，福建經略使於乾元元年（758年）升為福建都防禦使，安南經略使於乾元元年升為節度使。

在這短短四年內，朝廷新置了25個藩鎮。加上初置期建置的10個藩鎮和黔中、福建、安南、桂管4鎮，至乾元元年（758年）年末時共計39鎮。相對於安史之亂前，藩鎮數量增長了近三倍。

在這個階段，藩鎮主要有三個特點：其一，藩鎮數量迅速增多；其二，由於軍事防禦的需要和戰亂地區控制權的變化，藩鎮的轄區變化十分頻繁；其三，藩鎮的權力逐漸擴大，逐漸攝取了轄區內的行政、治民、財政大權，從而演變成一級行政區。

（三）整合期

整合期是指乾元二年（759年）至長慶二年（822年）。這個階段，藩鎮仍然廢置不斷。根據藩鎮數目的差異，整合期又可分為第一整合期和第二整合期。

第一整合期是指乾元二年（759年）至建中元年（780年）。安史之亂後期及其之後的十餘年間，各地藩鎮屢有廢置，但數量基本保持在40個左右。

乾元二年（759年），廢除夔峽、宣歙二鎮；建置鳳翔、邠寧、陝虢、鄭陳、興鳳五鎮；汴州鎮分置為汴滑（治汴州）、河南（治徐州）二鎮。

上元元年（760年），建置鄜坊鎮，廢除興鳳鎮。

二年（761年），廢除關內、河南、汴滑、鄭陳、平盧、湖南六鎮；建置同華、淄沂、滑衛（後改稱為滑亳）、東川四鎮。

寶應元年（762年），廢除京畿、振武、青密、兗鄆、淄沂、興平六鎮；建置河南、成德、淄青三鎮。

廣德元年（763年），建置魏博、相衛二鎮；廢除同華鎮；隴右鎮因被吐蕃侵佔而廢除。

到廣德元年末，藩鎮的數量是 38 個，與乾元元年（758 年）的數量相差不大。

安史之亂後到建中年間，藩鎮仍然建廢不斷，但其數量仍然維持在 40 個左右。

廣德二年（764 年），廢除東畿、河中、韶連三鎮；建置京畿、夔忠、鄂岳、湖南四鎮；西川、東川二鎮合併為劍南鎮；桂管、邕管二鎮合併為桂邕鎮。

永泰元年（765 年），建置同華、丹延二鎮。

大曆元年（766 年），建置宣歙鎮；廢除夔忠、西山二鎮；劍南鎮分置為西川、東川、西山、邛南四鎮。

二年（767 年），廢除同華鎮。

三年（768 年），廢除邠寧、邛南二鎮，建置涇原、興鳳二鎮。

四年（769 年），建置辰錦鎮。

五年（770 年），桂邕鎮分為桂管、邕管二鎮。

六年（771 年），廢除丹延鎮。

八年（773 年），蔡汝鎮併入淮西鎮。

十年（775 年），廢除辰錦鎮。

十一年（776 年），廢除河南鎮。

十二年（777 年），廢除鳳翔鎮，建置隴右鎮。

十四年（779 年），朔方鎮分為朔方、邠寧、振武、河中四鎮；浙西、浙東、宣歙三鎮合併為浙江鎮；又置鳳翔、東畿二鎮，廢除隴右、陝虢、鄂岳三鎮。

建中元年（780 年），昭義、澤潞二鎮合併，浙江鎮分為浙西、浙東二鎮。

總結可知，第一整合期內新形成的藩鎮有魏博、成德、京畿、鳳翔、邠寧、鄜坊、涇原、振武、東畿、河中、淄青等。另外，也有部分藩鎮被廢除。總體而言，藩鎮數量在這個階段有所起伏，但基本維持在 40 個左右。到建中元年（780 年）時，總計有 38 個藩鎮。

第二整合期是指建中二年（781 年）至長慶二年（822 年）。建中年間，由於唐德宗實行削藩政策，各地藩鎮紛紛叛亂，嚴重危及唐朝的存亡。藩鎮叛亂期間，朝廷又建置了一批藩鎮，有的是為了招撫降將而建置，有的是為了分化割據藩鎮勢力而建置，有的是為了軍事防禦而建置。在第二整合期內，藩鎮仍然不斷有廢置，藩鎮數量有所增加。

　　唐德宗在位前期，實行削藩政策，導致各地諸多藩鎮發動和參與叛亂。在這期間，藩鎮的變動比較頻繁。

　　建中二年（781年），建置河陽、易定（義武軍）、宣武三鎮；浙西、浙東二鎮合併為浙江鎮，河西鎮因被吐蕃侵佔而廢除。

　　三年（782年），建置鄂岳、徐州二鎮，廢除興鳳鎮；成德鎮分為深趙、恆冀二鎮。

　　四年（783年），建置華州（鎮國軍）、奉義（治隴州）、陝虢三鎮。

　　興元元年（784年），建置奉誠（同州）、晉慈、金商、壽濠四鎮；廢除京畿、奉義、徐州、奉誠、金商五鎮；滑亳鎮演變為鄭滑鎮，恆冀、深趙二鎮合併為成德鎮。

　　貞元元年（785年），晉慈鎮併入河中鎮。

　　二年（786年），建置陳許、橫海二鎮。

　　三年（787年），建置夏綏鎮，浙江鎮分為浙西、浙東、宣歙三鎮。

　　四年（788年），建置徐泗、隴右、晉慈三鎮，廢除壽濠鎮。

　　朝廷平定藩鎮叛亂之後，藩鎮數量為48個，相對於第一整合期又增加了10個。此後，雖然藩鎮屢有廢置，但其數量趨於穩定，基本保持在45個左右。

　　大約在貞元六年（790年），安西鎮因被吐蕃侵佔而廢除。

　　七年（791年），北庭鎮也因被吐蕃侵佔而廢除。至此，隴右道藩鎮全部被吐蕃侵佔。

　　貞元九年（793年），廢除華州、隴右二鎮。

　　十二年（796年），建置豐州鎮（天德軍）。

　　十五年（799年），建置安黃鎮。

　　十六年（800年），建置泗濠鎮〔註30〕。

　　元和元年（806年），建置保義鎮（治行秦州），廢除安黃、泗濠二鎮。

　　二年（807年），建置金商、壽泗二鎮，廢除金商、晉慈、壽泗、保義四鎮。

　　三年（808年），廢除東畿鎮。

　　唐憲宗即位之後，為了解決藩鎮割據的問題，實行削藩政策，屢次向藩鎮用兵。在這期間，藩鎮也出現了許多變動。

　　元和四年（809年），分成德鎮建置德棣鎮，但沒有得到實施。

〔註30〕泗濠觀察使由淮南節度使兼領，泗濠鎮實為淮南鎮的附屬藩鎮。

十年（815 年），建置唐鄧鎮。

十二年（817 年），廢除唐鄧鎮。

十三年（818 年），建置東畿鎮，廢除淮西鎮。

十四年（819 年），淄青鎮分為淄青、鄆州（後又稱為天平）、兗海三鎮。

十五年（820 年），邕管鎮併入容管鎮。

長慶元年（821 年），建置深冀、瀛莫二鎮，廢除東畿、深冀、瀛莫三鎮。

二年（822 年），建置東畿、德棣、晉慈、邕管四鎮，廢除德棣鎮。

總結可知，第二整合期內新形成的藩鎮有易定（軍號義武）、滄景（軍號橫海）、豐州、河陽、宣武、徐泗、陳許、晉慈等。到長慶二年時，藩鎮數量為 46 個，相對於第一整合期增加了 8 個。在第二整合期內，藩鎮數量大致維持在 45 個左右。

在整合期內，藩鎮主要呈現出兩個特點：其一，不少藩鎮具有明顯的割據傾向，魏博、成德、幽州、淄青、淮西、山南東道、義武、滄景、宣武等藩鎮都是顯著的割據型藩鎮，相衛、澤潞、山南西道、汴宋、徐州、安黃等藩鎮出現過節度使世襲的情況；其二，在不斷整合之後，各藩鎮的轄區逐漸走向穩定，朔方、淮西、成德、淄青、汴宋等大型藩鎮都被分解為小型藩鎮。

（四）穩定期

穩定期是指長慶三年（823 年）至廣明元年（880 年）。長慶三年之後的近六十年間，藩鎮廢置的情況較少，呈現出十分穩定的狀態。

大和元年（827 年），晉慈鎮併入河中鎮。

會昌三年（843 年），建置大同鎮。

大中三年（849 年），建置秦成鎮（天雄軍）。

四年（850 年），廢除秦成鎮。

五年（851 年），建置歸義軍。

六年（852 年），復置秦成鎮。

咸通三年（862 年），廢除徐泗鎮，建置宿泗鎮。

四年（863 年），廢除宿泗、容管二鎮，復置河西、徐泗二鎮。

五年（864 年），復置容管鎮。

九年（868 年），建置定邊鎮。

十一年（870 年），廢除定邊鎮。

大約在乾符二年（875 年），建置泗州鎮〔註31〕。

廣明元年（880 年），建置蔚朔鎮，同年廢。

計算可知，至廣明元年（880 年），全國藩鎮數量為 50 個。穩定期內新形成的藩鎮只有大同、秦成、歸義、河西、泗州五鎮。在這個階段，藩鎮主要有三個特點：其一，藩鎮的數量十分穩定，大致保持在 50 個以內；其二，各藩鎮的轄區變動較小，基本保持穩定；其三，大多數藩鎮都在朝廷的掌控下，只有河朔三鎮能夠長期割據，有個別藩鎮雖然出現過短期割據的局面，但終究沒有形成長期勢力。

（五）濫置期

濫置期是指中和元年（881 年）至天祐四年（907 年）。黃巢起義後，朝廷力量衰弱，地方勢力崛起。朝廷對地方逐漸失去控制，軍閥遍布各地。為了穩定這些軍閥，朝廷廣泛地分置藩鎮，從而使藩鎮數量進一步增多。

中和元年（881 年），建置淮西（奉國）、代北二鎮。

三年（883 年），建置保塞鎮（治延州），廢除代北、泗州〔註32〕二鎮。

四年（884 年），昭義鎮分裂為二鎮。

光啟元年（885 年），建置武定鎮，廢除保塞鎮〔註33〕。

二年（886 年），建置金商、感義（治鳳州）二鎮，廢感義鎮。

文德元年（888 年），建置感義、威戎（彭州）、龍劍、永平（治邛州）四鎮。

龍紀元年（889 年），建置杭州鎮（後改為武勝、鎮海）。

大順元年（890 年），建置華州、同州、安塞（延州）〔註34〕三鎮。

二年（891 年），廢除永平鎮。

景福元年（892 年），廢除龍劍鎮。

乾寧元年（894 年），廢除威戎鎮。

〔註31〕泗州脫離徐泗鎮，別置防禦使，並不隸屬於其他藩鎮，也不是朝廷實際能控制的，故而將其視為藩鎮。

〔註32〕大約在中和二年（882 年）末至中和三年（883 年）初，泗州復隸於徐州武寧鎮，詳見第四章第三節《徐泗鎮的轄區沿革》。

〔註33〕保塞鎮大約廢除於光啟元年（885 年），詳見第二章第二節《丹延鎮保塞軍的沿革》。

〔註34〕延州大約在大順元年（890 年）復置為藩鎮，稱安塞軍防禦使，詳見第二章第二節《丹延鎮保塞軍的沿革》。

二年（895 年），建置武肅鎮（齊州）。

三年（896 年），建置忠國（湖州）鎮。

四年（897 年），建置威勝鎮（治乾州），廢除忠國鎮。

光化元年（898 年），建置武貞鎮（治朗州）。

二年（899 年），建置武信鎮（治遂州）。

天復元年（901 年），建置保勝鎮（隴州），廢除華州、武肅二鎮；分裂的二個昭義鎮合併為一鎮。

二年（902 年），建置武寧鎮（昇州），同年廢除，又廢昭武鎮（由感義鎮改置而成）。

三年（903 年），建置鎮國（華州）、利州二鎮。

天祐元年（904 年），建置佑國鎮（京兆府），廢除東畿鎮。

二年（905 年），建置巴渠、歙婺二鎮。

三年（906 年），建置義勝（治耀州）、興文二鎮，廢除鎮國、戎昭（治金州）二鎮。

統計可知，這二十餘年間建置過的藩鎮總共有 20 多個。到大唐王朝滅亡前夕，藩鎮數量為 64 個，藩鎮的建置已經到達泛濫的程度。

在濫置期內，藩鎮主要有兩個特點：其一，朝廷對藩鎮的控制力逐漸減弱，各藩鎮先後走向割據，節度使家族世襲成為一種常態；其二，多個藩鎮下轄支州也出現脫離藩鎮管轄走向割據的現象；其三，各鎮經略使、防禦使、觀察使都先後升級為節度使。另外，有些軍閥割據勢力佔據一州或數州之地，雖然沒有被任命為節度使，卻類似於藩鎮勢力。

綜上所述，唐代藩鎮始建於景雲二年（711 年），到天寶年間共計 10 個藩鎮，但並沒有形成一級行政區。安史之亂前期，藩鎮數量達到 39 個，因為攫取了轄區內的行政、治民、財政大權，演變成一級行政區。到建中年之前，藩鎮數量基本維持在 40 個左右。建中、貞元年間，由於諸鎮叛亂，朝廷分割大型藩鎮，導致藩鎮數量上升至 48 個。元和年間，藩鎮的建置雖然有所變動，但數量基本維持在 45 個左右。其後的六十多年間，藩鎮的廢置較少。黃巢起義之後，藩鎮數量大幅增多，達到泛濫的程度，各藩鎮也逐漸走向割據。

唐代藩鎮的發展和建廢情況可統計如表 0-1 所示。

表 0-1　唐代藩鎮建廢統計表

發展階段	年　代	本年增置藩鎮	本年廢除藩鎮	年末藩鎮數量
初置期	景雲二年（711 年）	河西		1
	先天元年（712 年）	北庭		2
	開元元年（713 年）	幽州、隴右		4
	開元二年（714 年）	磧西	北庭	4
	開元三年（715 年）		磧西	3
	開元五年（717 年）	劍南		4
	開元六年（718 年）	安西、北庭		6
	開元七年（719 年）	平盧		7
	開元八年（720 年）	天兵軍（河東）		8
	開元九年（721 年）	朔方		9
	開元十年（722 年）	磧西	安西、北庭	8
	開元十五年（727 年）	安西、北庭	磧西	9
	開元十九年（731 年）		北庭	8
	開元二十一年（733 年）	嶺南		9
	開元二十二年（734 年）	北庭		10
	開元二十三年（735 年）		北庭	9
	開元二十九年（741 年）	北庭		10
成型期	天寶十四載（755 年）	河南（汴州）、容管、邕管、山南（荊南）		14
	至德元載（756 年）	京畿、關內、東畿、澤潞、河中、青密、兗鄆、淮西、夔峽、山南西道、興平、淮南、江西、襄陽、南陽、桂管、福建、安南、黔中		33

	至德二載（757 年）	豫汝（蔡汝）、湖南、山南東道	襄陽、南陽	34
	乾元元年（758 年）	振武、浙西、浙東、宣歙、韶連		39
第一整合期	乾元二年（759 年）	鳳翔、邠寧、陝虢、鄭陳、興鳳、汴滑	夔峽、宣歙	43
	上元元年（760 年）	鄜坊	興鳳	43
	上元二年（761 年）	同華、淄沂、滑衛（滑亳）、東川	關內、河南、汴滑、鄭陳、平盧、湖南	41
	寶應元年（762 年）	河南、成德、淄青	京畿、振武、青密、兗鄆、淄沂、興平	38
	廣德元年（763 年）	魏博、相衛（昭義）	同華、隴右	38
	廣德二年（764 年）	京畿、夔忠、鄂岳、湖南、劍南、桂邕	東畿、河中、韶連、西川、東川、桂管、邕管	37
	永泰元年（765 年）	同華、丹延		39
	大曆元年（766 年）	宣歙、西川、東川、西山、邛南	劍南、夔忠、西山	41
	大曆二年（767 年）		同華	40
	大曆三年（768 年）	涇原、興鳳	邠寧、邛南	40
	大曆四年（769 年）	辰錦		41
	大曆五年（770 年）	桂管、邕管	桂邕	42
	大曆六年（771 年）		丹延	41
	大曆八年（773 年）		蔡汝	40
	大曆十年（775 年）		辰錦	39
	大曆十一年（776 年）		河南	38
	大曆十二年（777 年）	隴右	鳳翔	38
	大曆十四年（779 年）	邠寧、振武、河中、浙江、鳳翔、東畿	浙西、浙東、宣歙、隴右、陝虢、鄂岳	38
	建中元年（780 年）	浙西、浙東	昭義（邢磁）、浙江	38
第二整合期	建中二年（781 年）	河陽、易定（義武）、宣武、浙江	浙西、浙東、河西	39
	建中三年（782 年）	鄂岳、徐州、深趙、恆冀	興鳳、成德	41

	建中四年（783 年）	華州（鎮國）、奉義（隴州）、陝虢		44
	興元元年（784 年）	奉誠（同州）、晉慈、金商、壽濠、鄭滑、成德	京畿、奉義、徐州、奉誠、金商、滑亳、恆冀、深趙	42
	貞元元年（785 年）		晉慈	41
	貞元二年（786 年）	陳許、橫海		43
	貞元三年（787 年）	夏綏、浙西、浙東、宣歙	浙江	46
	貞元四年（788 年）	徐泗、隴右、晉慈	壽濠	48
	約貞元六年（790 年）		安西	47
	貞元七年（791 年）		北庭	46
	貞元九年（793 年）		華州、隴右	44
	貞元十二年（796 年）	豐州（天德軍）		45
	貞元十五年（799 年）	安黃		46
	貞元十六年（800 年）	泗濠		47
	元和元年（806 年）	保義（行秦州）	安黃、泗濠	46
	元和二年（807 年）	金商、壽泗	金商、晉慈、壽泗、保義	44
	元和三年（808 年）		東畿	43
	元和十年（815 年）	唐鄧		44
	元和十二年（817 年）		唐鄧	43
	元和十三年（818 年）	東畿	淮西	43
	元和十四年（819 年）	鄆州（天平）、兗海		45
	元和十五年（820 年）		邕管	44
	長慶元年（821 年）	深冀、瀛莫	東畿、深冀、瀛莫	43
	長慶二年（822 年）	東畿、德棣、晉慈、邕管	德棣	46
穩定期	大和元年（827 年）		晉慈	45
	會昌三年（843 年）	大同		46
	大中三年（849 年）	秦成（天雄軍）		47
	大中四年（850 年）		秦成	46
	大中五年（851 年）	歸義軍		47
	大中六年（852 年）	秦成		48

	咸通三年（862 年）	宿泗	徐泗	48
	咸通四年（863 年）	河西、徐泗	宿泗、容管	48
	咸通五年（864 年）	容管		49
	咸通九年（868 年）	定邊		50
	咸通十一年（870 年）		定邊	49
	約乾符二年（875 年）	泗州		50
	廣明元年（880 年）	蔚朔	蔚朔	50
濫置期	中和元年（881 年）	淮西（奉國）、代北		52
	中和三年（883 年）	保塞（延州）	代北、泗州	52
	中和四年（884 年）	昭義（邢州）		53
	光啟元年（885 年）	武定	保塞	53
	光啟二年（886 年）	金商、感義（鳳州）	感義	54
	文德元年（888 年）	感義、威戎（彭州）、龍劍、永平（邛州）		58
	龍紀元年（889 年）	杭州（武勝、鎮海）		59
	大順元年（890 年）	華州、同州、安塞（延州）		62
	大順二年（891 年）		永平	61
	景福元年（892 年）		龍劍	60
	乾寧元年（894 年）		威戎	59
	乾寧二年（895 年）	武肅（齊州）		60
	乾寧三年（896 年）	忠國（湖州）		61
	乾寧四年（897 年）	威勝（乾州）	忠國	61
	光化元年（898 年）	武貞（朗州）		62
	光化二年（899 年）	武信（遂州）		63
	天復元年（901 年）	保勝（隴州）	華州、武肅、昭義（邢州）	61
	天復二年（902 年）	武寧（昇州）	武寧（昇州）、昭武（感義）	60
	天復三年（903 年）	鎮國（華州）、利州		62
	天祐元年（904 年）	佑國（京兆府）	東畿	62
	天祐二年（905 年）	巴渠、歙婺		64
	天祐三年（906 年）	義勝（耀州）、興文	鎮國、戎昭（金州）	64

通過上文的敘述還可以看出，唐代藩鎮的發展呈現出兩個特點：

其一，早期的藩鎮主要集中於邊疆地區，安史之亂後內地藩鎮逐漸增多。這是因為，安史之亂前，藩鎮只是一種軍事防區，其建置主要是為了防禦外族的入侵。而安史之亂後，唐朝廷為了平定內部叛亂，在內地廣泛建置藩鎮。

其二，藩鎮的數量逐漸增多，藩鎮轄區不斷縮小，並逐漸趨於穩定。比如，朔方鎮最初的轄區十分廣闊，後來被分割為朔方、鄜坊、涇原、夏綏、振武、邠寧、豐州等鎮。這是因為朔方鎮的勢力太過強大，朝廷利弊權衡之下，不得不將其分解。又如，淄青鎮在安史之亂後的轄區也十分廣闊，元和十四年（819年），朝廷平定淄青鎮李氏割據之後，將淄青鎮分割為淄青、天平、兗海三鎮。又如，宣武、陳許、徐泗等藩鎮的建置時間相對於其他藩鎮都較晚，其實跟朝廷平定淮西李希烈之亂有關。

二、藩鎮的幾種類型

張國剛先生在其著作《唐代藩鎮研究》中，根據藩鎮政治、經濟、軍事狀況的差異，將唐代藩鎮分為河朔割據型、中原防遏型、邊疆禦邊型、東南財源型〔註35〕。

其實，通過史料的種種記載可以看出，唐代藩鎮雖然屬於同一行政層級，但其地位卻存在高低差別。根據藩鎮地位的高低，大致可以分為六種類型：節度使、都防禦使、觀察使、都團練使、經略使、單州防禦使。這些分類在史料中也有所體現，比如《唐會要》有以下幾條記載：

> （貞元十三年）九月詔：「諸道新授節度、觀察、經略等使，自敕出後，使未到以前，或前使尚在本鎮，或已發差知留務軍等官，其軍府職員多停省改易。」〔註36〕

> （貞元）十四年二月詔：「諸道節度使、團練、都防禦、經略等使，所管支郡，除本軍州外，別置鎮遏、守捉兵馬者，併合屬刺史等。」〔註37〕

> （開成）二年十二月，中書門下奏：「諸道節度使、觀察、都團

〔註35〕張國剛：《唐代藩鎮研究》第四章《唐代藩鎮的類型分析》，第44～45頁。

〔註36〕（宋）王溥撰，牛繼清校證：《唐會要校證》卷七十八《諸使中》，西安：三秦出版社，2012年，第1236頁。

〔註37〕（宋）王溥撰，牛繼清校證：《唐會要校證》卷七十八《諸使中》，第1236頁。

練使，請朝官任使，準貞元二年敕……」〔註38〕

　　（大中）六年十二月，中書門下奏：「應諸道節度使、觀察、團練使、防禦、經略等使所請，俸料、職田、祿粟、時服、雜給，並諸色人事用度等……」〔註39〕

　　這幾條記載中所言的「團練（使）」「防禦（使）」，實際是指「都團練使」「都防禦使」。由這幾條記載可以看出，唐代藩鎮有節度使、觀察使、都團練使、都防禦使、經略使五種類型。通過對史料的分析，筆者還發現有個別的單州防禦使也應該當作一種藩鎮類型來看待。這裡對這六種類型的藩鎮進行簡要介紹。

　　（一）節度使　節度使是唐代藩鎮最主要存在形式，其轄區大則有數十個州，小則僅有一個州。如嶺南節度使長期轄有二十二個州，而華州節度使曾經僅轄有華州。又如元和元年（806年）建置的保義軍節度使僅轄有行秦州，當時行秦州寄治於鳳翔府普潤縣。

　　（二）都防禦使　都防禦使是唐代藩鎮的一種常見存在形式，其轄區一般是數州到十數州。如魏博都防禦使、天德軍都防禦使等。

　　（三）觀察使　唐代節度使、都防禦使、都團練使往往兼領管內諸州觀察使。但有的藩鎮僅稱觀察使，而不帶節度使、都防禦使、都團練使之職。如晉慈觀察使、徐海沂密觀察使、福建觀察使等。觀察使也是唐代藩鎮一種常見的存在形式，轄區一般是數州到十數州。

　　（四）都團練使　都團練使是唐代藩鎮的一種較為少見的存在形式，其轄區一般也是數州到十數州。如恆冀都團練觀察使、河陽懷州都團練使、浙江東西道都團練觀察使等。

　　（五）經略使　經略使也是唐代藩鎮的一種較為少見的存在形式，其轄區一般也是數州到數十州。經略使主要存在於嶺南道，如容管經略使、安南經略使等。

　　（六）單州防禦使　一般情況下，單州防禦使是指某州防禦使，只管轄有一個州，並不是一個藩鎮。但有的單州防禦使卻並不隸屬於某個藩鎮，而是直

〔註38〕（宋）王溥撰，牛繼清校證：《唐會要校證》卷七十九《諸使下》，第 1241 頁。

〔註39〕（宋）王溥撰，牛繼清校證：《唐會要校證》卷七十九《諸使下》，第 1245 頁。

隸於中央或以藩鎮的形態存在。對於這三種情況，需要特別進行區分。

　　大多數時候，單州防禦使是藩鎮內部的使職。如成德節度使下轄的深州、趙州，都建置有防禦使。但是，還存在一些單州防禦使是直屬於中央朝廷管轄的，如華州長期建置有潼關防禦使，同州長期建置有同州防禦使，金州曾經建置過金州防禦使，商州曾經建置過商州防禦使。這些州都是直隸於中央朝廷的，筆者稱其為中央直屬州。中央直屬州的特點在於，它是朝廷能夠有效控制的地區。另外，還有一些單州防禦使既不隸屬於某個藩鎮，也不是朝廷有效控制的地區，筆者將這種單州防禦使也視為藩鎮。比如，唐末建置的泗州防禦使、齊州防禦使等，它們都屬於這種情況。

　　除了上述六種類型外，唐末還存在一些特殊情況，可以當做「準藩鎮」來看待。比如，唐末韋君靖據有昌、普、渝、合四州，稱四州都指揮、靜南軍使，雖然沒有設立為藩鎮，卻跟藩鎮十分相似。又如，危全諷據有撫、信二州，雖未建置為藩鎮，也類似於藩鎮。

　　終唐一代，各個藩鎮的存在形式並不是始終不變的。就同一藩鎮而言，不同時期可能有不同的存在形式。比如，嶺南道的邕管鎮先後稱為邕州管內經略使、邕管節度使、邕管都防禦經略使、嶺南西道節度使、建武軍節度使。為了方便表述，書中一併將各藩鎮都稱為「某某鎮」，不再區分其存在形式。

三、唐代藩鎮的分布

　　唐初，朝廷分全國為十道。《資治通鑒》記載：貞觀元年（627 年）「二月，命大加併省，因山川形便，分為十道：一曰關內，二曰河南，三曰河東，四曰河北，五曰山南，六曰隴右，七曰淮南，八曰江南，九曰劍南，十曰嶺南。」〔註40〕

　　至開元年間，朝廷又分全國為十五道。《資治通鑒》記載：開元二十一年（733 年），「是歲，分天下為京畿、都畿、關內、河南、河東、河北、隴右、山南東道、山南西道、劍南、淮南、江南東道、江南四道、黔中、嶺南，凡十五道。」〔註41〕

　　安史之亂以後，朝廷在全國已經普遍建置藩鎮。通過對史料進行總結，可以將唐代藩鎮在十五道的分布情況統計如下表 0-2 所示。

〔註40〕《資治通鑒》卷一百九十二《貞觀元年》，北京：中華書局，1956 年，第 6033頁。
〔註41〕《資治通鑒》卷二百一十三《開元二十一年》，第 6803～6804 頁。

表 0-2 唐代藩鎮分布統計表

道	長期存在的藩鎮	短期存在的藩鎮
京畿道	鳳翔、邠寧	京畿、華同、華州、同州、鳳翔、奉義(隴州)、保義(行秦州)、威勝(乾州)、保勝(隴州)、佑國(京兆府)、義勝(耀州)
關內道	朔方、鄜坊、涇原、夏綏、振武、天德	關內、丹延
都畿道	東畿、河陽、陝虢	
河南道	河南、汴宋、滑亳(鄭滑)、徐泗、陳許、淄青、天平、兗海	鄭陳、青密、兗鄆、淄沂、武肅(齊州)
河東道	澤潞(昭義)、河中、河東、大同	晉慈、邢洺〔註42〕、代北
河北道	幽州、平盧、成德、魏博、義武、滄景	相衛、魏州、德棣、深趙、瀛莫、深冀
山南東道	山南東道、荊南	唐鄧、夔峽(夔忠)、金商、武貞
山南西道	山南西道	興鳳、武定、利州、巴渠、興文
淮南道	淮南、淮西〔註43〕	蔡汝、壽濠、壽泗、舒廬、泗濠
江南東道(江東道)	浙西、浙東、福建	江東(浙江)、鎮海(杭州)、武寧(昇州)、忠國(湖州)、歙婺
江南西道(江西道)	宣歙、江西、鄂岳、湖南	安黃、虔韶
黔中道	黔中	辰錦
劍南道	劍南、西川、東川	龍劍、定邊、永平、威戎、武信(遂州)
嶺南道	嶺南、容管、桂管、邕管、安南	韶連
隴右道	隴右、河西、安西、北庭、秦成(天雄)、歸義	

〔註42〕邢洺鎮從地理區域來看是屬於河北道的藩鎮，但它由昭義鎮分裂而成，故將其列於河東道下。

〔註43〕淮西鎮的會府長期位於蔡州，蔡州是河南道內的州，故而有的資料將淮西鎮列為河南道藩鎮。但淮西鎮全稱為淮南西道，部分轄區位於淮南道內，故將其列於淮南道下。

此統計表中的藩鎮，威勝（乾州）、保勝（隴州）、佑國（京兆府）、義勝（耀州）、武肅（齊州）、利州、巴渠、興文、歙婺、武信（遂州）等十個藩鎮為唐末時五代十國各政權（包括李茂貞之秦岐、朱溫之梁、王建之蜀、楊行密之吳等政權）建置的藩鎮，屬於廣義上的五代十國範疇，本書中不作具體考述。

四、唐代藩鎮歷史地理的幾個問題

在這裡，筆者需要對唐代藩鎮相關的幾個問題進行一些說明，涉及附屬藩鎮、某些州的名義隸屬與實際隸屬不同、州郡改易、行州等問題。釐清這些問題，有助於我們更加準確地理解唐代藩鎮的歷史地理演變，為相關研究提供有益參考。

第一，附屬藩鎮的問題。附屬藩鎮的出現有兩種情況：其一，唐代中期，存在同一節度使兼任兩鎮的情況，比如，淮西節度使曾兼領蔡汝節度使，澤潞節度留後曾兼領昭義留後；其二，唐末軍閥勢力崛起，他們往往能夠同時控制兩個或更多的藩鎮。

豫許汝節度使和淮西節度使原本是二個藩鎮。上元二年（761 年），朝廷以淮西節度使來瑱兼領豫許汝節度使。此後，淮西節度使長期兼領豫許汝節度使。寶應元年（762 年），豫許汝節度使改稱蔡汝節度使。同年，李忠臣成為淮西節度使，同樣兼領蔡汝節度使，並且治於蔡汝節度使的治所蔡州，而沒有治於淮西節度使的治所安州〔註 44〕。此後，蔡汝鎮與淮西鎮名為二鎮，實為一體。因此，蔡汝鎮實際已成為淮西鎮的附屬藩鎮。直到大曆八年（773 年），朝廷才正式廢除蔡汝鎮，將其併入淮西鎮。

大曆十年（775 年），魏博節度使田承嗣侵佔昭義鎮下轄的相、衛、貝、洺等州後，昭義鎮轄區僅剩邢、磁二州。次年，朝廷讓澤潞節度留後李抱真兼領磁邢二州留後（即昭義節度留後）。直到建中元年（780 年），朝廷才正式將澤潞、昭義二鎮合併。大曆十一年（775 年）至建中元年（780 年）的這段時間，昭義鎮實際是澤潞鎮的附屬藩鎮。

唐末，各地藩鎮逐漸發展成為割據藩鎮，並發動了相互兼併的戰爭。比如，幽州節度使劉仁恭於光化元年（898 年）攻取義昌鎮，以其長子劉守文為義昌軍節度使。又如，鎮國軍節度使韓建於乾寧四年（897 年）取得同州，兼領匡

〔註44〕詳見第九章第二節《唐代中後期淮西鎮的轄區沿革》。

國軍節度使。因此，義昌鎮可以看作是幽州鎮的附屬藩鎮，同州匡國軍是華州鎮國軍的附屬藩鎮，類似情況在唐末很多。

第二，某些州名義的隸屬與實際隸屬不一致的問題。這樣的例子很多，大多都與軍事戰爭或藩鎮與藩鎮之間、朝廷與藩鎮之間爭奪一些州的控制權有關。

安史之亂期間，京畿道、都畿道、河南道、河北道等地區州郡的控制權變化頻繁，很多州郡時而在安史政權的控制之下，時而又被唐朝廷收復。儘管這些州郡處於叛軍的控制之下，但是唐朝廷仍然以其隸於某個藩鎮。比如，天寶十四載（755年）十二月至至德二載（757年）十月期間，河南府一直處於安氏燕國政權的控制之下，但是唐朝廷在至德元載（756年）置東畿鎮，河南府為其轄區。又如，乾元二年（759年）至寶應元年（762年），魏州實際在史氏燕國政權的控制下，朝廷仍以其隸於滑衛鎮。

另外，安氏燕國和史氏燕國都曾在其控制區域內建置過藩鎮（節度使）。根據筆者統計，安氏燕國建置有河東節度使、平盧節度使、范陽節度使、河南節度使、淄青節度使等，史氏燕國建置有恆陽節度使、睢陽節度使、范陽節度使、陳留節度使、滑鄭汴節度使〔註45〕等。對於這些節度使，史料記載非常少，具體轄區多語焉不詳。並且，當時處於戰亂時期，各個節度使的存續時間也很短，沒有形成穩定的藩鎮。因此，本書不對這些節度使進行專門的研究。對於藩鎮的轄區沿革，仍然以唐朝廷的劃分為主。僅在需要特別說明的情況下，才考述安史政權建置的藩鎮的轄區變化。

大曆十年（775年），魏博鎮出兵奪取昭義鎮的相、衛、洺、貝四州。但這四州名義上仍然隸屬於昭義鎮。直到大曆十一年，朝廷才承認四州為魏博鎮所有。《方鎮表三》記載：大曆十一年，「魏博節度增領衛、相、洺、貝四州。」〔註46〕因此，在大曆十年至十一年期間，相、衛、洺、貝四州名義上仍然隸屬昭義鎮，實際已經為魏博鎮所有。

建中二年（781年），淄青留後李納叛亂。其部將李洧以徐州歸順朝廷，次年（782年）被朝廷任命為徐海沂密都團練觀察使。按道理來講，此時徐

〔註45〕 史氏燕國稱郡而不稱州，因此「滑鄭汴節度使」當作他稱，只是缺乏史料記載，此處據《資治通鑒》卷二百二十二（第7113頁）的記載，權且作「滑鄭汴節度使」。
〔註46〕 《新唐書》卷六十六《方鎮表三》，第1236頁。

州已經建置為藩鎮，且海、沂、密三州都是其轄區。但實際情況是，海、沂、密三州仍然在淄青鎮李納的實際控制之下。直到興元元年（784年），李納上表歸順朝廷。朝廷於是廢除徐海沂密都團練觀察使，以四州復隸於淄青鎮。對此，《方鎮表二》記載：興元元年，「廢徐海沂密都團練觀察使」；「復置淄青平盧節度使，領青、淄、登、萊、齊、兗、鄆、徐、海、沂、密、曹、濮十三州。」〔註47〕但實際情況是，朝廷只是將淄青鎮實際控制的海、沂、密三州劃分給淄青鎮而已。徐州名義上復隸於淄青鎮，但實際上可以看成中央直屬州。《資治通鑑》記載：貞元四年（788年）十一月，「李泌言於上曰：『江、淮漕運，自淮入汴，以甬橋為咽喉，地屬徐州，鄰於李納，刺史高明應年少不習事，若李納一旦復有異圖，竊據徐州，是失江、淮也，國用何從而致！請徙壽、廬、濠都團練使張建封鎮徐州，割濠、泗以隸之。復以廬、壽歸淮南，則淄青惕息而運路常通，江、淮安矣。及今明應幼駿可代，宜徵為金吾將軍。萬一使它人得之，則不可復制矣。』上從之。以建封為徐、泗、濠節度使。」〔註48〕由這段記載可以看出，興元元年之後徐州成為朝廷實際掌控的州。直到貞元四年，朝廷擔心徐州再次被淄青鎮控制，才以徐州建置徐泗鎮，以張建封為節度使。

興元元年（784年），成德節度使王武俊反正之後，協助朝廷討伐幽州節度使朱滔。同年五月，朱滔逃歸幽州後，原幽州鎮所轄的德、棣二州被王武俊控制，實際已經成為成德鎮的轄區。但直到次年，朝廷才正式將二州劃歸成德鎮。因此，《方鎮表三》記載：貞元元年（785年），「成德軍節度增領德、棣二州」〔註49〕。

通過上述三個實例可以看到，一些州存在名義隸屬與實際隸屬不一致的情況。

第三，天寶元年（742年）至乾元元年（758）州郡改易的問題。

天寶元年（742年），唐朝廷改州為郡，使用郡縣制，全國的州皆改為郡。直到乾元元年（758年），唐朝廷恢復州縣制，又改郡為州。大唐朝廷下詔復郡為州雖然發生在至德二載（757年）十二月十五日，但等到頒發到各地執行，已經是至德三載（即乾元元年），因此兩《唐書》均記載為乾元

〔註47〕《新唐書》卷六十五《方鎮表二》，第1205頁。
〔註48〕《資治通鑑》卷二百三十三《貞元四年》，第7516～7517頁。
〔註49〕《新唐書》卷六十六《方鎮表三》，第1238頁。

年〔註50〕。本書循舊例，也統一作乾元元年。

郭聲波先生《中國行政區劃通史‧唐代卷》考證，至德元載（756 年），安祿山建立安氏燕國，在其佔領地區改郡為州；乾元二年（759 年），史思明建立史氏燕國，又在其佔領地區改州為郡。其具體論述如下：

> 史志不載安氏燕國改郡為州事。按唐宋史籍所載安氏燕國州郡長官，或曰刺史，或曰太守，如《舊唐書》卷二百《安祿山傳》：「乾元元年，偽德州刺史王暕、貝州刺史宇文寬等皆歸順。」《資治通鑑》乾元元年三月癸巳：「安慶緒之北走也，其平原太守王暕、清河太守宇文寬皆殺其使者來降。」是德州亦曰平原郡，貝州亦曰清河郡，然《資治通鑑》天寶十五載十二月又載：「（燕軍）令狐潮、李庭望攻雍丘（張巡）數月不下，乃置杞州，築城於雍丘之北。」杞州新置，無郡名，乃知「州刺史」為安氏燕國政區長官正式名稱，「郡太守」為沿自唐朝之習稱〔註51〕。

對此，有的學者持不同意見，認為安氏燕國未曾改郡為州〔註52〕。為了確定安氏燕國是否實行改郡為州，筆者查閱了安氏燕國時期的墓誌銘，發現這些墓誌均稱「某州」，而非「某某郡」。比如，《燕故魏州刺史司馬公（垂）誌銘》記載：誌主「除鉅鹿（郡），歷常山（郡），兼恆陽軍使，賜紫金魚袋。二郡有師長焉，有父母焉。遷魏郡，封河內縣開國男……大燕之興，公疾□亟，有命就清河（郡）醫療。前朝遣將復據貝州，置公於平原（郡）。天寶十五年（756 年）十二月十八日終於德州凝虛寺，享年五十九……以聖武二年（757 年）閏八月九日厝於河南□平樂鄉原，禮也。」〔註53〕墓誌在表述唐朝任命的官職時皆稱郡，而在「大燕之興」之後遂改用「貝州」「德州」，且稱誌主為「燕故魏州刺史」，可見安氏燕國曾經改郡為州。又如，《大燕贈魏州都督嚴府君（復）墓誌銘並述》記載：「公遂與少子希莊聖武元年（756 年）春二月戊子，夫人王氏夏四月庚申，俱在本州相隨及難……二年（757 年）春……皇帝（安慶緒）於是下哀痛之詔，申褒崇之典，贈公魏州都督，

〔註50〕郭聲波：《中國行政區劃通史‧唐代卷》上編《緒言》，第 28 頁。

〔註51〕郭聲波：《中國行政區劃通史‧唐代卷》上編《緒言》，第 28 頁。

〔註52〕張達志：《安史之亂中州郡改易問題》，《歷史研究》2023 年第 5 期，第 213 頁。

〔註53〕周錚：《司馬垂墓誌考證》，《中國歷史博物館館刊》1996 年第 1 期，第 119 頁。

夫人齊國夫人。」〔註54〕墓誌中提及「本州」，又言安慶緒下詔贈嚴復為「魏州都督」，也可證實安氏燕國改郡為州之事。還有多方安氏燕國時期的墓誌銘可以證實此觀點。比如燕聖武元年（756年）的《大燕故兗州泗水縣令裴府君（令臣）墓誌銘並序》、聖武二年（767年）的《燕故萊州司倉參軍李府君（萬）墓誌銘並述》《燕故杭州司戶呼延府君夫人南陽張氏墓誌銘並敘》〔註55〕等，這些墓誌均稱州而不稱郡。當時，大唐朝廷還沒有改郡為州，只能說明安氏燕國改郡為州。

第四，「行州」的問題。「行州」的「行」，有「臨時」或「寄治」之義。「行州」即指寄治於某地的州，在唐朝中後期較多。過去部分學者沒有區分「行州」與「正州」，從而引發了一系列錯誤。郭聲波先生在《唐代行政區劃通史・唐代卷》中記載了諸多行州，對於研究「行州」有著重要意義。儘管行州多具有臨時性質，然而部分行州的存在時間卻相當長久。例如，行成州自貞元五年（789年）起，一直延續至咸通七年（866年）。通常情況下，行州與正州不能同時並存。咸通七年，成州舊地收復後，復置成州，行成州隨即廢止。

經過初步的梳理與探討，我們對於唐代藩鎮地理所涉及的幾個問題已經有了更加清晰的認識。接下來，我們將正式開啟唐代藩鎮歷史地理的考察之旅。

〔註54〕《大燕贈魏州都督嚴府君（復）墓誌銘並述》見於浙江大學圖書館「墓誌數據庫」。
〔註55〕以上三方墓誌均見於浙江大學圖書館「墓誌數據庫」。

圖 0-1　藩鎮分布圖（763 年）

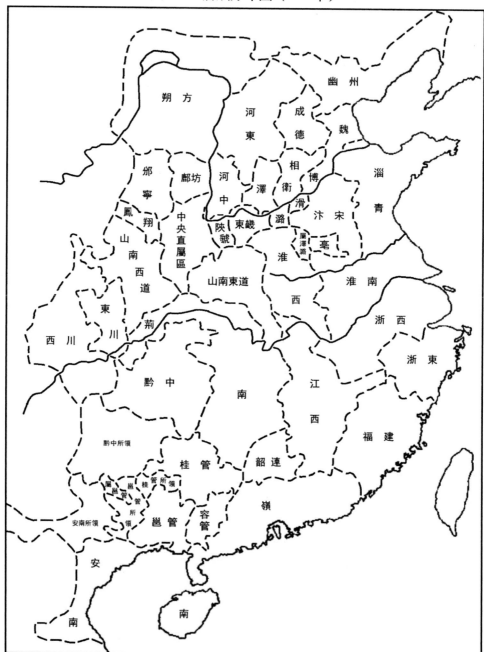

廣德元年（763 年），全國建置有 38 個藩鎮。圖中，滑、亳二州隸屬於滑亳鎮；蔡汝鎮是淮西鎮的附屬藩鎮，未標出；隴右道的河西、安西、北庭三鎮因部分轄區遭吐蕃侵佔而無法明確疆界，也未繪出。

圖 0-2　藩鎮分布圖（789 年）

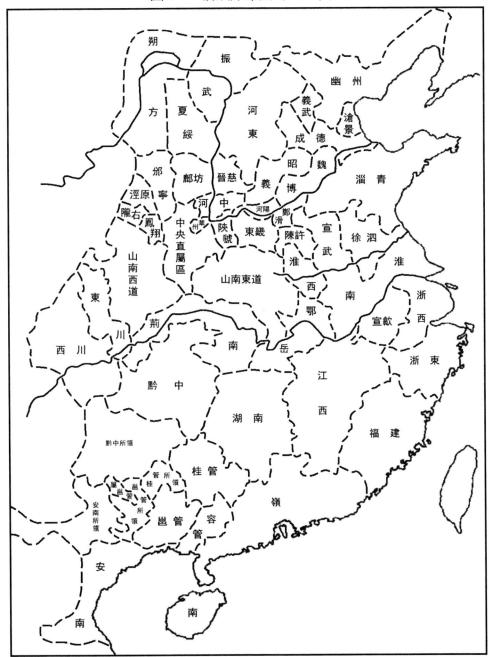

貞元五年（789 年），全國建置有 48 個藩鎮。其中，隴右道的安西、北庭二鎮未繪出。

圖 0-3　藩鎮分布圖（822 年）

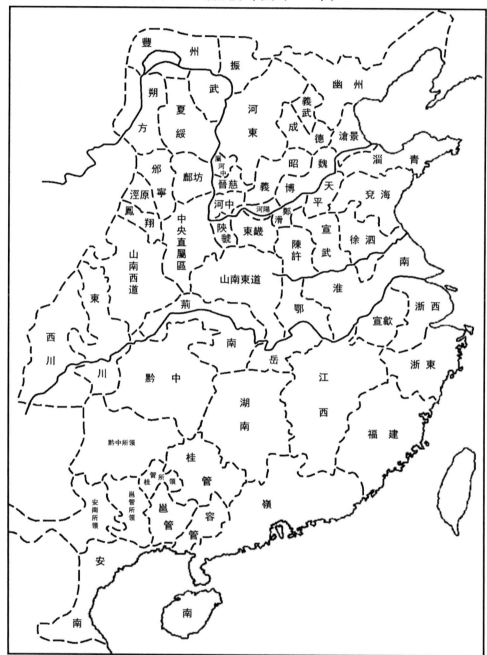

藩鎮發展進入穩定期後，藩鎮數量保持穩定。直至長慶二年（822 年），全國建置有 46
個藩鎮。

圖 0-4　藩鎮分布圖（880 年）

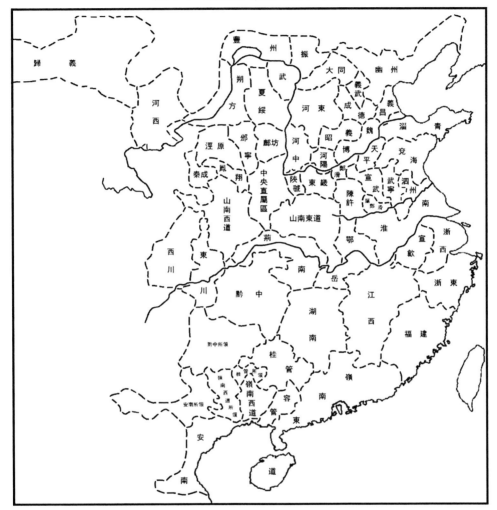

元和之後，藩鎮的轄區和數量都比較穩定。廣明元年（880 年），黃巢起義軍攻陷唐朝都城長安之前，全國建置有 50 個藩鎮。

第一章　京畿道藩鎮

　　京畿道，是唐朝中央政府的核心地區，其下先後建置有京畿、同華、華州（鎮國）、同州、鳳翔、邠寧等藩鎮。其中，鳳翔、邠寧二鎮存在時間較長，京畿、同華、華州（鎮國）、同州四鎮存在的時間都較短。

　　京畿鎮建置於唐代中期，存的時間較短，主要轄有京兆府。始建於至德元載（756年），寶應元年（762年）廢，廣德二年（764年）復置，至興元元年（784年）又廢。

　　同華鎮又稱關東鎮，軍號為鎮國軍，建置於唐代中期，存在時間較短。轄有同、華二州，治於華州。始建於上元二年（761年），至大曆二年（767年）廢。

　　同華鎮被廢除後，華州成為中央直屬州，建置有潼關防禦使。建中三年（783年），華州置鎮國軍節度使，至貞元九年（793年）廢。此後，華州又成為中央直屬州，長期保持潼關防禦使、鎮國軍使的建置。唐末，潼關防禦使升為鎮國軍節度使，復置華州鎮。韓建據有華州，又兼領同州的匡國軍節度使。

　　同州鎮始置於興元元年（784年），稱奉誠軍節度使，同年廢。貞元十四年（798年）之後，同州成為中央直屬州，長期保持同州防禦使的建置。唐末，同州建置為匡國軍節度使，為華州鎮的附屬藩鎮。

　　鳳翔鎮存在的時間較長，始建於乾元二年（759年），長期轄有鳳翔府、隴州、行秦州。唐末，李昌言、李昌符兄弟和李茂貞先後割據於鳳翔鎮。其後，李茂貞以鳳翔鎮為基礎，建立秦岐政權。

　　邠寧鎮存在的時間較長，始置於乾元二年（759年），至大曆三年（768年）

廢，大曆十四年（779 年）復置。唐末五代初，朱玫、王行瑜、李繼徽等人先後割據於邠寧鎮，軍號靜難軍。後梁貞明元年（915 年），邠寧鎮最終併入後梁。

這一章主要研究京畿道的京畿、同州、華州、鳳翔、邠寧五個藩鎮。

第一節　中央直屬區

至德元載（756 年），唐朝廷已經在全國普遍建置藩鎮。此後，藩鎮成為地方最高一級的行政區劃，唐朝絕大多數地區都保持著「州（府）隸屬於藩鎮」的狀態。然而，有一些州（郡）、府卻呈現出直屬於中央朝廷的狀態。通過統計，京兆、鳳翔、河南三府和華、同、金、商、鹽、徐、汝、陝、虢、鳳等州都出現過直屬於中央朝廷的情況，筆者將這些州（郡或府）稱為中央直屬州（郡或府）〔註1〕。這些直屬於中央的區域，即為中央直屬區。

一、唐後期的中央直屬州

當代學術史上，已經有一些學者注意到唐代後期「中央直屬州」的存在。1951 年，日本史學家日野開三郎的《藩鎮體制與直屬州》一文對藩鎮體制與直屬州的關係進行了一些論述〔註2〕。近年來，陳志堅在其著作《唐代州郡制度研究》中指出，界定直屬州的標準有兩個：一、它們不劃歸任何一道管轄，而是直屬中央；二、除了本州，它們並沒有支郡〔註3〕。朱德軍在《中晚唐直隸州制度的歷史考察》一文中將直屬州稱為「直隸州」，並從地方體制演變與直隸州的產生、直隸州刺史的來源、直隸州設置的目的三個方面，進一步對「直隸州」進行了探討〔註4〕。

對於「中央直屬州」的概念，張國剛先生在《唐代藩鎮研究》第十章《唐

〔註1〕張國剛先生在《唐代藩鎮研究》第十章《唐代藩鎮進奏院制度》中提及「中央的直屬州」。其後，張超先生在其碩士論文《中晚唐同、華兩州節度使研究》第 11 頁提出了中央直屬州的概念。

〔註2〕詳見陳志堅：《唐代州郡制度研究》第一編第二章《唐代州郡的特殊種類——防禦、團練州和直屬州》，上海：上海古籍出版社，2005 年，第 31 頁。

〔註3〕陳志堅：《唐代州郡制度研究》第一編第二章《唐代州郡的特殊種類——防禦、團練州和直屬州》，第 31 頁。

〔註4〕朱德軍：《中晚唐直隸州制度的歷史考察》，《東北師大學報（哲學社會科學版）》2011 年第 4 期，第 82～87 頁。

代藩鎮進奏院制度》中有這樣的表述：「一些中央的直屬州如華州、同州有進奏院」，「直屬州之地位猶同方鎮，置邸（進奏院）上都應屬理所當然」〔註5〕。因此，張國剛先生已經注意到兩點。其一，華、同二州不隸屬於任何藩鎮，而是中央直屬州，其地位猶同於藩鎮，但並不是藩鎮。其二，中央直屬州也像藩鎮一樣在京城設置有進奏院。

其後，張超先生在其碩士論文《中晚唐同、華兩州節度使研究》中也認識到，華、同二州在唐代後期長期未設置藩鎮。其論文中提到，華、同二州在不設鎮期間，應該是直接屬於唐中央管轄的，並且明確將其稱為「中央直屬州」〔註6〕。張超先生又指出，同、華二州只設防禦使時期雖然擁有某些等同藩鎮的特權，但並不能視作藩鎮，它們只能算是唐中央直接管轄的州郡，即所謂的中央直屬州〔註7〕。

實際上，一些史料的記載也能佐證，唐後期中央直屬州是客觀存在。

首先，唐代元和年間宰相李吉甫修撰的地理類著作《元和郡縣圖志》，它記載了絕大部分州（府）隸屬於藩鎮的情況，卻沒有記載個別州（府）的隸屬情況，即表明了這些州（府）在當時並不隸屬於任何藩鎮。比如，該書卷一《關內道一》和卷二《關內道二》首先開始寫到的京兆府、華州、同州，皆未說明隸屬於任何節度使〔註8〕，而在隨後記載鳳翔府時卻是這樣的表述：「鳳翔府……今為鳳翔節度使理所。管州二：鳳翔府、隴州。」〔註9〕又如，卷五《河南道一》寫河南府時，也未說明河南府隸屬於哪個藩鎮〔註10〕，但在卷六《河南道二》寫陝州時卻寫道：「陝州……今為陝虢觀察使理所。管州三，陝州、虢州、汝州。」〔註11〕這些不一樣的記載風格均在表明，京兆府、河南府、華州、同州等一些州（府）與其他一般的州（府）不同，它們並不隸屬於任何藩鎮。

〔註5〕 張國剛：《唐代藩鎮研究（增訂版）》第十章《唐代藩鎮進奏院制度》，第 123 頁。

〔註6〕 張超：《中晚唐同、華兩州節度使研究》第一章《中晚唐同、華兩州的建制沿革及其特點》，碩士學位論文，南京師範大學，2011 年，第 8 頁。

〔註7〕 張超：《中晚唐同、華兩州節度使研究》第一章《中晚唐同、華兩州的建制沿革及其特點》，第 11 頁。

〔註8〕 （唐）李吉甫：《元和郡縣圖志》卷一《關內道一》、卷二《關內道二》，北京：中華書局，1983 年，第 1、33、36 頁。

〔註9〕 （唐）李吉甫：《元和郡縣圖志》卷二《關內道二》，第 40 頁。

〔註10〕 （唐）李吉甫：《元和郡縣圖志》卷五《河南道一》，第 129 頁。

〔註11〕 （唐）李吉甫：《元和郡縣圖志》卷六《河南道二》，第 155 頁。

　　其次，根據一些史料記載，唐代後期，除藩鎮在京城設置有進奏院外，這些不隸屬於任何藩鎮的州也在京城設置有進奏院。比如，李商隱《為汝南公賀彗星不見復御正殿表》記載：「臣某言：得本州進奏院表」〔註12〕，此處的汝南公指華州刺史周墀，當時李商隱為其幕僚。又如，元稹《賀聖體平復御紫宸殿受朝賀表》記載：「臣某言：今日得上都進奏官報」〔註13〕，當時元稹為同州刺史。以上記載表明，華、同二州在京城均設有進奏院。然而當時二州均未設置藩鎮，從而說明二州是以中央直屬州的地位而設進奏院的。

　　通俗來講，進奏院的唐代後期地方最高一級行政區在京城的辦事機構。它主要的職能是聯繫中央朝廷和地方，起到上傳下達的作用。一方面，地方通過進奏院呈遞地方的表文，傳遞地方的信息，辦理上供賦稅事宜。另一方面，進奏院及時傳達朝廷的詔令、文牒。

　　唐代後期，藩鎮實際上已經演變成為地方最高一級行政區。進奏院制度是藩鎮成為州（府）之上一級行政區的一種體現。唐代後期，藩鎮在京城設立進奏院，取得了直達中央朝廷的聯繫。一般的州（府），隸屬於藩鎮管轄，因此並沒有資格設立進奏院。只有少數的州（府）曾經在京城設立進奏院，這些州（府）即為中央直屬州。

　　中國最早的一部古都志——北宋宋敏求編撰的《長安志》明確記載了唐代長安進奏院的設置情況〔註14〕。通過表1-1統計，《長安志》總共記載了53個進奏院，其中藩鎮的進奏院46個，剩餘的7個進奏院對應的州（府）都是曾經的中央直屬州。

表1-1　《長安志》記載進奏院情況

坊　名	藩鎮的進奏院	中央直屬州的進奏院
務本坊	西川、齊州	
崇義坊	興元、鄜坊、易定	
長興坊	鎮州	

〔註12〕（唐）李商隱著，（清）馮浩注，王步高、劉林輯：《李商隱全集》下冊《為汝南公賀彗星不見復正殿表》，珠海：珠海出版社，2002年，第842頁。

〔註13〕（唐）元稹著，吳偉斌輯：《新編元稹集》第十四冊《賀聖體平復御紫宸殿受朝賀表》，西安：三秦出版社，2015年，第7210頁。

〔註14〕（宋）宋敏求：《長安志》卷七《唐京城一》至卷九《京城三》，中國國家圖書館藏明嘉靖刻本，中一百第29～53頁。

永興坊	鳳翔、陳許、湖南	
崇仁坊	東都、汴州、淄青、淮南、兗州、太原、幽州、豐州、滄州、天德（平）〔註15〕、荊南、宣歙、江西、福建、廣州、桂州、安南、邕州、黔南	河南府、商州、汝州、鹽州
平康坊	河中、河陽、襄州、徐州、魏州、涇原、靈武、夏州、昭義、浙西、浙東、容州	同州、華州
宣陽坊	邠寧、東川、振武、鄂州	
勝業坊	陝府、鄭滑	
靖恭坊		金州

　　再次，《資治通鑑》的記載，明確說明了鹽州曾經為中央直屬州。此書中記載：貞元十九年（803年），「鹽夏節度判官崔文先權知鹽州，為政苛刻。冬閏十月庚戌，部將李庭俊作亂，殺而臠食之。左神策兵馬使李興幹戍鹽州，殺庭俊以聞。」「十一月戊寅朔，以李興幹為鹽州刺史，得專奏事，自是鹽州不隸夏州。」〔註16〕在此之前，鹽州是隸屬於夏綏鎮的。這裡「得專奏事，自是鹽州不隸夏州」道明了鹽州成為中央直屬州，不再隸屬於夏綏鎮。

　　綜上所述，《元和郡縣圖志》的記載反映出唐後期大部分州（府）都是隸屬於藩鎮管轄，但有個別州（府）並不隸屬於任何藩鎮。結合《長安志》等史料的記載不難看出，這些個別的州（府）與藩鎮一樣在京師長安設有進奏院，即為中央直屬州。《資治通鑑》對於鹽州曾經「得專奏事」的記載，進一步證實了中央直屬州的客觀存在。

二、中央直屬州與單州藩鎮的區分

　　唐後期的中央直屬州可以分為兩類：一類直屬於中央，不置州防禦使或團練使；一類是直屬於中央，又置州防禦使或團練使。第二類中央直屬州的特點是，它一方面直屬於中央，一方面卻帶有藩鎮的性質。

　　通過總結，第一類中央直屬州（府）有京兆府、河南府和金、商、徐、鹽、虢五州。這七個州（府）在直屬於中央朝廷期間，長期內都沒有防禦使或團練使的建置。

　　這裡需要重點說明一下第二類中央直屬州（府）的情況。第二類中央直屬

〔註15〕此處或為「天平」之誤。唐末雖有天德軍，但其與豐州屬同一藩鎮。按唐末長期設有天平軍節度使，而《長安志》漏載「天平進奏院」，故推測此處或為「天平」之誤。

〔註16〕《資治通鑑》卷二百三十六《貞元十九年》，第7603～7604頁。

州（府）主要有鳳翔府和華、同、汝、陝、鳳五州。這六個州（府）在直屬於中央朝廷期間，還建置有防禦使或團練使。另外，河南府和金、商二州直屬於中央期間，也曾經短期建置防禦使或團練使。這九個州（府）在直屬於中央期間，建置防禦使的情況如下。

（一）鳳翔府（扶風郡、鳳翔郡）：至德元載（756年）至乾元二年（759年）、大曆十二年（777年）至十四年（779年）為中央直屬府（郡）。其中，至德元載至乾元二年期間建置有扶風防禦使，後改為鳳翔防禦使。

（二）華州（華陰郡）：至德元載（756年）至乾元二年（759年）、廣德元年（763年）至永泰元年（765年）、大曆二年（767年）至建中四年（783年）、貞元九年（793年）至大順元年（890年）為中央直屬州。在此期間，華州長期建置有潼關防禦使。

（三）同州：廣德元年（763年）至永泰元年（765年）、大曆二年（767年）至興元元年（784年）、貞元十四年（798年）至大順元年（890年）為中央直屬州，其間長期建置有同州防禦使。

（四）金州：寶應元年（762年）至建中四年（783年）、興元元年（784年）至元和二年（807年）、元和三年（808年）至光啟二年（886年）為中央直屬州。在此期間，金州建置防禦使的時間較短，根據《唐刺史考全編》考證，大曆四年（769年）有金州團練使高弘諒，興元元年（784年）有金州防禦使李融〔註17〕。

（五）商州：寶應元年（762年）至建中四年（783年）、興元元年（784年）至元和二年（807年）、元和三年（808年）至光啟二年（886年）為中央直屬州。在此期間，商州建置防禦使的時間也較短，根據《唐刺史考全編》考證，大曆十年（775年）有商州防禦使馬燧，貞元二年（786年）有商州防禦使李佐，大和元年（827年）至二年（828年）有商州防禦使獨孤密，大中時有商州團練使，光啟中有商州防禦使楊守信〔註18〕。

（六）河南府：廣德二年（764年）至大曆十四年（779年）、元和三年（808年）至十三年（818年）、長慶元年（821年）至二年（822年）為中央直屬府。其中，元和九年（814年）至十三年（818年）和長慶元年（821年）至二年（822年）期間，河南府建置有東畿防禦使。

〔註17〕郁賢皓：《唐刺史考全編》卷二〇三《金州（安康郡、漢陰郡）》，第2756頁。
〔註18〕郁賢皓：《唐刺史考全編》卷二〇四《商州（上洛郡）》，第2771～2778頁。

（七）汝州：長慶元年（821年）至二年（822年）為中央直屬州，其間置有汝州防禦使。

（八）陝州：大曆十四年（779年）至四年（783年）、大和五年（831年）至開成元年（836年）為中央直屬州，其間建置有陝州防禦使。

（九）鳳州：光啟二年（886年）至文德元年（888年）為中央直屬州，其間建置有鳳州防禦使。

正是由於這些州存在防禦使的建置，故而有的學者將其視為藩鎮。緒論裏提及，中央直屬州其實不能視為藩鎮。但是，值得注意的是，另外有一些單州防禦使卻應該視為藩鎮。為了更加清晰地辨別二者，筆者將唐代出現過的單州防禦使類的藩鎮羅列如下。

（一）劍南西山防禦使：大曆元年（766年）建置的劍南西山防禦使，名義上應當轄有西山諸州，實際僅轄有茂州。

（二）泗州防禦使：乾符二年（875年）至約中和三年（883年），泗州建置泗州防禦使，脫離徐泗鎮。泗州距離朝廷核心區域較遠，並非朝廷能夠直接控制的地區，故泗州脫離徐泗鎮而建置的防禦使也應該視為藩鎮。

（三）杭州防禦使（武勝軍防禦使）：龍紀元年（889年）至景福二年（893年），杭州建置有杭州防禦使，後改為武勝軍防禦使。在此期間，杭州防禦使曾經控制蘇、杭二州，雖仍為單州防禦使，卻具備藩鎮之實。

（四）延州防禦使（安塞軍防禦使）：約大順元年（約890年），延州建置延州防禦使，後又稱安塞軍防禦使，乾寧四年（897年）之前，升為節度使。

（五）虔州防禦使（百勝軍防禦使）：百勝軍防禦使原轄有虔、韶二州，後梁乾化元年（911年）之後僅轄有虔州，故而也稱為虔州防禦使。

基於以上總結，這五個州防禦使都應該視為藩鎮。其中，除了劍南西山防禦使之外，其餘四個單州防禦使都建置於唐末。這五個單州防禦使主要有兩個特點：第一，它們並不隸屬於其他藩鎮；第二，它們並不是朝廷能夠直接管轄的地區。第二個特點正是區分中央直屬區和單州防禦使這類藩鎮的關鍵。

三、中央直屬區的變化

安史之亂爆發後，全國絕大部分地區都建置為藩鎮，只有極少數地區為中央直屬區域。中央直屬區的地域範圍非常狹小，主要是集中在唐朝的都城所在

地京兆府及其周邊州、府。儘管如此,但唐朝卻長期保持著中央直屬區的存在。唐代中後期,只有乾元二年(759年)至寶應元年(762年)短暫的三年間沒有中央直屬區,其餘時間均存在中央直屬區。

至德元載(756年),朝廷已經在全國建置藩鎮,中央直屬區僅有扶風、華陰二郡。其中,扶風郡建置有扶風防禦使,置於至德元載七月。同月,扶風郡改為鳳翔郡,扶風防禦使也因此改稱為鳳翔防禦使。

賴青壽先生的博論《唐後期方鎮建置沿革研究》將鳳翔防禦使視為藩鎮〔註19〕。但是,至德元載之時,沒有其他任何一個藩鎮是州防禦使的建置。鳳翔防禦使的建置,與後來的潼關防禦使、同州防禦使的情況類似,不應視為藩鎮。

至於華陰郡,《新唐書‧方鎮表》也沒有記載其在至德元載(756年)時隸屬於任何藩鎮,其情況應該和鳳翔郡一致,也是直屬於中央朝廷。

至德二載(757年),鳳翔郡升為鳳翔府。乾元元年(758年),華陰郡改為華州。

乾元二年(759年),鳳翔府建置為鳳翔鎮,華州改隸於陝虢鎮。

此後的數年間,全國的州、府皆隸屬於藩鎮,不存在中央直屬區。

寶應元年(762年),朝廷廢除京畿節度使,京畿鎮所轄的京兆府和金、商二州都成為中央直屬州(府)。史料並未明確記載京畿鎮被廢除之後金、商二州的歸屬問題,應該就是和京兆府一同直隸於中央。賴青壽先生在《唐後期方鎮建置沿革研究》中認為,金、商二州在寶應元年(762年)至建中四年(783年)隸屬於山東東道〔註20〕。但是,山南東道自廣德元年(763年)至建中二年(781年)就由梁崇義割據一方,金、商二州緊鄰京城,朝廷不可能將二州劃歸山南東道。所以金、商二州應該成為中央直屬州,而非改隸於山南東道。此後,金州曾經建置過金州團練使,商州曾經建置過商州防禦使。據《唐刺史考全編》考證:大曆四年(769年),高弘諒為金州團練使;大曆十年(775年),馬燧為商州防禦使〔註21〕。

〔註19〕賴青壽:《唐後期方鎮建置沿革研究》第一章第二節《鳳翔隴右節度使沿革》,第40頁。

〔註20〕賴青壽:《唐後期方鎮建置沿革研究》第七章第三節《襄陽(山南東道)節度使沿革》,第125頁。

〔註21〕郁賢皓:《唐刺史考全編》卷二○三《金州(安康郡、漢陰郡)》、卷二○四《商州(上洛郡)》,第2756、2771頁。

廣德元年（763 年），朝廷廢除鎮國軍節度使，華、同二州成為中央直屬州。

廣德二年（764 年），朝廷建置京畿觀察使，京兆府隸屬於京畿鎮。

同年，朝廷廢除東畿觀察使，河南府成為中央直屬府。

永泰元年（765 年），復置鎮國軍節度使，華、同二州復隸於鎮國軍。

大曆二年（767 年），朝廷廢除鎮國軍節度使，華、同二州因此成為中央直屬州。此後，華州直屬於中央期間，一直建置有潼關防禦使。

大曆十二年（777 年），廢除鳳翔鎮，鳳翔府成為中央直屬府〔註 22〕。

大曆十四年（779 年），朝廷復置東畿觀察使、鳳翔隴右節度使，河南府復隸於東畿鎮，鳳翔府復隸於鳳翔鎮；廢除陝虢鎮，陝、虢二州成為中央直屬州。

對於大曆十二年至十四年鳳翔府是否建置有藩鎮的問題，史料沒有明確記載。但是，根據朱泚大曆十二年任隴右節度使，大曆十四年兼領鳳翔尹。由此來看，鳳翔府在此期間並不存在藩鎮的建置，因而應為中央直屬區〔註 23〕。

建中二年（781 年），陝州曾經改隸於河陽鎮，同年恢復為中央直屬州。

建中四年（783 年），金、商二州再次隸屬於京畿鎮。

同年，朝廷復置鎮國軍、陝虢二鎮，華州復隸於鎮國軍，陝、虢二州改隸於陝虢鎮。

興元元年（784 年）正月，同州建置為奉誠軍節度使，同州改隸於奉誠軍。

同年，京畿鎮被廢除，京兆府再次直隸於中央，金、商二州先是建置為金商都防禦使，接著金商都防禦使又廢除，金、商二州再次成為中央直屬州〔註 24〕。此後，金、商二州都曾經建置過防禦使。據《唐刺史考全編》考證：興元元年（784 年），李融為金州防禦使；貞元二年（786 年），李佐為商州防禦使〔註 25〕。

興元元年（784 年），徐州成為中央直屬州。需要說明的是，徐州的情況較為特殊。早在建中三年（782 年），朝廷就在徐州建置徐海沂密都團練觀察

〔註 22〕大曆十二年（777 年）至十四年（779 年），朝廷建置隴右節度使，卻不見鳳翔府有鳳翔節度使的記載，由此推測，在此期間，鳳翔鎮被廢除，鳳翔府直屬於中央，詳見本章第四節《鳳翔鎮的轄區沿革》。

〔註 23〕詳見本章第四節《鳳翔鎮的轄區沿革》。

〔註 24〕詳見第八章第四節《金商鎮的轄區沿革》。

〔註 25〕郁賢皓：《唐刺史考全編》卷二〇三《金州（安康郡、漢陰郡）》、卷二〇四《商州（上洛郡）》，第 2756、2772 頁。

使，以李洧為之。但當時海、沂、密三州都在淄青鎮的控制下，徐海沂密都團練觀察使實際只轄有徐州。李洧死後，他的部將高承宗繼任徐海沂密都團練觀察使。興元元年，朝廷廢除徐海沂密都團練觀察使，將徐、海、沂、密四州劃歸淄青鎮，但沒有讓淄青鎮真正控制徐州，而是讓高承宗的兒子高明應繼任徐州刺史。直至貞元四年（788 年），朝廷害怕淄青鎮再次奪取徐州，於是建置徐泗濠節度使。至此，徐州改隸於徐泗鎮。興元元年（784 年）至貞元四年（788年）期間，中央朝廷對徐州具有實際控制能力，徐州實際是中央直屬州，而不是真正隸屬於淄青鎮。

貞元九年（793 年），朝廷廢除鎮國軍節度使，華州再次成為中央直屬州。此後，華州長期保持著潼關防禦使的建置。

貞元十四年（798 年），同州不再隸屬於河中鎮，直屬於中央。此後，同州長期保持著同州防禦使的建置。

貞元十九年（803 年），鹽州不再隸屬於夏綏鎮，直屬於中央。《資治通鑑》記載：「鹽夏節度判官崔文先權知鹽州，為政苛刻。冬閏十月庚戌，部將李庭俊作亂，殺而臠食之。左神策兵馬使李興幹戍鹽州，殺庭俊以聞。」「十一月戊寅朔，以李興幹為鹽州刺史，得專奏事，自是鹽州不隸夏州。」〔註26〕這裡「得專奏事」一詞道明了鹽州成為中央直屬州的事實。此後，直至元和二年（807 年），鹽州改隸於朔方鎮。

元和二年（807 年），金、商二州建置為金商都防禦使，二州改隸於金商鎮。但是不久後金商都防禦使被廢除，二州再度成為中央直屬州〔註27〕。據《唐刺史考全編》考證，大和元年（827 年）至二年（828 年）有商州防禦使獨孤密，大中年間有商州團練使崔黯，唐末有商州防禦使楊守信〔註28〕。

元和三年（808 年），朝廷廢除東畿鎮，河南府直屬於中央。直至元和十三年（818 年）朝廷復置都畿汝防禦使，河南府復隸於東畿鎮。

長慶元年（821 年），朝廷再次廢除東畿鎮，河南府和汝州直屬於中央。次年（822 年），復置東畿鎮，河南府和汝州復隸於東畿鎮〔註29〕。

〔註26〕《資治通鑑》卷二百三十六《貞元十九年》，第 7603～7604 頁。
〔註27〕賴青壽《唐後期方鎮建置沿革研究》第七章第四節《金商都防禦使沿革》第129 頁認為，金商都防禦使從興元元年（784 年）延續到唐末。筆者認為此觀點有誤，詳見第八章第四節。
〔註28〕郁賢皓：《唐刺史考全編》卷二〇四《商州（上洛郡）》，第 2775～2778 頁。
〔註29〕詳見第三章第一節《東畿鎮的轄區沿革》。

　　大和五年（831年），因為陝虢鎮靠近京師，朝廷廢除陝虢鎮，所轄的陝、虢二州成為中央直屬州。直至開成元年（836年），陝、虢二州復置為陝虢鎮。在這段時間內，陝州建置有陝州防禦使。

　　此後的五十年間，中央直屬區保持穩定，有京兆府和華、同、金、商四州。

　　唐末，由於中央朝廷衰弱，藩鎮之間的平衡被打破。朝廷對地方藩鎮逐漸失去控制，造成各地藩鎮逐漸演變為割據型藩鎮。更有甚者，朝廷對中央直屬區的控制也在不斷削弱。在這樣的情況下，中央直屬區域內的各個州（府）也逐漸建置為藩鎮。

　　光啟二年（886年），朝廷建置金商節度使，金、商二州改隸於金商鎮。

　　同年，鳳州的感義節度使被廢除，鳳州建置為鳳州防禦使，成為中央直屬州〔註30〕。直至文德元年（888年），鳳州防禦使又升為感義軍節度使，鳳州復隸於感義軍。

　　大順元年（890年），朝廷建置同州節度使，同州改隸於同州鎮。至遲在大順元年，華州也建置為鎮國軍節度使，華州改隸於鎮國軍〔註31〕。

　　天祐元年（904年），梁王、宣武軍節度使朱溫已經掌握唐朝廷的中央政權，為了便於控制唐朝廷，準備將都城遷往洛陽。三月，朱溫以京兆府建置佑國軍節度使。《資治通鑒》記載：本年三月，「（朱）全忠奏以長安為佑國軍，以韓建為佑國節度使。」〔註32〕

　　同年四月，朱溫正式將大唐王朝都城遷往洛陽，並廢除東畿觀察使，其所轄的河南府和汝州成為中央直屬州（府）。河南府和汝州雖為中央直屬州（府），但實際在朱溫的控制之下。同年不久，朱溫以張全義為河南尹、兼忠武軍節度使，直至唐朝滅亡。

　　總結可知，唐代後期的中央直屬區主要有京兆府和華、同、金、商四州。這些州（府）在唐後期偶而出現建置藩鎮的情況，但長期作為中央直屬州而存在。

　　綜上所述，現將中央直屬州的變化情況總結如表1-2所示。

〔註30〕詳見第八章第三節《興鳳鎮感義鎮的沿革》。
〔註31〕詳見第一章第三節《華州鎮國軍的沿革》。
〔註32〕《資治通鑒》卷二百六十四《天祐元年》，第8629頁。

表 1-2　中央直屬州統計表

時　期	總　計	直屬州（府）
756 年～757 年	2 郡	鳳翔郡、華陰郡
757 年～758 年	1 府 1 郡	鳳翔府、華陰郡
758 年～759 年	1 府 1 州	鳳翔府、華
762 年～763 年	1 府 2 州	京兆府、金、商
763 年～764 年	1 府 4 州	京兆府、金、商、華、同
764 年～765 年	1 府 4 州	河南府、金、商、華、同
765 年～767 年	1 府 2 州	河南府、金、商
767 年～777 年	1 府 4 州	河南府、金、商、華、同
777 年～779 年	2 府 4 州	河南府、鳳翔府、金、商、華、同
779 年～783 年	6 州	金、商、華、同、陝、虢
783 年～784 年	3 州	金、商、同
784 年～788 年	1 府 3 州	京兆府、金、商、徐
788 年～793 年	1 府 2 州	京兆府、金、商
793 年～798 年	1 府 3 州	京兆府、金、商、華
798 年～803 年	1 府 4 州	京兆府、金、商、華、同
803 年～807 年	1 府 5 州	京兆府、金、商、華、同、鹽
807 年～808 年	1 府 2 州	京兆府、華、同
808 年～818 年	2 府 4 州	京兆府、河南府、華、同、金、商
818 年～821 年	1 府 4 州	京兆府、華、同、金、商
821 年～822 年	2 府 5 州	京兆府、河南府、華、同、金、商、汝
822 年～831 年	1 府 4 州	京兆府、華、同、金、商
831 年～836 年	1 府 6 州	京兆府、華、同、金、商、陝、虢
836 年～886 年	1 府 4 州	京兆府、華、同、金、商
886 年～888 年	1 府 3 州	京兆府、華、同、鳳
888 年～890 年	1 府 2 州	京兆府、華、同
890 年～904 年	1 府	京兆府
904 年～907 年	1 府 1 州	河南府、汝〔註 33〕

〔註 33〕天祐元年（904 年）至四（907 年），梁王朱溫掌控了中央朝廷，因此河南府和汝州雖為中央直屬州（府），但實際在朱溫的控制之下。

第二節　京畿鎮

京畿鎮建置於唐代中期，存在的時間較短，始建於至德元載（756年），寶應元年（762年）廢，廣德二年（764年）復置，至興元元年（784年）最終被廢除。此後，唐王朝不再置京畿鎮。唐末，梁王朱溫控制京師，以京兆府建置佑國軍節度使。

一、京畿鎮的轄區沿革

京畿鎮的建置沿革為：京畿節度使（756～762）—京畿觀察使（764～783）—京畿渭北節度使（783）—京畿渭南節度使（783）—京畿金商節度使（784）—京畿商州節度使（784）。

京畿鎮長期僅轄有京兆府，曾短暫轄有金、商等州。

京畿鎮的建置與安史之亂有關，始置於至德元載（756年）。天寶十四載（755年），范陽、平盧、河東三鎮節度使安祿山在范陽發動叛亂，並於次年六月攻克長安，迫使唐玄宗出逃。朝廷為了對抗叛軍，建置京畿鎮。

京畿鎮當時轄有京兆府和馮翊、鳳翔、漢陰、上洛四郡，治於京兆府。但是不久，馮翊、鳳翔、漢陰、上洛四郡都改隸於其他藩鎮，京畿鎮僅轄有京兆府。《方鎮表一》記載：至德元載，「置京畿節度使，領京兆、同、岐、金、商五州。是年，以金、商、岐州隸興平、鳳翔，同州隸河中。」〔註34〕其中轄區皆以州稱之，但當時實際是使用郡制，同、岐、金、商四州分別為馮翊、鳳翔、漢陰、上洛四郡。

直到至德二載（757年）九月，朝廷收復京兆府。《資治通鑒》記載：本年九月「癸卯，大軍入西京……（李）俶留長安，鎮撫三日，引大軍東出。」〔註35〕

寶應元年（762年），京畿鎮增領金、商二州。當時，朝廷已經改郡為州。同年，朝廷廢除京畿鎮。《方鎮表一》記載：本年，「京畿節度使復領金、商。是年，廢節度使。」

廣德二年（764年）正月，朝廷又以京兆府建置京畿觀察使，管轄有京兆府。《舊唐書》記載：本年正月「甲辰，復置京畿觀察使，以御史中丞領

〔註34〕《新唐書》卷六十四《方鎮表一》，第1162～1169頁。下文同，不再引注。
〔註35〕《資治通鑒》卷二百二十《至德二載》，第7034～7035頁。

之。」〔註36〕《方鎮表一》也有類似的記載。此後的十數年間，京畿鎮都保持著京畿觀察使的建置。

建中四年（783 年），淮西鎮叛亂，派兵進攻汝州襄城。朝廷為了平定淮西鎮，調動涇原鎮的兵馬救援襄城。同年十月，涇原兵行至長安，不滿於朝廷的獎賞，於是發動兵變佔據長安，擁立朱泚為大秦皇帝。

唐德宗被迫逃亡奉天，為了抵抗叛軍，德宗下詔升京畿觀察使為節度使，增領渭北的鄜、坊、丹、延、綏五州。不久，改領渭南的金、商二州，罷領鄜、坊、丹、延、綏五州。《方鎮表一》記載：建中四年，「置京畿渭南節度觀察使，領金、商二州。是年，兼渭北鄜、坊、丹、延、綏五州。未幾，罷五州及金州，為京畿商州節度使。」《資治通鑑》記載：建中四年十月「辛亥，以渾瑊為京畿、渭北節度使。」「壬子，以少府監李昌巙為京畿、渭南節度使。」〔註37〕由《資治通鑑》的記載來看，《方鎮表一》的記載是有錯誤的。京畿鎮實際是先增領渭北諸州，繼而改領渭南的金、商二州，罷領渭北諸州。

興元元年（784 年），渭北節度使李建徽兼領京畿金商節度使。根據《資治通鑑》記載：建中四年十一月，「靈武留後杜希全……會渭北節度使李建徽，合兵萬人入援。」〔註38〕《新唐書·德宗本紀》記載：興元元年「三月，李懷光奪鄜坊京畿金商節度使李建徽、神策軍兵馬使陽惠元兵，惠元死之。」〔註39〕建中四年（783 年）十一月，李建徽尚為渭北節度使，興元元年（784 年）三月職務變為鄜坊京畿金商節度使，可知李建徽已經兼領京畿金商節度使。

興元元年（784 年）三月，京畿鎮罷領金州〔註40〕。由上文所引《新唐書·德宗本紀》的記載可知，京畿鎮在興元元年三月還轄有京兆府和金、商二州，並兼領鄜坊鎮。《新唐書·德宗本紀》緊接著又記載：本年三月「丁亥，李晟為京畿、渭北鄜坊丹延節度招討使，神策行營兵馬使尚可孤為神策、京畿、渭南商州節度招討使。」〔註41〕由此記載來看，京畿鎮此時似乎已經罷領金州，僅轄有京兆府和商州。

〔註36〕《舊唐書》卷十一《代宗本紀》，第 274 頁。
〔註37〕《資治通鑑》卷二百二十八《建中四年》，第 7356、7359 頁。
〔註38〕《資治通鑑》卷二百二十九《建中四年》，第 7369 頁。
〔註39〕《新唐書》卷七《德宗本紀》，121～122 頁。
〔註40〕賴青壽《唐後期方鎮建置沿革研究》第一章第一節《京同華地區方鎮沿革》第 35 頁認為，京畿鎮罷領金州發生於建中四年（783 年）。然而根據文中所引《新唐書》的記載，興元元年（784 年）三月，京畿鎮的轄區中仍有金州。
〔註41〕《新唐書》卷七《德宗本紀》，第 122 頁。

同年（784年）四月，朝廷任命戴休顏為鄜坊節度使。至此，京畿、鄜坊二鎮節度使不再由同一人兼領。五月，朝廷收復了都城長安〔註42〕。長安收復之後，朝廷又廢除京畿鎮。《方鎮表一》記載：興元元年，「罷京畿節度使」。

此後，京兆府長期作為中央直屬地區。直至唐末，京兆府在天祐元年（904年）被梁王宣武節度使朱溫（朱全忠）控制。為了便於控制中央政權，朱溫將唐王朝都城遷往洛陽。朱溫又以京兆府建置藩鎮，軍號佑國軍。《資治通鑒》記載：本年三月，「（朱）全忠奏以長安為佑國軍，以韓建為佑國節度使。」〔註43〕佑國軍屬於五代後梁政權的範疇，在此不作考述。

綜上所述，京畿鎮的轄區沿革可總結如表 1-3 所示。

表 1-3　京畿鎮轄區統計表

時　　期	轄區總計	會　府	詳細轄區
756 年～762 年	1 府	京兆府	京兆府
762 年～762 年	1 府 2 州	京兆府	京兆府、金、商
764 年～783 年	1 府	京兆府	京兆府
783 年～783 年	1 府 6 州	京兆府	京兆府、鄜、坊、丹、延
783 年～784 年	1 府 6 州	京兆府	京兆府、金、商
784 年～784 年	1 府 1 州	京兆府	京兆府、商

二、京畿鎮下轄州縣沿革

京畿鎮的轄區主要是京兆府，其間也曾短暫轄有金、商等州。

京兆府：至德元載（756 年），置京畿節度使，治京兆府。同年六月，京兆府為安祿山政權所陷〔註44〕。二載（757 年）九月，收復〔註45〕。寶應元年（762 年），京畿鎮廢，京兆府成為中央直屬府。廣德二年（764 年），置京畿觀察使，治京兆府，建中四年（783 年）升為京畿節度使，興元元年（784 年）廢，京兆府復為中央直屬府。

轄有長安、萬年、昭應、三原、醴泉、奉天、奉先、富平、雲陽、咸陽、

〔註42〕《資治通鑒》卷二百三十一《興元元年》，第 7434 頁。
〔註43〕《資治通鑒》卷二百六十四《天祐元年》，第 8629 頁。
〔註44〕《資治通鑒》卷二百一十八《至德元載》第 6979 頁記載：六月，「安祿山不意上遽西幸……乃遣孫孝哲將兵入長安」。
〔註45〕《資治通鑒》卷二百二十《至德二載》第 7034 頁記載：九月，「癸卯，（朝廷）大軍入西京。」

渭南、藍田、高陵、櫟陽、涇陽、美原、華原、同官、武功、好畤、鄠、興平、乾元、盩厔二十四縣，治於長安縣。

　　萬年縣：天寶七載（748年）改為咸寧縣，至德三載（758年）復故名〔註46〕。

　　興平縣：原為金城縣，至德二載（757年）十月改為興平縣〔註47〕。

　　盩厔縣：天寶元年（742年），改為宜壽縣；至德二載（757年）三月，復為盩厔縣〔註48〕。

　　乾元縣：原為安業縣，乾元元年（758年）正月改為乾元縣，割屬京兆府〔註49〕。

圖 1-1　京兆府轄區圖（785年）

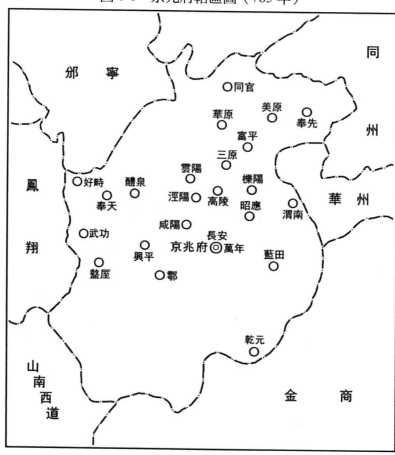

〔註46〕《舊唐書》卷三十八《地理志一》，第1396頁。

〔註47〕《舊唐書》卷三十八《地理志一》，第1398頁。

〔註48〕《舊唐書》卷三十八《地理志一》，第1398頁。

〔註49〕《舊唐書》卷三十九《地理志二》，第1539頁。

第三節　華州、同州藩鎮

　　同華鎮，又稱華同鎮，初置於上元二年（761 年），廣德元年（763 年）廢除，永泰元年（765 年）復置，大曆二年（767 年）又廢除。建中四年（783 年），華州復置鎮國軍節度使，僅轄有華州，因而稱為華州鎮。貞元九年（793 年），華州鎮被廢除。唐末，韓建據有華州，被任命為鎮國軍節度使。其後，韓建又取得同州，兼任匡國軍節度使。因而，華州、同州在唐末名為二鎮，實際已經合併。

　　同州鎮建置於興元元年（784 年），時稱奉誠軍節度使，同年被廢除。直至唐末，同州建置為匡國軍節度使。

　　華、同二州在唐代中後期的大多數時間都是中央直屬州，保持著防禦使的建置。

　　由於華、同二鎮的變革都較少，所以筆者將二州列入同一節進行論述。對於同、華二鎮建置沿革，張超先生在其碩士論文《中晚唐同、華二州節度使研究》中有相關考述。〔註50〕

一、華州藩鎮的沿革

　　華州，是京畿道的一個州。唐代中期，華州曾經建置鎮國軍節度使，後降為潼關防禦使，此後長期作為中央直屬州。唐末，韓建割據於華州，為鎮國軍節度使，後兼領同州匡國軍節度使。天復元年（901 年），華、同二州被宣武軍節度使朱溫兼併，成為朱溫的勢力範圍。

（一）同華節度使的建置

　　華州在建立藩鎮之前，曾經隸屬於陝西鎮。上元二年（761 年），朝廷以華州建立一個藩鎮，軍號鎮國軍，當時轄有華、同二州，又稱為關東鎮、同華鎮。《方鎮表一》記載：本年，「以華州置鎮國節度，亦曰關東節度。」〔註51〕《方鎮表三》也記載：本年，「河中節度增領沁州，以同州隸鎮國軍節度。」〔註52〕《全唐文》又記載：「（李懷讓）充潼關鎮國軍使、同華等州節度使、華州刺史。」〔註53〕

〔註50〕張超：《中晚唐同、華二州節度使研究》，碩士學位論文，南京師範大學歷史系，2011 年，第 6～8 頁。

〔註51〕《新唐書》卷六十四《方鎮表一》，第 1163～1172 頁。下文同，不再引注。

〔註52〕《新唐書》卷六十六《方鎮表三》，第 1233 頁。

〔註53〕（清）董誥等編：《全唐文》卷四百十九《華州刺史李公（懷讓）墓誌銘》，北京：中華書局，1983 年，第 4286 頁。

　　同年（761年）十二月，華州改為太州，至寶應二年（763年）四月復稱為華州。對此，《舊唐書》記載：「上元元年十二月，（華州）改為太州」；寶應二年「四月戊寅朔，太州依舊為華州，太陰縣為華陰縣。」〔註54〕

　　廣德元年（763年）十月，鎮國軍節度使被廢除，華、同二州成為中央直屬州。《方鎮表一》記載：本年，「罷鎮國軍節度」。《資治通鑒》也記載：本年十月，「以魚朝恩部將皇甫溫為陝州刺史，周智光為華州刺史」〔註55〕。此時，周智光僅為華州刺史，而不帶節度使之稱謂，可知鎮國軍節度使被廢除。

　　永泰元年（765年），復置鎮國軍節度使，仍轄華、同二州，治於華州。《資治通鑒》記載：本年九月，「同華節度使周智光屯同州。」〔註56〕《舊唐書》又記載：「（周智光）累遷華州刺史、同華二州節度使及潼關防禦使。」〔註57〕

　　大曆元年（766年）末，同華節度使周智光叛亂，殺死陝州監軍張志斌。

　　大曆二年（767年）正月，朝廷詔令大將郭子儀討伐周智光。周智光的部將李漢惠以同州歸降於郭子儀，牙將姚懷、李延俊也殺死周智光，歸順朝廷。

　　朝廷平定周智光之亂後，廢除了同華鎮，以華州建置潼關防禦使、鎮國軍使。《舊唐書》記載：大曆二年正月，「乃以兵部侍郎張仲光為華州刺史、兼御史大夫、潼關防禦使。」〔註58〕由此可見，同華鎮已於大曆二年（767年）被廢除。同華鎮廢除之後，華州成為中央直屬州，保持著潼關防禦使的建置。

　　對於潼關防禦使是否為藩鎮的問題，學界有不同看法。翁俊雄先生在《唐後期政區與人口》就補錄潼關防禦使、同州防禦使，將其視為藩鎮〔註59〕。而張超先生《中晚唐同、華二州節度使研究》則認為，潼關防禦使不能算是藩鎮〔註60〕。筆者贊同後者觀點。

（二）華州節度使的建置

　　建中至貞元年間，朝廷再次建置鎮國軍節度使，僅轄有華州。

〔註54〕《舊唐書》卷三十八《地理志一》、卷十一《代宗本紀》，第1399、272頁。
〔註55〕《資治通鑒》卷二百二十三《廣德元年》，第7155頁。
〔註56〕《資治通鑒》卷二百二十三《永泰元年》，第7178頁。
〔註57〕《舊唐書》卷一百一十四《周智光傳》，第3369頁。
〔註58〕《舊唐書》卷一百一十四《周智光傳》，第3370頁。
〔註59〕翁俊雄：《唐後期政區與人口》第二部分《唐後期的節度（觀察、經略、防禦）使》，北京：首都師範大學出版社，1999年，第24頁。
〔註60〕張超：《中晚唐同、華二州節度使研究》，碩士學位論文，南京師範大學歷史系，2011年，第11頁。

　　建中四年（783 年）十一月，佔據京城叛亂的朱泚派兵進攻華州。鎮國軍副使駱元光堅守華州，被朝廷任命為鎮國軍節度使。《方鎮表一》記載：興元元年（784 年），「以華州置潼關節度使」。這個記載並不準確，鎮國軍節度使實則建置於建中四年（783 年）十一月。據《資治通鑑》記載：建中四年十一月，「鎮國軍副使駱元光……將兵守潼關近十年，為眾所服。朱泚遣其將何望之襲華州……元光遂軍華州……元光皆擊卻之，賊由是不能東出。上即以元光為鎮國軍節度使。」〔註 61〕《全唐文》也記載：「華州鎮國軍節度使駱元光……承命於牙旗之下，分麾於轅門之外。」〔註 62〕所以，此次鎮國軍節度使實則建置於建中四年（783 年）十一月。其後，朝廷又賜駱元光姓名為李元諒。

　　貞元四年（788 年），李元諒兼任隴右節度使，徙治於良原。直至貞元九年（793 年），李元諒在良原去世。據《李元諒墓誌》記載：「（貞元）四年春，詔加隴右節度支度營田觀察處置臨洮軍等使。良原古城，隴東要塞，虜騎入寇，於焉中休。詔公移鎮以遏侵軼，遷尚書左僕射……貞元癸酉歲十有一月十五日，薨於良原鎮之公館，享年六十七。」〔註 63〕

　　李元諒去世後，朝廷再次廢除了華州節度使。《方鎮表一》記載：貞元九年，「罷潼關節度」。《舊唐書》也記載：「會華州節度李元諒卒，以（李）復為華州刺史、潼關防禦、鎮國軍使。」〔註 64〕此後，華州長期作為中央直屬州，直至唐末。

（三）唐末華州鎮的沿革

　　唐末，黃巢發動起義，危及大唐王朝的存亡。廣明元年（880 年），黃巢起義軍攻佔唐王朝都城長安。當時，華州也被黃巢軍攻佔。《資治通鑑》記載：本年十二月，「黃巢入華州，留其將喬鈐守之。」〔註 65〕中和元年（881 年）五月，昭義節度使高潯與河中節度使王重榮一同收復華州。同年八月，黃巢又派部將李詳攻取華州。

　　中和二年（882 年）九月，黃巢部將朱溫以同州歸降於河中節度使王重榮，

〔註 61〕《資治通鑑》卷二百二十九《建中四年》，第 7372～7373 頁。

〔註 62〕（清）董誥等編：《全唐文》卷五百十三《李晟收復西京露布》，第 5216～5217頁。

〔註 63〕周紹良、趙超主編：《唐代墓誌彙編續集》貞元〇三〇《大唐故尚書左僕射贈司空李公墓誌銘》，上海：上海古籍出版社，2001 年，第 754 頁。

〔註 64〕《舊唐書》卷一百一十二《李嵩傳·附李復傳》，第 3338 頁。

〔註 65〕《資治通鑑》卷二百五十四《廣明元年》，第 8239 頁。

被朝廷任命為華州刺史、潼關防禦使。對此，《舊唐書》記載為：本年「八月庚子，賊同州防禦使朱溫殺其監軍嚴實，與大將胡真、謝瞳等來降，王鐸承制拜華州刺史、潼關防禦、鎮國軍等使」；中和三年五月，「以檢校尚書右僕射、華州刺史、潼關防禦等使朱溫檢校司空，兼汴州刺史、御史大夫，充宣武節度觀察等使，仍賜名全忠」〔註66〕。而《資治通鑑》卻記載為：中和二年八月，「黃巢所署同州防禦使朱溫屢請益兵以扞河中，知右軍事孟楷抑之，不報。溫見巢兵勢日蹙，知其將亡，親將胡真、謝瞳勸溫歸國。九月，丙戌，溫殺其監軍嚴實，舉州降王重榮。溫以舅事重榮，王鐸承制以溫為同華節度使……李詳以重榮待溫厚，亦欲歸之，為監軍所告。黃巢殺之，以其弟思鄴為華州刺史。」〔註67〕由《舊唐書》的記載來看，《資治通鑑》中所謂「同華節度使」的記載當誤，朱溫實際被任命為潼關防禦使。中和二年（882年）十一月，黃巢軍將領王遇以華州歸順於河中節度使王重榮。

中和三年（883年）二月，黃巢的部將王璠、黃揆再次攻取華州。三月，王重榮會同河東節度使李克用收復華州。五月，潼關防禦使朱溫被改任為宣武軍節度使。

不久後，王重榮上表以其次兄王重簡為華州防禦使，華州因此成為河中鎮的附屬州。

直到光啟元年（885年）左右，朝廷為了控制華州，任命韓建為潼關防禦使，由此卻開始了韓建在華州的割據。《舊五代史》記載：「（鹿宴宏）路出南山，因攻剽郡邑，據有興元……（韓）建時懼為宴宏所併，乃率所部歸行在，（田）令孜補為神策都校、金吾將軍，出為潼關防禦使兼華州刺史。」〔註68〕

大順元年（890年）之前，朝廷升潼關防禦使為鎮國軍節度使。華州因此再次建置為藩鎮，仍然僅轄有華州。《資治通鑑》記載：大順元年（890年）五月，「以鎮國節度使韓建為都虞候兼供軍糧料使。」〔註69〕《新唐書》也記載：乾寧二年（895年）五月，「靜難軍節度使王行瑜、鎮國軍節度使韓建及李茂貞犯京師。」〔註70〕由此可知，在大順元年之前，潼關防禦使就已經升為鎮國軍節度使。

〔註66〕《舊唐書》卷十九下《僖宗本紀》，第713、716頁。
〔註67〕《資治通鑑》卷二百五十五《中和三年》，第8274頁。
〔註68〕《舊五代史》卷十五《梁書・韓建傳》，北京：中華書局，1976年，第203頁。
〔註69〕《資治通鑑》卷二百五十八《大順元年》，第8397頁。
〔註70〕《新唐書》卷十《昭宗本紀》，第186頁。

　　乾寧四年（897 年）十月，韓建又取得同州，從而兼領匡國軍節度使。《舊唐書》記載：本年「冬十月癸卯朔，以華州節度使韓建兼同州刺史、匡國軍節度使。」〔註71〕至此，韓建管轄有華、同二州。

　　光化元年（898 年），朝廷將華州升為興德府。《資治通鑒》記載：本年八月，「改華州為興德府。」〔註72〕《唐大詔令集》卷九十九有光化元年八月的《昇華州為興德府敕》〔註73〕。《方鎮表一》也記載：本年，「以華州置鎮國軍節度，領華、同二州，兼興德尹。」這條記載雖然不準確，卻反映出華州改為興德府。

　　天復元年（901 年）十一月，宣武節度使朱溫攻取同州，又進攻華州。韓建無法抵抗朱溫的進攻，於是向朱溫投降。《資治通鑒》記載：本年十一月，「韓建以幕僚司馬鄴知匡國留後，朱全忠引四鎮兵七萬趣同州，鄴迎降……朱全忠遣司馬鄴入華州……韓建遣節度副使李巨川請降。」〔註74〕

　　韓建歸降朱溫之後，朱溫廢除鎮國軍節度使，降興德府為華州。《方鎮表一》記載：光化三年，「罷鎮國軍節度使及興德尹。」《資治通鑒》記載：天復元年十一月，「以前商州刺史李存權知華州。」〔註75〕據賴青壽先生《唐後期方鎮建置沿革研究》考證，鎮國軍節度使廢於天復元年。〔註76〕此後，華州成為朱溫的轄區。

　　綜上所述，華州鎮的轄區沿革可總結如表 1-4 所示。

表 1-4　華州鎮轄區統計表

時　　期	轄區總計	會　府	詳細轄區
761 年～763 年	2 州	太州	太、同
763 年～763 年 765 年～767 年	2 州	華州	華、同
783 年～793 年	1 州	華州	華

〔註71〕《舊唐書》卷二十上《昭宗本紀》，第 763 頁。
〔註72〕《資治通鑒》卷二百六十一《光化元年》，第 8516 頁。
〔註73〕（宋）宋敏求編：《唐大詔令集》卷九十九《昇華州為興德府敕》，北京：中華書局，2008 年，第 502 頁。
〔註74〕《資治通鑒》卷二百六十二《天復元年》，第 8560～8561 頁。
〔註75〕《資治通鑒》卷二百六十二《天復元年》，第 8562 頁。
〔註76〕賴青壽：《唐後期方鎮建置沿革研究》第一章第一節《京同華地區方鎮沿革》，第 37～38 頁。

890 年前～897 年	1 州	華州	華
897 年～898 年	1 州	華州	華、（同）〔註77〕
898 年～901 年	1 府	興德府	興德府、（同）

二、同州藩鎮的沿革

同州，是京畿道的一個州。同州在建置藩鎮之前，曾經先後隸屬於河中、同華二個藩鎮。興元元年（784 年），朝廷以同州建置奉誠軍節度使，不久廢除。其後，同州改隸於河中鎮。直至貞元十四年（798 年），同州脫離河中鎮，成為中央直屬州，建置有同州防禦使。唐末，同州建置匡國軍節度使，再次建置為藩鎮。

（一）奉誠軍節度使的建置

同州建置藩鎮的歷史始於興元元年（784 年）正月。當時，涇原兵在長安發動叛亂，擁立朱泚為皇帝，又派兵進攻周邊的府、州。朝廷為了討伐朱泚，於是以同州建置藩鎮，軍號奉誠軍。《舊唐書》記載：本年正月，「以前趙州觀察使康日知兼同州刺史，充奉誠軍節度使。」〔註78〕另外，《資治通鑒》也有類似的記載〔註79〕。

同年（784 年）四月，朝廷大將李懷光發動叛亂，佔據河中鎮。朝廷為了討伐李懷光，分河中鎮所轄的晉、絳、慈、隰四州建立晉慈鎮，任命康日知為晉慈隰節度使。但是晉、絳、慈、隰四州都在李懷光的控制之下，康日知並沒有就任。

同時，朝廷廢除奉誠軍節度使，以同州隸於河中鎮。《舊唐書》記載：興元元年四月「己巳，以陝虢防遏使唐朝臣為河中尹、河中同晉絳節度使。」〔註80〕

同年（784 年）八月，李懷光的部將要廷珍、毛朝敭、鄭抗分別以晉、慈、隰三州降於河東節度使馬燧。朝廷於是改任馬燧為奉誠軍、晉慈隰兩鎮節度使。《方鎮表一》記載，興元元年，「以同州為奉誠軍節度，領同、晉、慈、隰四州，是年罷。」〔註81〕這個記載並不準確，同州的奉誠軍節度使與晉慈隰節

〔註77〕乾寧四年（897 年）至天復元年（901 年），同州匡國軍為華州鎮國軍的附屬藩鎮。

〔註78〕《舊唐書》卷十二《德宗本紀上》，第 340 頁。

〔註79〕《資治通鑒》卷二百二十九《興元元年》，第 7398 頁。

〔註80〕《舊唐書》卷十二《德宗本紀上》，第 342 頁。

〔註81〕《新唐書》卷六十四《方鎮表一》，第 1169 頁。

度使實則為兩個藩鎮〔註82〕。

同月，馬燧辭讓晉、慈、隰三州，上表以康日知為晉慈隰節度使。此前，朝廷就已經廢除了奉誠軍節度使，同州改隸於河中鎮。《方鎮表三》記載，興元元年，「復置河中節度使，領河中府、同、絳、虢、陝四州。」〔註83〕

貞元十四年（798年）九月，同州脫離河中鎮的管轄。《舊唐書》記載：本年九月，「以太常卿杜確為同州刺史、本州防禦、長春宮使。」〔註84〕此後，同州成為中央直屬州，且一直保持著同州防禦使的建置。

（二）唐末同州鎮的建置

唐末，黃巢率領起義軍攻陷京師長安，稱帝建國，又派兵攻克同州。《資治通鑒》記載：中和元年（881年）四月，「賊所署同州刺史王溥……聞（黃）巢棄長安，皆率眾奔鄧州，朱溫斬溥。」二年（882年），「黃巢以朱溫為同州刺史，令溫自取之。二月，同州刺史米誠奔河中，溫遂據之。」〔註85〕由這兩處記載可知，同州被黃巢佔領。

同年（882年）九月，朱溫以同州歸降於河中節度使王重榮，被朝廷任命為潼關防禦使。

大順元年（890年），邠寧節度使王行瑜控制了同州，以其弟王行約為同州節度使。關於同州建鎮的時間，史料沒有明確記載。另外，同州鎮軍號為匡國軍。《方鎮表一》記載：乾寧二年（895年），「升同州為匡國軍節度。」〔註86〕而《資治通鑒》記載為：乾寧元年（894年）十二月，「加匡國節度使王行約檢校待中。」〔註87〕由此可知，《方鎮表一》記載的時間是錯誤的，同州在乾寧元年（894年）之前就已經建置為節度使。

乾寧二年（895年），邠寧節度使王行瑜請求朝廷任命王珙繼任河中節度使，沒有得到允許。於是，王行瑜與鳳翔節度使李茂貞、華州節度使韓建一同率軍入京，逼迫唐昭宗應允。不久，河東節度使李克用率兵討伐王行瑜等人，王行瑜派王行約率軍抵抗。同年七月，王行約在同州朝邑縣被李克用擊敗，放棄同州，逃往京師。李克用進入同州，奏請以蘇文建為匡國軍節度使。

〔註82〕晉慈隰節度使的建置，詳見第六章第二節《河中鎮的轄區沿革》。
〔註83〕《新唐書》卷六十六《方鎮表三》，第1238頁。
〔註84〕《舊唐書》卷十三《德宗本紀下》，第388～389頁。
〔註85〕《資治通鑒》卷二百五十四《中和元年》《中和二年》，第8250、8263頁。
〔註86〕《新唐書》卷六十四《方鎮表一》，第1187頁。
〔註87〕《資治通鑒》卷二百五十九《乾寧元年》，第8459頁。

其後，鳳翔節度使李茂貞又奪取同州，以其養子李繼瑭為匡國軍節度使〔註88〕。

乾寧四年（897年）九月，朝廷討伐李茂貞，李繼瑭因懼怕逃回鳳翔，同州被華州節度使韓建奪取。同年十月，朝廷以韓建兼任匡國軍節度使。《資治通鑑》記載：本年「冬十月，以（韓）建為鎮國、匡國兩軍節度使。」〔註89〕至此，同、華二州雖然名義上仍然是兩鎮，實際已經合為一鎮。

天復元年（901年）十一月，宣武節度使朱溫攻取同州、華州，消滅韓建的割據。此後，同州成為朱溫的轄區。

三、華、同二州及其轄縣的沿革

同華鎮雖然幾度建置，但延續時間並不長。同州、華州實則長期作為中央直屬州，保持同州防禦使、潼關防禦使的建置。

華州：天寶元年（742年），改為華陰郡。至德元載（756年），為中央直屬郡。同年六月，陷於安祿山政權〔註90〕，改為華州。至德二載（757年）九月，朝廷收復〔註91〕，仍改為華陰郡。乾元元年（758年），復為華州。乾元二年（759年），隸於陝虢鎮。上元二年（761年），置鎮國軍節度使，轄華、同二州，治華州。同年十二月，華州改為太州〔註92〕。廣德元年（763年）四月，太州復為華州〔註93〕。同年十月，鎮國軍節度使廢，華州成為中央直屬州。永泰元年（765年），復置鎮國軍節度使，轄華、同二州，治華州。大曆二年（767年），鎮國軍節度使廢，華州成為中央直屬州，置潼關防禦使。建中四年（783年），復置鎮國軍節度使於華州。貞元九年（793年），鎮國軍節度使廢，華州復為中央直屬州，復置潼關防禦使。大順元年（890年），又置鎮國軍節度使於華州。光化元年（898年），華州升為興德府。天復元年（901年），宣武節度使朱溫取興德府，廢鎮國軍節度使，降興德府為華州。

〔註88〕 郁賢皓：《唐刺史考全編》卷四《同州（馮翊郡）》第 142 頁考證，李繼瑭為同州匡國軍節度使。

〔註89〕 《資治通鑑》卷二百六十一《乾寧四年》，第 8509 頁。

〔註90〕 《資治通鑑》卷二百一十八《至德元載》第 6969 頁記載：六月，「潼關既敗，於是河東、華陰、馮翊、上洛防禦使皆棄郡走，所在守兵皆散。」

〔註91〕 《資治通鑑》卷二百二十《至德二載》第 7037 頁記載：九月，「郭子儀引蕃、漢兵追賊至潼關，斬首五千級，克華陰、弘農二郡。」

〔註92〕 《舊唐書》卷三十八《地理志一》，第 1399 頁。

〔註93〕 《舊唐書》卷十一《代宗本紀》，第 272 頁。

轄有鄭、下邽、華陰三縣，治於鄭縣。

華陰縣：上元二年（761 年）改為太陰縣，寶應二年（763 年）復故名
〔註94〕。

圖 1-2　同華鎮轄區圖（761 年）

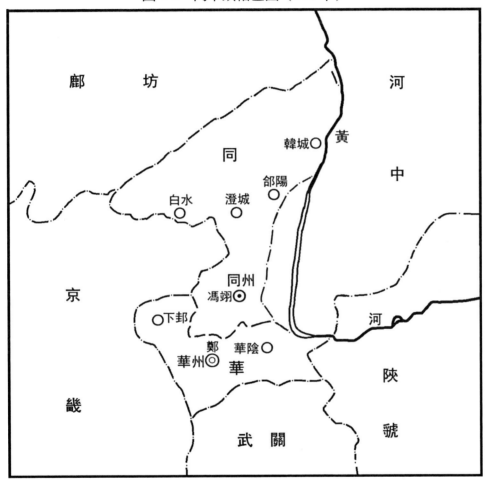

同州：天寶元年（742 年），改為馮翊郡。至德元載（756 年），馮翊郡隸
於京畿鎮，同年改隸於河中鎮。同年六月，陷於安祿山政權〔註95〕，改為同
州。至德二載（757 年）二月，唐朝廷收復〔註96〕，仍改為馮翊郡。乾元元年

〔註94〕《舊唐書》卷十一《代宗本紀》，第 272 頁。

〔註95〕《資治通鑑》卷二百一十八《至德元載》第 6969 頁記載：六月，「潼關既敗，
於是河東、華陰、馮翊、上洛防禦使皆棄郡走，所在守兵皆散。」

〔註96〕《資治通鑑》卷二百一十九《至德二載》第 7017 頁記載：二月，「郭子儀自洛
交引兵趣河東，分兵取馮翊。」

（758 年），馮翊郡復為同州。上元二年（761 年），改隸於鎮國軍節度使。廣德元年（763 年），鎮國軍節度使廢，同州成為中央直屬州。永泰元年（765 年），復置鎮國軍節度使，同州隸之。大曆二年（767 年），鎮國軍節度使廢，同州改隸於朔方鎮。興元元年（784 年）正月，置奉誠軍節度使，同年四月廢，同州改隸於河中鎮。八月，復置奉誠軍節度使，同月廢，同州復隸於河中鎮。貞元十四年（798 年），同州成為中央直屬州，置同州防禦使。大順元年（890 年），同州置匡國軍節度使。

轄有馮翊、韓城、白水、澄城、郃陽、夏陽、朝邑七縣，治於馮翊縣。

夏陽縣：原為河西縣，乾元三年（760 年）改為夏陽縣，改隸於河中府，大曆五年（770 年）復隸於同州〔註 97〕。

朝邑縣：乾元三年（760 年）改為河西縣，改隸於河中府，大曆五年（770 年）復為朝邑縣，還隸於同州〔註 98〕。

第四節　鳳翔鎮

鳳翔鎮，是關內道的一個藩鎮。鳳翔鎮始建於乾元二年（759 年），長期轄有鳳翔府和隴州，治於鳳翔府。唐末，李昌言、李昌符兄弟先後割據於鳳翔鎮。光啟三年（887 年），李茂貞開始割據於鳳翔鎮，後以其為基礎，建立岐國。

學界對鳳翔鎮的個案研究較少，目前筆者僅見李曉奇先生的碩士論文《唐代鳳翔鎮研究》，文中鳳翔鎮的轄區略有考述〔註 99〕。

一、鳳翔鎮的轄區沿革

鳳翔鎮的建置沿革為：鳳翔秦隴都防禦使（759～760）—鳳翔節度使（760～761）—鳳翔隴右節度使（761～777、779～783）—保義軍節度使（783）—鳳翔隴右節度使（783～787）—鳳翔隴州都團練觀察防禦使（787～793）—鳳翔隴右節度使（793～887）。

鳳翔鎮建置初期的轄區變動較大，其後逐漸趨於穩定，轄有鳳翔府、隴州

〔註 97〕郭聲波：《中國行政區劃通史・唐代卷》上編第一章《京畿》，第 49 頁。

〔註 98〕郭聲波：《中國行政區劃通史・唐代卷》上編第一章《京畿》，第 48 頁。

〔註 99〕李曉奇：《唐代鳳翔鎮研究》，碩士學位論文，陝西師範大學歷史系，2014 年，第 5～14 頁。

和行秦州，治於鳳翔府。元和年之後，行秦州被廢除，鳳翔鎮長期轄有鳳翔府和隴州。

（一）鳳翔防禦使的建置

鳳翔鎮的前身為鳳翔防禦使，建置於至德元載（756 年）。賴青壽先生的博士論文《唐後期方鎮建置沿革研究》將鳳翔防禦使視為一個藩鎮〔註 100〕。筆者認為，鳳翔防禦使建置期間，鳳翔郡應視為中央直屬郡。這是因為，鳳翔防禦使所轄的鳳翔郡是大唐朝廷能夠實際控制的區域，與後來建置的潼關防禦使、同州防禦使的情況類似。

鳳翔防禦使的建置，與安祿山叛亂有關。至德元載（756 年）六月，安祿山大軍攻陷京城長安之後，唐玄宗西逃，曾經來到扶風郡。唐玄宗離開後，扶風郡一度被叛軍攻取。同月，陳倉令薛景仙率軍收復扶風郡。七月，朝廷為了抵禦安史叛軍，任命薛景仙為扶風防禦使，接著又改扶風郡為鳳翔郡。

對於上述史實，《資治通鑒》記載：本年六月「己亥，上至岐山。或言賊前鋒且至，上遽過，宿扶風郡……辛丑，上發扶風，宿陳倉……戊申，扶風民康景龍等自相帥擊賊所署宣慰使薛總，斬首二百餘級。庚戌，陳倉令薛景仙殺賊守將，克扶風而守之……（七月）以陳倉令薛景仙為扶風太守，兼防禦使……敕改扶風為鳳翔郡。」〔註 101〕《方鎮表一》也記載：至德元載，「以金、商、岐州隸興平、鳳翔。」〔註 102〕此處記載的岐州，當時實際稱為扶風郡。

至德二載（757 年），鳳翔郡升為鳳翔府。《舊唐書》記載：「鳳翔府……武德元年，改為岐州……天寶元年，改為扶風郡。至德二年……十二月，置鳳翔府，號為西京。」〔註 103〕因此，鳳翔郡防禦使改為鳳翔府防禦使。

（二）鳳翔鎮建置初期的轄區沿革

乾元二年（759 年），朝廷建置鳳翔鎮。《舊唐書》記載：本年三月，「以太子賓客薛景仙為鳳翔尹、本府防禦使。」〔註 104〕薛景仙時為鳳翔尹、本府

〔註 100〕 賴青壽：《唐後期方鎮建置沿革研究》第一章第二節《鳳翔隴右節度使沿革》，第 40 頁。
〔註 101〕 《資治通鑒》卷二百一十八《至德元載》，第 6976～6987 頁。
〔註 102〕 《新唐書》卷六十四《方鎮表一》，第 1162～1190 頁。下文同，不再引注。
〔註 103〕 《舊唐書》卷三十八《地理志一》，第 1402 頁。
〔註 104〕 《舊唐書》卷十《肅宗本紀》，第 255 頁。

防禦使，可知鳳翔防禦使當時仍然僅轄有鳳翔府，鳳翔鎮還未建置。但是，根據《舊唐書・王縉傳》記載：「縉尋入拜國子祭酒，改鳳翔尹、秦隴州防禦使」〔註105〕。《唐刺史考全編》據此推斷，王縉為鳳翔尹在乾元二年（759年）至三年（760年）〔註106〕。由此可知，王縉出任鳳翔府之時，鳳翔防禦使改置為鳳翔秦隴都防禦使。至此，鳳翔鎮建立，轄有鳳翔府和秦、隴二州。

乾元三年（760年）二月，鳳翔秦隴都防禦使升為節度使。同年，增領興、鳳、成三州。《舊唐書》記載：本年二月，「以太子少保崔光遠為鳳翔尹、秦隴節度使」；上元元年（760年）「十二月庚辰，以右羽林軍大將軍李鼎為鳳翔尹、興鳳隴等州節度使。」〔註107〕《方鎮表一》也記載：上元元年，「置興鳳隴節度使」。其實《舊唐書》和《方鎮表》的記載都沒有完全反映鳳翔鎮的轄區情況。《全唐文》記載：「行鳳翔尹兼御史大夫、充本府及秦隴興鳳成等州節度觀察使、保定郡開國公李鼎，成用通明。」〔註108〕據此可知，鳳翔鎮當時的轄區有鳳翔府和秦、隴、興、鳳、成五州。

上元二年（761年）二月，奴剌、党項曾經侵略鳳州。《舊唐書》記載：本年「二月己未，党項寇寶雞，入散關，陷鳳州，殺刺史蕭愷，鳳翔李鼎邀擊之。」〔註109〕《資治通鑑》也記載：本年「二月，奴剌、党項寇寶雞，燒大散關，南侵鳳州，殺刺史蕭愷，大掠而西；鳳翔節度使李鼎追擊破之。」〔註110〕

同年六月，朝廷以鳳翔節度使李鼎兼領隴右節度使。《舊唐書》記載：上元二年六月「己卯，以鳳翔尹李鼎為鄜州刺史、隴右節度營田等使。」〔註111〕此後，歷任鳳翔節度使都循例兼領隴右節度觀察等使。

寶應元年（762年），鳳翔鎮罷領興、鳳二州，所轄的成州也陷於吐蕃。其中，興、鳳二州改隸於山南西道。《方鎮表四》記載：廣德元年（763年），「升山南西道防禦守捉使為節度使，尋降為觀察使，領梁、洋、集、壁、文、通、巴、興、鳳、利、開、渠、蓬十三州，治梁州。」〔註112〕本書第八章第三節《山南西道的轄區沿革》中論及，此處的「廣德元年」實為「寶應元年」之誤。這

〔註105〕《舊唐書》卷一百一十八《王縉傳》，第3416頁。
〔註106〕郁賢皓：《唐刺史考全編》卷五《岐州（扶風郡、鳳翔府）》，第158頁。
〔註107〕《舊唐書》卷十《肅宗本紀》，第258、260頁。
〔註108〕（清）董誥等編：《全唐文》卷四十二《授李鼎隴右節度使制》，第464頁。
〔註109〕《舊唐書》卷十《肅宗本紀》，第260頁。
〔註110〕《資治通鑑》卷二百二十二《上元二年》，第7105頁。
〔註111〕《舊唐書》卷十《肅宗本紀》，第261頁。
〔註112〕《新唐書》卷六十七《方鎮表四》，第1265頁。

條記載提及山南西道的轄區中含有興、鳳二州，可知二州改隸於山南西道。對於成州陷落之事，《新唐書》記載：「成州……寶應元年沒吐蕃。」〔註113〕

寶應二年（763年），秦州也陷落於吐蕃。對於秦州失陷的時間，《新唐書》記載為：吐蕃「寶應元年又陷秦、渭、洮、臨。」〔註114〕然而，《元和郡縣圖志》則記載：「秦州……寶應二年，陷於西蕃」〔註115〕。《新唐書》的記載有誤，當以《元和郡縣圖志》記載為是。

秦州失陷後，朝廷建置行秦州，仍以其隸於鳳翔鎮〔註116〕。此後，歷任鳳翔節度使的職銜中經常提及秦州，實則是指行秦州。比如，《舊唐書》記載：永泰元年（765年）正月，「澤潞李抱玉兼鳳翔隴右節度使，兼南道通和吐蕃、鳳翔秦隴臨洮已東觀察處置等使」；大曆十二年（777年）「三月乙卯，河西隴右副元帥、鳳翔懷澤潞秦隴等州節度觀察等使……知鳳翔府事、上柱國、涼國公李抱玉卒」〔註117〕。另外，《冊府元龜》也有記載：「（大曆）九年二月庚辰，追贈故河西隴右副元帥、都知兵馬使、秦州刺史郝廷玉為工部尚書，錄勳也。」〔註118〕從這些記載都可以看出，秦州失陷之後，又建置有行秦州。

至此，鳳翔鎮僅轄有鳳翔府、隴州和行秦州。

（三）鳳翔鎮與隴右鎮的幾度分置

大曆十二年（777年）至十四年（779年），鳳翔鎮被廢除，建置隴右鎮。

大曆十二年（777年）三月，身兼鳳翔、隴右、澤潞節度使的李抱玉去世後。十二月，朝廷任命朱泚為隴右節度使，並未領有鳳翔府。《舊唐書·朱泚傳》記載：「十二年，加檢校司空，代李抱玉為隴右節度使，權知河西、澤潞行營兵馬事。德宗嗣位，加太子太師、鳳翔尹，實封至三百戶。」〔註119〕《資治通鑒》也記載：大曆十二年十二月「庚子，以朱泚兼隴右節度使，知河西、

〔註113〕《新唐書》卷四十《地理志四》，第680頁。

〔註114〕《新唐書》卷四十《地理志四》，第683頁。

〔註115〕（唐）李吉甫：《元和郡縣圖志》卷三十九《隴右道上》，第979～980頁。

〔註116〕賴青壽先生《唐後期方鎮建置沿革研究》第182頁認為，行秦州建置於貞元十年（794年），不考前已有行秦州，郭聲波先生《中國行政區劃通史·唐代卷》上編第一章《京畿》第61頁沿用其觀點。

〔註117〕《舊唐書》卷十一《代宗本紀》，第278、311頁。

〔註118〕《冊府元龜（校訂本）》卷一百三十九《帝王部·旌表第三》，南京：鳳凰出版社，2006年，第1552頁。

〔註119〕《舊唐書》卷二百下《朱泚傳》，第5386頁。

澤潞行營。」大曆十四年六月「庚戌，以朱泚為鳳翔尹。」〔註120〕史料雖然沒有明確記載鳳翔鎮被廢除之事，但根據這兩條記載來看，朱泚初任隴右節度使時，並未領有鳳翔尹之職。在此期間，鳳翔府又沒有節度使的記載。因此，朝廷廢除了鳳翔節度使，建置隴右節度使，轄有隴州和行秦州，鳳翔府則成為中央直屬府。

直至大曆十四年（779年）六月，朝廷讓朱泚兼領鳳翔尹。至此，隴右鎮與鳳翔合併。鳳翔府復隸於鳳翔鎮。此後，張鎰出任鳳翔尹，仍然兼領隴右節度使。《舊唐書》記載：建中三年四月「戊寅，以中書侍郎、平章事張鎰兼鳳翔尹、隴右節度使，以代朱泚。」〔註121〕

建中年間，朱泚佔據京師長安稱帝。朝廷對鳳翔和隴州的勢力積極拉攏，又對鳳翔、隴州進行了第二次分置。

建中四年（783年）十月，鳳翔將領李楚琳殺死鳳翔節度使張鎰，自稱節度使，歸降於朱泚。李楚琳此時只據有鳳翔府，並沒有控制隴州。

早在張鎰出任鳳翔隴右節度使之時，就以韋皋為隴右留後、權知隴州。李楚琳歸附於朱泚後，隴州刺史郝通出奔李楚琳。朱泚派遣使者授韋皋為鳳翔節度使，韋皋斷然拒絕，並殺其使者。建中四年十一月，朝廷為了拉攏韋皋，同時討伐李楚琳，以隴州建置奉義軍，任命韋皋為節度使。《資治通鑒》記載：本年「十一月乙亥，以隴州為奉義軍，擢（韋）皋為節度使。」〔註122〕

其後不久，李楚琳向朝廷歸順。朝廷為了籠絡李楚琳，賜鳳翔鎮軍號保義軍，任命李楚琳為保義軍節度使。《方鎮表一》記載：建中四年，「興鳳隴節度賜號保義節度。是年，罷保義。以隴州置奉義軍節度使，尋廢。」其中興鳳隴節度的說法不準確，實則就是指鳳翔節度使。《舊唐書》記載：興元元年八月「癸卯，加司徒、中書令、合川郡王李晟兼鳳翔尹，充鳳翔隴右節度等使、涇原四鎮北庭行營兵馬副元帥……甲辰……以保義軍節度使、鳳翔尹李楚琳為金吾大將軍；以奉義軍節度使、隴州刺史韋皋為左金吾衛大將軍。」〔註123〕由此可見，鳳翔鎮軍號確為保義軍，隴州的軍號為奉義軍。

由《舊唐書》的記載亦可知，興元元年（784年）八月，朝廷改任李晟為

〔註120〕 《資治通鑒》卷二百二十五《大曆十二年》《大曆十四年》，第 7249、7262 頁。

〔註121〕 《舊唐書》卷十二《德宗本紀上》，第 332 頁。

〔註122〕 《資治通鑒》卷二百二十九《建中四年》，第 7369 頁。

〔註123〕 《舊唐書》卷十二《德宗本紀上》，第 345～346 頁。

鳳翔隴右節度使。由於朱泚之亂此時已經平定，朝廷廢除了隴州的奉義軍節度使，鳳翔的軍號保義軍也被罷除。至此，鳳翔、隴州合併為一個藩鎮，復稱鳳翔隴右節度使。

對於保義軍號罷除的時間，《方鎮表一》「興鳳隴」欄記載為建中四年，同表「涇原」欄則記載為貞元三年，賴青壽《唐後期方鎮建置沿革研究》認為在建中四年〔註124〕。

貞元三年（787年），鳳翔隴右節度使降為鳳翔隴州都團練觀察防禦使。《方鎮表一》記載：本年，「罷保義節度，置都團練觀察防禦使。」

貞元四年（788年）至九年（793年），朝廷第三次分置鳳翔、隴右二鎮。

貞元四年（788年）正月，朝廷又一次將鳳翔、隴右分置，以鎮國軍節度使李元諒兼任隴右節度使，治於良原。筆者認為，此次隴右節度使仍然轄有隴州和行秦州。《資治通鑑》記載：本年正月「甲戌，以鎮國節度使李元諒為隴右節度使。」四月「乙未，隴右節度使李元諒築良原故城而鎮之。」〔註125〕《舊唐書》也記載：「（貞元四年正月）甲戌，以華州潼關節度使李元諒兼隴右節度使、臨洮軍使……（四月）丁未，隴右李元諒築良原城……（貞元九年十一月）辛卯，華州潼關鎮國軍、隴右節度使李元諒卒於良原，以其部將阿史那敘統元諒之眾，戍良原。」〔註126〕

貞元九年（793年）十一月，李元諒去世後，鳳翔觀察使復領隴右節度使，隴州和行秦州復隸於鳳翔鎮。《舊唐書‧李復傳》記載：「會華州節度李元諒卒，以（李）復為華州刺史、潼關防禦、鎮國軍使，仍檢校戶部尚書，兼御史大夫。」〔註127〕可知李元諒之後，華州鎮國軍不再兼領隴右節度使，而是依前由鳳翔觀察使兼領。鳳翔觀察使再次兼領隴右節度使之後，鳳翔隴州都團練觀察防禦使必然又升為鳳翔隴右節度使。

元和元年（806年）至二年（807年），朝廷以行秦州建置保義軍節度使。

貞元十年（794年）二月，朝廷以劉澭為秦州刺史、隴右經略軍使，寄治於鳳翔府普潤縣。對於行秦州寄治於普潤縣之事，《方鎮表一》有載：「初，隴右節度兵入屯秦州，尋徙岐州，及吐蕃陷隴右，德宗置行秦州，以刺史兼

〔註124〕賴青壽：《唐後期方鎮建置沿革研究》第一章第二節《鳳翔隴右節度使沿革》，第41頁。

〔註125〕《資治通鑑》卷二百三十三《貞元四年》，第7509、7513頁。

〔註126〕《舊唐書》卷十三《德宗本紀下》，第364、378頁。

〔註127〕《舊唐書》卷一百一十二《李復傳》，第3338頁。

隴右經略使,治普潤,以鳳翔節度使領隴右支度營田觀察使。」〔註128〕《舊唐書》記載:貞元十年「二月丙午,以瀛州刺史劉澭為秦州刺史、隴右經略軍使,理普潤縣,仍以普潤軍為名。」〔註129〕《新唐書》也記載:「普潤,次畿。有隴右軍,貞元十年置。十一年以縣隸隴右經略使,元和元年更名保義軍。」〔註130〕

元和元年(806年)四月,朝廷以行秦州建置保義軍節度使,同年又增領靈臺、良原、崇信三鎮。《舊唐書》記載:元和元年四月,「以隴右經略使、秦州經略使、秦州刺史劉澭為保義軍節度使」。元和二年十二月,「保義軍節度使劉澭卒。」〔註131〕《方鎮表一》也記載:元和元年,「升隴右經略使為保義節度,尋罷保義,復舊名。是年,增領靈臺、良原、崇信三鎮。」對於保義軍的轄區,史料沒有明確記載。但《舊唐書》記載:元和二年六月「辛巳,以京兆尹李鄘為鳳翔尹、鳳翔隴右節度使。」〔註132〕由這條記載來看,隴州應當仍然隸於鳳翔鎮。所以,保義軍實際僅轄有行秦州。

朝廷此次建置保義軍,實則是為示對劉澭的恩寵。元和二年(807年)十二月,劉澭去世後,朝廷廢除了保義軍。

此後的數十年間,關於鳳翔節度使的史料記載中都未曾提及秦州。所以,朝廷廢除保義軍後,很可能也廢除了行秦州。但鳳翔節度使仍領隴右節度觀察等使,其轄區也穩定下來,此後長期轄有鳳翔府和隴州。

大中三年(849年),朝廷收復被吐蕃侵佔的秦州,於秦州建置秦成經略使、天雄軍使。次年(850年),秦成經略使被廢除,秦州改隸於鳳翔鎮。《資治通鑒》記載:大中四年「二月,以秦州隸鳳翔。」〔註133〕《方鎮表一》也記載:大中四年,鳳翔節度使「增領秦州」。

大中六年(852年)正月,朝廷復置秦成經略使〔註134〕,鳳翔鎮罷領秦州。

《方鎮表一》記載:大中五年(851年),鳳翔節度使「罷領隴州,以隴

〔註128〕 《新唐書》卷六十四《方鎮表一》,第1171頁。

〔註129〕 《舊唐書》卷十三《德宗本紀下》,第378頁。

〔註130〕 《新唐書》卷三十七《地理志一》,第636頁。

〔註131〕 《舊唐書》卷十四《憲宗本紀上》,第417、423頁。

〔註132〕 《舊唐書》卷十四《憲宗本紀上》,第421頁。

〔註133〕 《資治通鑒》卷二百四十九《大中四年》,第8042頁。

〔註134〕 劉冬:《論唐代後期的天雄軍節度使府》,《乾陵文化研究》2012年第七輯,第265頁。

州置防禦使，領黃頭軍使」；中和三年（883年），「隴州防禦使增京甸神勇軍使」。此處記載應當有誤。根據《唐刺史考全編》的考證，在大中五年之前，有多任隴州刺史時已帶隴州防禦使之職〔註135〕，可知大中五年之前已有隴州防禦使的建置。並且，關於大中五年之後鳳翔節度使的記載時常帶有隴右、隴州，比如大中八年（854年），裴誠為「鳳翔尹、鳳翔隴右節度使」；大中十一年（857年），蔣系為「鳳翔尹、鳳翔隴節度使」；咸通二年（861年），裴休為「鳳翔尹、鳳翔隴州節度使」，乾符六年（879年）至中和元年（881年），鄭畋為「鳳翔隴等州節度觀察處置等使」〔註136〕。因此，鳳翔鎮並未罷領隴州。

此後的三十餘年，鳳翔鎮仍然轄有鳳翔府和隴州，直至唐末。

（四）唐末李昌言兄弟割據鳳翔鎮

唐末，李昌言、李昌符兄弟先後割據於鳳翔鎮。中和元年（881年）九月，朝廷任命李昌言為鳳翔節度使。中和四年（884年），李昌言去世，其弟李昌符繼任鳳翔節度使。

光啟元年（885年）七月，朝廷的神策軍使田令孜覬覦河中節度使王重榮的鹽池之利，改任王重榮為兗海節度使，王重榮當然不服從。田令孜於是厚結李昌符和邠寧節度使朱玫，以王重榮叛亂為理由，於同年八月出兵進攻河中鎮。十二月，李昌符、朱玫聯軍在沙苑被王重榮打敗，各自率兵回鎮。李克用率兵進逼長安，田令孜挾持唐僖宗逃往鳳翔。

光啟二年（886年）正月，田令孜脅迫唐僖宗前往寶雞。李昌符、朱玫對此不滿，於是派兵進攻寶雞，田令孜又挾持唐僖宗逃往興元府。同年四月，李昌符、朱玫商定另立皇帝。於是，朱玫進入長安，擁立嗣襄王李熅監國。其後，李昌符對朱玫專權不滿，又向唐僖宗投誠。十二月，朱玫的部將王行瑜殺朱玫，歸降於唐僖宗。

光啟三年（887年）三月，唐僖宗回京途經鳳翔，李昌符以長安宮室尚未復建完成為由，留唐僖宗於鳳翔。六月，李昌符與朝廷將領楊守立產生矛盾。李昌符趁夜火燒行宮，率兵進攻大安門，被楊守立擊敗，退往隴州。於是，唐僖宗詔令武定節度使李茂貞討伐李昌符。同年八月，隴州刺史薛知籌以隴州城

〔註135〕郁賢皓：《唐刺史考全編》卷一五《隴州（汧陽郡）》，第306～307頁。
〔註136〕郁賢皓：《唐刺史考全編》卷五《岐州（扶風郡、鳳翔府）》，第170～171頁。

投降李茂貞，李昌符被滅族〔註137〕。

李昌符死後，李茂貞佔據了鳳翔鎮，割據一方。其後，李茂貞以鳳翔鎮為根據地，建立岐國。關於李茂貞割據鳳翔鎮的歷史，涉及五代十國的歷史，在此不作敘述。

綜上所述，鳳翔鎮的轄區沿革可總結如表 1-5 所示。

表 1-5　鳳翔鎮轄區統計表

時　　期	轄區總計	會　府	詳細轄區
759 年～760 年	1 府 2 州	鳳翔府	鳳翔府、秦、隴
760 年～762 年	1 府 5 州	鳳翔府	鳳翔府、秦、隴、興、鳳、成
762 年～763 年	1 府 2 州	鳳翔府	鳳翔府、隴、秦
763 年～777 年 779 年～783 年	1 府 2 州	鳳翔府	鳳翔府、隴、行秦
783 年～784 年	1 府 1 州	鳳翔府	鳳翔府、行秦
784 年～788 年	1 府 2 州	鳳翔府	鳳翔府、隴、行秦
788 年～793 年	1 府	鳳翔府	鳳翔府
793 年～806 年	1 府 2 州	鳳翔府	鳳翔府、隴、行秦
806 年～850 年	1 府 1 州	鳳翔府	鳳翔府、隴
850 年～852 年	1 府 2 州	鳳翔府	鳳翔府、隴、秦
852 年～887 年	1 府 1 州	鳳翔府	鳳翔府、隴

二、鳳翔鎮下轄州縣沿革

鳳翔鎮前期長期轄有鳳翔府、隴州和行秦州，治於鳳翔府。元和元年（806年）之後，鳳翔鎮罷領行秦州，僅轄有鳳翔府和隴州。

（一）鳳翔鎮長期轄有的州

鳳翔府： 759 年～777 年、779 年～887 年屬鳳翔鎮，為會府。鳳翔府原為岐州，天寶元年（742 年）改為扶風郡。至德元載（756 年），成為中央直屬郡，

〔註137〕上述數段內容見於《資治通鑒》卷二百五十四《中和元年》至卷二百五十六《光啟三年》。

建置扶風防禦使。同年，扶風郡改為鳳翔郡，扶風防禦使改稱鳳翔防禦使。二載（757 年），鳳翔郡升為鳳翔府，號西京，後罷京。乾元二年（759 年），建置鳳翔秦隴都防禦使，治於鳳翔府，三年（760 年）升為節度使。大曆十二年（777 年），鳳翔節度使廢，鳳翔府成為中央直屬府。十四年（779 年），復置鳳翔節度使，仍治於鳳翔府。

轄有天興、岐山、扶風、普潤、岐陽、麟游、虢、郿八縣，治於天興縣。

天興縣：原為雍縣，至德二載（757 年）改為鳳翔縣，析置天興縣，寶應元年（762 年）省鳳翔縣入天興縣〔註 138〕。

普潤縣：有隴右軍，貞元十年（794 年）置。十一年（795 年）以縣隸隴右經略使，元和元年（806 年）更名保義軍〔註 139〕。

寶雞縣：原為陳倉縣，至德二載（757 年）更名寶雞縣〔註 140〕。

郿縣：大曆五年（770 年）權隸京兆府，後復隸於鳳翔府〔註 141〕。

隴州：759 年～777 年、779 年～783 年、784 年～788 年、793 年～887 年屬鳳翔鎮。開元二十二年（734 年），隴州始隸於朔方鎮，天寶元年（742 年）改為汧陽郡，乾元元年（758 年）復為隴州，二年（759 年）改隸於鳳翔鎮，大曆十二年（777 年）改隸於隴右鎮，十四年（779 年）復隸於鳳翔鎮。建中四年（783 年），隴州置奉義軍節度使。興元元年（784 年），奉義節度使廢，隴州復隸於鳳翔鎮，貞元四年（788 年）改隸於隴右鎮，貞元九年（793 年）復隸於鳳翔鎮。

轄有汧源、汧陽、吳山、華亭、南由五縣，治於汧源縣。

華亭縣：元和三年（808 年）省入汧源〔註 142〕。

南由縣：元和三年（808 年）省入吳山〔註 143〕。

（二）鳳翔鎮短期轄有的州

行秦州：763 年～777 年、779 年～788 年、793 年～806 年屬鳳翔鎮。秦州原隸於隴右鎮，乾元二年（759 年），改隸於鳳翔鎮。寶應二年（763 年），秦州為吐蕃所侵佔，置行秦州，仍隸於鳳翔鎮。大曆十二年（777 年），改隸於

〔註 138〕《新唐書》卷三十七《地理志一》，第 635 頁。
〔註 139〕《新唐書》卷三十七《地理志一》，第 636 頁。
〔註 140〕《新唐書》卷三十七《地理志一》，第 636 頁。
〔註 141〕郭聲波：《中國行政區劃通史・唐代卷》上編第一章《京畿》，第 60 頁。
〔註 142〕《新唐書》卷三十七《地理志一》，第 636 頁。
〔註 143〕《新唐書》卷三十七《地理志一》，第 637 頁。

隴右鎮，十四年（779年）復隸於鳳翔鎮。貞元四年（788年），改隸於隴右鎮，九年（793年）復隸於鳳翔鎮。十年（794年），行秦州治於鳳翔府普潤縣，其刺史兼領隴右經略使。元和元年（806年），行秦州置保義軍節度使。元和二年（807年），廢保義節度使和行秦州〔註144〕。

圖 1-3　鳳翔鎮轄區圖（807年）

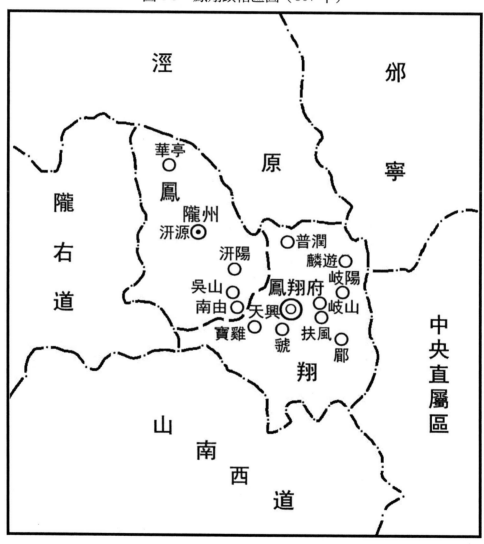

〔註144〕郭聲波先生《中國行政區劃通史・唐代卷》上編第一章《京畿》第 61 頁認
　　　　為，行秦州的存在時間為貞元十年（794年）至大中三年（849年）。通過前
　　　　文考述，筆者認為，寶應二年（763年）秦州陷落之後即置行秦州，至元和
　　　　二年（807年）廢。

—70—

第五節　邠寧鎮

邠寧鎮，是京畿道的一個藩鎮，長期轄有邠、寧、慶三州，治於邠州。唐末，朱玫、王行瑜、楊崇本等人先後割據於邠寧鎮，軍號為靜難軍。直至後梁貞明元年（915年），邠寧鎮最終被後梁兼併。

一、邠寧鎮的轄區沿革

邠寧鎮的建置沿革為：邠寧節度使（759～768、779～884）──靜難軍節度使（884～915）。

邠寧鎮建置初期轄有邠、寧、慶、涇、原五州，治於邠州。大曆三年（768年），朝廷分邠寧鎮建置涇原鎮。此後，邠寧鎮長期轄有邠、寧、慶三州。大中年間，邠寧鎮曾經短期治於寧州，繼而復治於邠州。呂學良先生在其碩士論文《唐代邠寧鎮研究》中對邠寧鎮的建置及其轄區沿革進行了考述〔註145〕。

（一）邠寧鎮初置時期的轄區沿革

邠寧鎮始置於乾元二年（759年），當時轄有邠、寧、慶、涇、原、鄜、坊、丹、延九州，治於邠州。《資治通鑒》記載：本年「六月……分朔方置邠、寧等九州節度使。」〔註146〕《方鎮表一》也記載：本年，「置邠寧節度使，領州九：邠、寧、慶、涇、原、鄜、坊、丹、延。」〔註147〕邠寧鎮實際是由朔方鎮分割而建置的一個藩鎮，主要是為了防禦吐蕃的侵犯。

上元元年（760年）正月，朝廷分邠寧鎮所轄的鄜、坊、丹、延四州建置鄜坊鎮。因此，邠寧鎮罷領這四個州。《資治通鑒》記載：本年正月，「乃分邠寧等州節度為鄜坊丹延節度，亦謂之渭北節度。」〔註148〕

廣德元年（763年），邠寧鎮所轄的原州被吐蕃侵佔，後被收復，至大曆元年（766年）又陷落於吐蕃。《新唐書》記載：「原州……廣德元年沒吐蕃，節度使馬璘表置行原州於靈臺之百里城」。〔註149〕由此記載來看，行原州似乎建置於廣德元年，其實並非如此。馬璘於大曆元年（766年）二月出任邠寧節

〔註145〕　呂學良：《唐代邠寧鎮研究》，碩士學位論文，陝西師範大學歷史系，2012年，第5～11頁。

〔註146〕　《資治通鑒》卷二百二十一《乾元二年》，第7077頁。

〔註147〕　《新唐書》卷六十四《方鎮表一》，第1163～1190頁。下文同，不再引注。

〔註148〕　《資治通鑒》卷二百二十一《上元元年》，第7090頁。

〔註149〕　《新唐書》卷三十七《地理志一》，第637頁。

度使，大曆三年（768年）十二月改任涇原節度使。因而，行原州必定建置於
大曆元年二月之後。另外，據《新唐書·代宗本紀》記載：大曆元年「九月辛
巳，吐蕃陷原州。」〔註150〕由此記載可知，原州在廣德元年（763年）被吐蕃
侵佔之後，又被朝廷收復，至大曆元年（766年）九月復陷於吐蕃。原州復陷
之後，時任邠寧節度使的馬璘才在百里城建置行原州。

　　大曆三年（768年）十二月，朝廷廢除邠寧鎮，其所轄的邠、寧、慶三州
改隸於朔方鎮，涇、行原二州則另置涇原鎮。《方鎮表一》也記載：本年，「置
涇原節度使，治涇州」；「罷邠寧節度使」；「朔方節度增領邠、寧、慶三州」。

　　朝廷此次廢除邠寧鎮，也是為了抵禦吐蕃的入侵。當時，邠寧節度使馬璘
無法抵禦吐蕃的進攻，而朔方節度使郭子儀的重兵又駐紮於河中。朝廷於是將
馬璘改任為涇原節度使，而將邠、寧、慶三州改隸於朔方鎮，令郭子儀徙鎮於
邠州，由此來增強朔方鎮的實力，以抵禦吐蕃進攻。對此，《資治通鑒》記載：
大曆三年十一月，「元載以吐蕃連歲入寇，馬璘以四鎮兵屯邠寧，力不能拒，而
郭子儀以朔方重兵鎮河中，深居腹中無事之地，乃與子儀及諸將議，徙璘鎮涇
州，而使子儀以朔方兵鎮邠州……十二月，己酉，徙馬璘為涇原節度使，以邠、
寧、慶三州隸朔方。璘先往城涇州，以都虞候段秀實知邠州留後。」〔註151〕

（二）邠寧鎮復置後的轄區沿革

　　大曆十四年（779年）閏五月，朝廷為了削弱朔方鎮，將其分割為數鎮，
才復置邠寧鎮。《方鎮表一》記載：本年，「復置邠寧慶節度使。」《資治通鑒》
記載：本年閏五月，「以其裨將河東、朔方都虞候李懷光為河中尹、邠、寧、
慶、晉、絳、慈、隰節度使。」〔註152〕此時，李懷光兼領邠寧、河中二鎮節
度使。同年，李懷光罷領河中節度使，獨領邠寧節度使。

　　此後，邠寧鎮的轄區一直都很穩定，長期轄有邠、寧、慶三州，治於邠州。

　　大中三年（849年）七月，邠寧節度使張君緒從吐蕃手中奪回蕭關，為了
接應河西，朝廷將邠寧鎮徙治於寧州。《資治通鑒》記載：本年七月，「邠寧節
度使張君緒取蕭關……詔邠寧節度權移軍於寧州以應接河西。」〔註153〕大中
五年（851年），白敏中接任邠寧節度使，也治於寧州。《唐代墓誌彙編續集》

〔註150〕《新唐書》卷六《代宗本紀》，第110頁。

〔註151〕《資治通鑒》卷二百二十四《大曆三年》，第7203～7205頁。

〔註152〕《資治通鑒》卷二百二十五《大曆十四年》，第7259頁。

〔註153〕《資治通鑒》卷二百四十八《大中三年》，第8039頁。

中有《白敏中墓誌》記載：「遂拜司空、兼門下侍郎平章事、□□討都統、邠寧節度使，治寧州。」〔註154〕

同年（851年），朝廷以蕭關建置行武州，邠寧鎮因此增領行武州。《新唐書》記載：「武州……大中五年以原州之蕭關置。」〔註155〕《方鎮表一》記載：本年，邠寧節度使「增領武州」。由於武州已經被吐蕃侵佔，蕭關所置的武州實際為行武州。

大中九年（855年）三月，朝廷平定党項等部落，於是將邠寧鎮復治於邠州，同時又將行武州劃歸涇原鎮治下。《資治通鑒》記載：本年三月，「詔邠寧節度使畢諴還邠州。先是，以河湟初附，党項未平，移邠寧軍於寧州。至是，南山、平夏、党項皆安，威、鹽、武三州軍食足，故令還理所。」〔註156〕《舊唐書》記載：本年，「以（盧）簡求為四鎮北庭行軍、涇州刺史、涇原渭武節度、押蕃落等使。」〔註157〕由此可知，此時武州已改隸於涇原節度使。

（三）唐末邠寧鎮的轄區沿革

中和元年（881年）四月，黃巢攻佔邠州，以其部將王玫為邠寧節度使。邠州通塞鎮將朱玫發兵進攻王玫，王玫兵敗被殺。朱玫以別將李重古留守邠寧，自己率軍討伐黃巢。同年七月，朝廷任命朱玫為邠寧節度使，開始了朱玫在邠寧鎮的割據。

中和四年（884年）十二月，朝廷賜邠寧鎮軍號靜難軍〔註158〕。

黃巢兵敗退出長安後，朝廷的神策軍使田令孜掌權，他覬覦河中節度使王重榮的鹽利，下詔改任王重榮為兗海節度使，王重榮拒不奉詔。光啟元年（885年），田令孜賄賂邠寧節度使朱玫、鳳翔節度使李昌符等人率軍進攻河中鎮，田令孜也率神策軍討伐河中。同年十二月，王重榮聯合李克用，在沙苑大敗朱玫。朱玫逃回邠州，田令孜的神策軍也迅速潰敗。李克用趁機向長安進軍，迫使田令孜擁唐僖宗逃往鳳翔。

光啟二年（886年）正月，田令孜又挾持唐僖宗到寶雞，引起朱玫、李昌

〔註154〕周紹良、趙超主編：《唐代墓誌彙編續集》咸通〇〇五《唐故開府儀同三司守太傅致仕上柱國太原郡開國公食邑二千戶贈太尉白公墓誌銘並序》，第1033頁。

〔註155〕《新唐書》卷三十七《地理志一》，第637頁。

〔註156〕《資治通鑒》卷二百四十九《大中九年》，第8056頁。

〔註157〕《舊唐書》卷一百六十三《盧簡辭傳・附盧簡求傳》，第4272頁。

〔註158〕《資治通鑒》卷二百五十六《中和四年》，第8317頁。

符等人的不滿，都紛紛上表請求誅殺田令孜。朱玫、李昌符等人先是派兵圍攻寶雞，但未能攻克。田令孜又挾持唐僖宗逃往興元，朱玫於是準備另立皇帝。四月，朱玫進入長安，擁立嗣襄王李熅監國，自任丞相。李昌符對朱玫專權不滿，改投於唐僖宗。朱玫繼續向興元進攻，九月，其部將王行瑜先後攻克感義軍的興、鳳二州。十月，神策行營先鋒使滿存又奪回興、鳳二州。《新唐書》記載：本年，「九月……靜難軍將王行瑜陷興、鳳二州……十月……神策行營先鋒使滿存克興、鳳二州。」〔註159〕此時，朱玫已經擁立李熅稱帝，改年號為建貞。王行瑜兵敗後，害怕朱玫治罪，於十二月率軍回京，殺死朱玫。李熅率百官逃往河中，被王重榮斬殺。

王行瑜殺朱玫之後，控制了邠寧鎮，次年（887年）正月被朝廷任命為靜難軍節度使。此後，王行瑜割據於邠寧鎮。大順元年（890年），王行瑜又取得同州，以其弟王行約為同州節度使。

乾寧二年（895年），河中節度使王重盈去世，其子王珂、王珙爭立。王珙厚結王行瑜和鳳翔節度使李茂貞、鎮國節度使韓建，上表朝廷以王珙為河中節度使，改王珂為陝虢節度使，朝廷不許。同年五月，王行瑜與李茂貞、韓建率軍進京，脅迫唐昭宗同意以王珙為河中節度使，又派其弟王行約率軍進攻河中節度使王珂。接著，王行瑜等人又密謀廢黜昭宗，立吉王李保為帝。河東節度使李克用起兵後，王行瑜等人各留二千人留守長安，回到本鎮。

同年（895年）七月，王行約在同州朝邑被李克用打敗，棄同州逃往京師，同州被李克用佔據。唐昭宗害怕被王行瑜等人劫持，也由長安逃往南山。王行瑜率兵到興平，想要將唐昭宗迎入邠寧鎮。李克用於是率軍進攻邠州。八月，李克用軍攻佔邠州永壽縣，朝廷於是下詔削除王行瑜官爵，討伐王行瑜，李克用率軍進攻梨園。十月，李克用攻克梨園，王行約焚毀寧州，棄城而去，李克用進據寧州。十一月，王行瑜向李克用請降，李克用不受，率兵進逼邠州。王行瑜棄城而逃，在寧州境內為部下所殺，邠寧鎮因此被李克用佔據。

李克用攻取寧州之後，以蘇文建為靜難節度使，治於寧州。王行瑜敗亡之後，蘇文建正式到邠州就任。其後，邠寧鎮又被鳳翔節度使李茂貞佔據。

乾寧四年（897年）七月，李茂貞以其養子李繼徽為靜難軍節度使。此後，李繼徽據有邠寧鎮。天復元年（901年）十一月，朱溫進攻邠州，李繼徽歸降，

〔註159〕《新唐書》卷九《僖宗本紀》，第177頁。

恢復本名楊崇本。

天祐元年（904年）正月，楊崇本又歸附於李茂貞，復姓名李繼徽。天祐三年（906年）九月，李繼徽又集鳳翔、保塞、彰義、保大等鎮兵馬進攻夏州。十月，朱溫派劉知俊率兵救援夏州，在美原大敗李繼徽。李繼徽逃回邠州，此後勢力衰弱。

唐末，邠寧鎮增領新置的衍州。關於衍州的建置時間，史籍記載不一。《讀史方輿紀要》記載：「大中三年，（邠寧節度使）兼領衍州，又移治寧州。」〔註160〕據該書記載，衍州建置於大中三年（849年），邠寧鎮增領衍州也是在這一年。但這樣的記載僅見於此，《資治通鑒》等書都記載，衍州是唐末岐王李茂貞建置的，應該更為可信。《資治通鑒》卷二百六十九《貞明二年》胡三省注：「衍州，岐李茂貞置，在寧、慶之間。」〔註161〕《新唐書》也記載：「定平……唐末以縣置衍州。」〔註162〕同書還記載：「天祐三年，李茂貞墨制以（華原）縣置耀州……天祐三年，李茂貞墨制以（美原）縣置鼎州。」〔註163〕由這些記載來看，李茂貞在天祐三年（906年）墨制建置數州，衍州很可能也建置於這一年。呂學良先生在其碩士論文《唐代邠寧鎮研究》中也持此觀點。〔註164〕

後梁開平三年（909年）十一月，岐王李茂貞派部將劉知俊進攻靈州，鎮國節度使康懷貞、感化節度使寇彥卿進攻邠寧鎮，迫使劉知俊回軍救援。康懷貞接連攻克寧、衍二州，又攻克慶州南城，慶州刺史李彥廣投降。十二月，劉知俊回軍救援邠寧鎮，大敗康懷貞，寧、衍、慶三州也被奪回。

乾化四年（914年）十二月，李繼徽被其子李彥魯毒死，李彥魯自稱靜難軍留後。貞明元年（915年）四月，李繼徽的養子李保衡又殺李彥魯，自稱靜難留後，歸降於後梁。後梁改任李保衡為感化節度使，邠寧鎮因此最終被後梁兼併。

綜上所述，邠寧鎮的轄區沿革可總結如表1-6所示。

〔註160〕（清）顧祖禹：《讀史方輿紀要》卷六《歷代州域形勢六》，北京：中華書局，2005年，第247頁。

〔註161〕《資治通鑒》卷二百六十九《貞明二年》，第8808頁。

〔註162〕《新唐書》卷三十七《地理志一》，第638頁。

〔註163〕《新唐書》卷三十七《地理志一》，第634頁。

〔註164〕呂學良：《唐代邠寧鎮研究》，碩士學位論文，陝西師範大學歷史系，2012年，第6～8頁。

表 1-6　邠寧鎮轄區統計表

時　　期	轄區總計	會　府	詳細轄區
759 年～760 年	9 州	邠州	邠、寧、慶、涇、原、鄜、坊、丹、延
760 年～766 年	5 州	邠州	邠、寧、慶、涇、原
766 年～768 年	5 州	邠州	邠、寧、慶、涇、行原
779 年～849 年	3 州	邠州	邠、寧、慶
849 年～851 年	3 州	寧州	邠、寧、慶
851 年～855 年	4 州	寧州	邠、寧、慶、行武
855 年～889 年	3 州	邠州	邠、寧、慶
890 年～895 年	3 州	邠州	邠、寧、慶、（同）〔註 165〕
895 年～906 年	3 州	邠州	邠、寧、慶
906 年～915 年	4 州	邠州	邠、寧、慶、衍

二、邠寧鎮下轄州縣沿革

邠寧鎮建置於乾元二年（759 年），最初轄有邠、寧、慶、涇、原、鄜、坊、丹、延九州，治於邠州，繼而罷領鄜、坊、丹、延四州。大曆三年（768 年），邠寧鎮被廢除，邠、寧、慶三州改隸於朔方鎮，而涇、原二州則別置節度使。大曆十四年（779 年），朝廷復置邠寧鎮，此後邠寧鎮長期轄有邠、寧、慶三州。唐末，以寧州定平縣建置衍州，邠寧鎮因而又增領衍州。這裡對邠、寧、慶、涇、原、衍六州的情況進行介紹。

（一）邠寧鎮長期轄有的州

邠州：759 年～768 年、779 年～915 年屬邠寧鎮，長期作為會府。天寶元年（742 年），邠州始隸於朔方鎮，同年改為新平郡，乾元元年（758 年）復為邠州。二年（759 年），邠州置邠寧節度使。大曆三年（768 年）末，邠寧鎮廢，邠州改隸於朔方鎮，為朔方鎮會府。十四年（779 年），邠州復置邠寧節度使。

轄有新平、三水、永壽、宜祿四縣，治於新平縣。

寧州：759 年～768 年、779 年～915 年屬邠寧鎮。開元二十二年（734 年），寧州始隸於朔方鎮，天寶元年（742 年）改為彭原郡，至德元載（756 年）改隸於關內鎮。乾元元年（758 年）復為寧州，二年（759 年）改隸於邠寧鎮。大曆三年（768 年）末改隸於朔方鎮。大曆十四年（779 年），寧州復隸於邠寧

〔註 165〕大順元年（890 年）至乾寧二年（895 年），同州鎮是邠寧鎮的附屬藩鎮。

鎮。大中三年（849 年）至九年（855 年），寧州為邠寧鎮會府。

轄有定安、真寧、襄樂、彭原、定平、豐義六縣，治於定安縣。

定平縣：原隸於寧州，後改隸於邠州，元和三年（808 年）復隸於寧州，唐末以定平縣建置衍州〔註 166〕。

慶州：759 年～768 年、779 年～915 年屬邠寧鎮。開元二十二年（734 年），慶州始隸於朔方鎮。天寶元年（742 年），改為安化郡。至德元載（756 年），置關內節度使〔註 167〕，治於安化郡。同年，安化郡改為順化郡。乾元元年（758 年），順化郡改為慶州。二年（759 年），關內鎮廢，慶州改隸於邠寧鎮。大曆三年（768 年），改隸於朔方鎮。十四年（779 年），復隸於邠寧鎮。

轄有順化、樂蟠、馬嶺、合水、華池、同川、洛原〔註 168〕、延慶、方渠、懷安十縣，治於順化縣。

順化縣：原為弘化縣，天寶元年（742 年）改為安化縣，至德元載（756 年）改為順化縣〔註 169〕。

（二）邠寧鎮短期轄有的州

邠寧鎮還曾經短期轄有涇、原、衍等州。其中，涇、原二州在邠寧鎮始置時曾經隸屬於邠寧鎮，後來分置涇原鎮。唐末，邠寧鎮又建置有衍州。除此之外，邠寧鎮還曾轄有鄜、坊、丹、延四州，但時間極短，在此不作介紹。

涇州：759 年～768 年屬邠寧鎮。開元二十二年（734 年），涇州始隸於朔方鎮，天寶元年（742 年）改為安定郡，至德元載（756 年）改隸於關內鎮，同年改稱保定郡。乾元元年（758 年），保定郡復為涇州，二年（759 年）改隸於邠寧鎮。大曆三年（768 年），涇州別置涇原節度使。

轄有保定、靈臺、臨涇、良原、潘原五縣，治於保定縣。

保定縣：原為安定縣，至德元載（756 年）改為保定縣，廣德元年（763 年）沒於吐蕃，大曆三年（768 年）復置〔註 170〕。

原州（行原州）：759 年～768 年屬邠寧鎮。開元二十二年（734 年），原州始隸於朔方鎮。天寶元年（742 年），改為平涼郡。至德元載（756 年），改

〔註 166〕《新唐書》卷三十七《地理志一》，第 638 頁。
〔註 167〕關內鎮的建置，詳見第二章第一節《唐代中期關內鎮的沿革》。
〔註 168〕洛原縣，兩《唐書》作「洛源」，今依《元和郡縣圖志》作「洛原」。
〔註 169〕郭聲波：《中國行政區劃通史・唐代卷》上編第二章《關內道》，第 92 頁。
〔註 170〕《新唐書》卷三十七《地理志一》，第 637 頁。

隸於關內鎮。乾元元年（758年），復為原州。二年（759年），改隸於邠寧鎮。廣德元年（763年），原州陷於吐蕃，繼而收復。大曆元年（766年），復陷落於吐蕃，邠寧節度使馬璘表以涇州百里城建置行原州，仍隸於邠寧鎮。三年（768年），行原州改隸於涇原鎮。

轄有平高、平涼、百泉、蕭關四縣，治於平高縣。

平高縣：廣德元年（763年）為吐蕃侵佔，繼而收復，大曆元年（766年）九月復陷於吐蕃〔註171〕。

蕭關縣：廣德元年（763年）為吐蕃侵佔，大中三年（849年）收復，五年（851年）置行武州於此。

衍州：約906年～915年屬邠寧鎮。大約在天祐三年（906年），以寧州定平縣建置衍州，隸屬於邠寧鎮。

轄有定平縣，治於定平縣。

定平縣：原隸於寧州，約天祐三年（906年）建置為衍州，為州治〔註172〕。

圖 1-4　邠寧鎮轄區圖（809年）

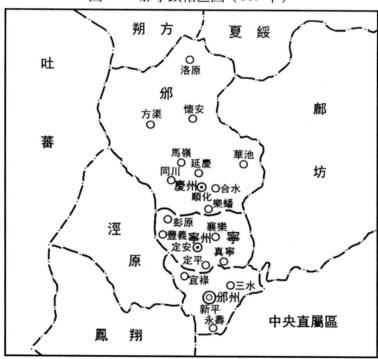

第二章　關內道藩鎮

　　唐代關內道主要建置有朔方、鄜坊、涇原、夏綏、振武、豐州六個藩鎮。朔方鎮前期的轄區較大，後來分裂為朔方、鄜坊、涇原、夏綏、振武、邠寧、豐州等鎮。

　　朔方鎮的軍號為朔方軍，建置時間較早，是「天寶十大節度使」之一，其前期的轄區非常廣闊，後被朝廷分割為數鎮。分割之後，朔方鎮長期轄有靈、鹽二州，治於靈州，因而稱為靈鹽鎮，又稱靈武鎮。唐末，朔方鎮為韓氏所割據，直至五代中期。

　　鄜坊鎮是由朔方鎮分割而置的一個藩鎮，建置於上元元年（760 年），長期轄有鄜、坊、丹、延四州，初治於坊州，後徙治於鄜州。唐末，朝廷賜鄜坊鎮軍號保大軍。在唐代中期和唐末，鄜坊鎮曾經兩度分置丹延鎮。永泰元年（765 年），朝廷首度分鄜坊鎮建置丹延鎮，數年後廢除。中和三年（883 年），丹延鎮復置，後轄丹、延二州，治於延州，軍號先後為保塞軍、安塞軍、寧塞軍、寧國軍。五代初期，鄜坊、丹延二鎮都為高氏所割據。

　　涇原鎮也是由朔方鎮分割而置的一個藩鎮，始置於大曆三年（768 年），長期轄有涇、原、行渭等州，治於涇州。唐末，張氏割據於涇原鎮，軍號彰義軍，至光化二年（899 年）為鳳翔節度使李茂貞所兼併。

　　夏綏鎮也是由朔方鎮分割而置的一個藩鎮，始置於貞元三年（787 年），長期轄有夏、綏、銀、宥四州，治於夏州。唐末，拓跋氏（李氏）割據於夏綏鎮，軍號定難軍。直至北宋時期，李氏建立西夏國。

　　振武鎮的軍號為振武軍，也是由朔方鎮分割而置的一個藩鎮，始建於乾元

元年（758年），數年後廢除。大曆十四年（779年），振武鎮復置，此後長期轄有單于大都護府、東受降城和麟、勝二州，治於單于大都護府。唐末，振武鎮被河東節度使李克用兼併。

豐州鎮的軍號為天德軍，也是由朔方鎮分割而置的一個藩鎮，始建於貞元十二年（796年），長期轄有豐州、天德軍和中、西二受降城，初治於西受降城，後徙治於天德軍。唐末，豐州鎮為河東節度使李氏所兼併。

這一章主要研究關內道的朔方、鄜坊、涇原、夏綏、振武、豐州六個藩鎮。

第一節　朔方鎮

朔方鎮，其建置的時間較早，是天寶十大藩鎮之一。安史之亂後，朔方鎮被朝廷分割為朔方、振武、邠寧、夏綏、涇原、鄜坊、豐州等鎮。廣德二年（764年），朔方節度使僕固懷恩叛亂，次年被朝廷平定。唐末五代前期，韓氏割據朔方鎮長達四十餘年。

對於朔方鎮的沿革，李鴻賓先生的《唐朝朔方軍研究——兼論唐廷與西北諸族的關係及其演變》一書有考證〔註1〕，盧兆龍先生的碩士論文《晚唐時期的朔方軍研究——兼及對河隴故地的收復》也有涉及〔註2〕。

一、朔方鎮的轄區沿革

朔方鎮前期的轄區很廣，長期轄有單于、安北兩大都護府，靈、夏、鹽、綏、銀、豐、勝、涇、原、寧、慶、隴、鄜、坊、丹、延、會、宥、麟等州和東、中、西三受降城。朔方鎮被分割後，長期僅轄有靈、鹽二州，治於靈州。因而，朔方鎮又稱為靈鹽鎮、靈武鎮。

根據朔方鎮發展的階段性特點，朔方鎮的歷史發展可以分為前期、中期和後期。

（一）早期朔方鎮的轄區沿革

安史之亂爆發前，朔方鎮雖然早已建置，但還沒有形成一級行政區，其轄區也沒有頻繁變化。因此，將安史之亂前的朔方鎮稱為早期朔方鎮。

〔註1〕李鴻賓：《唐朝朔方軍研究——兼論唐廷與西北諸族的關係及其演變》，長春：吉林人民出版社，2000年。

〔註2〕盧兆龍：《晚唐時期的朔方軍研究——兼及對河隴故地的收復》，碩士學位論文，蘭州大學歷史文獻學，2007年。

朔方鎮建置的時間較早，始置於開元九年（721 年）。《方鎮表一》記載：本年，「置朔方軍節度使，領單于大都護府、夏、鹽、綏、銀、豐、勝六州，定遠、豐安二軍，東、中、西三受降城。」〔註3〕《資治通鑑》也記載：本年，「置朔方節度使，領單于都護府，夏、鹽等六州，定遠、豐安二軍，三受降城。」〔註4〕這兩處記載的時間應該是正確的。但是，《唐會要》卻記載：「朔方節度使，開元元年十月六日敕：『朔方行軍大總管，宜准諸道例，改為朔方節度使，其經略、定遠、豐安軍，西、中受降城，單于、豐、勝、靈、夏、鹽、銀、匡、長、安樂等州，並受節度』。」〔註5〕岑仲勉先生考證，此處「開元元年」為「九年」之誤〔註6〕。

另外，朔方鎮當時還轄有安北大都護府。《新唐書》記載：「安北大都護府，本燕然都護府，龍朔三年曰瀚海都督府，總章二年更名。開元二年治中受降城，十年徙治豐、勝二州之境，十二年徙治天德軍……縣二：陰山，上。天寶元年置。通濟。上。」〔註7〕由此記載來看，安北大都護府當時治於中受降城。朔方鎮轄有三受降城，也必然轄有安北大都護府。

由以上論述可知，朔方鎮當時轄有單于、安北兩大都護府，豐、勝、靈、夏、鹽、銀、匡、長、安樂九州，東、中、西三受降城，經略、定遠、豐安三軍。

朔方節度使的建置，是當時朝廷鑒於六胡州地區康待賓等人的叛亂，而採取的一項防禦北部的措施。對此，李鴻賓先生在其論著《唐朝朔方軍研究——兼論唐廷與西北諸族的關係及其演變》中有詳細的考證〔註8〕。

開元十年（722 年），朔方鎮增領魯、麗、契三州，罷領匡、長二州。《方鎮表一》記載：本年，「朔方節度增領魯、麗、契三州。」《新唐書》記載：「調露元年，於靈、夏南境以降突厥置魯州、麗州、含州、塞州、依州、契州，以唐人為刺史，謂之六胡州。長安四年並為匡、長二州。神龍三年置蘭池都督府，分六州為縣。開元十年復置魯州、麗州、契州、塞州……十八年（730 年）復

〔註3〕《新唐書》卷六十四《方鎮表一》，第 1157～1190 頁。下文同，不再引注。

〔註4〕《資治通鑑》卷二百一十二《開元九年》，第 6749 頁。

〔註5〕（宋）王溥撰，牛繼清校證：《唐會要校證》卷七十八《諸使中》，第 1220 頁。

〔註6〕岑仲勉：《唐史餘瀋》，上海：上海古籍出版社，1960 年，第 93～95 頁。

〔註7〕《新唐書》卷三十七《地理志一》，第 642 頁。

〔註8〕李鴻賓：《唐朝朔方軍研究——兼論唐廷與西北諸族的關係及其演變》第三章《朔方軍節度使的確立與極盛》，第 109 頁。

置匡、長二州。」〔註9〕由此記載可知，魯、麗、契三州實則是由原匡、長二州分割而建置的。

其後，朔方節度使先後兼領關內支度營田使、關內鹽池使、檢校渾部落使、押諸蕃部落使、閑廄宮苑監牧使等職務。

開元十二年（724年），朔方鎮增領新置的麟州。《新唐書》記載：「麟州新秦郡，下都督府。開元十二年析勝州之連谷、銀城置，十四年廢，天寶元年復置。」〔註10〕根據麟州的地理位置，可知其隸屬於朔方鎮。直至開元十四年（726年），麟州被廢除。

開元十七年（729年）三月，朔方鎮增領振武軍。《資治通鑑》記載：本年三月，「朔方節度使信安王禕攻吐蕃石堡城，拔之……上聞，大悅，更命石堡城曰振武軍。」〔註11〕

開元十八年（730年），朝廷廢除魯、麗、契等州，復置匡、長二州。朔方鎮因此罷領魯、麗、契三州，復領匡、長二州。具體的記載，上文已經提及。

開元二十二年（734年），朔方鎮增領關內道的涇、原、寧、慶、隴、鄜、坊、丹、延、會十州，同時罷領匡、長、安樂三州。《方鎮表一》記載：本年，「朔方節度兼關內道採訪處置使，增涇、原、寧、慶、隴、鄜、坊、丹、延、會、宥、麟十二州，以匡、長二州隸慶州，安樂二州隸原州。」《資治通鑑》也記載：本年四月，「以朔方節度使信安王（李）禕兼關內道採訪處置使，增領涇、原等十二州。」〔註12〕這裡，《方鎮表一》中提及的「以匡、長二州隸慶州，安樂二州隸原州」，是指廢除匡、長、安樂三州，以其所轄之地隸屬於慶、原二州。另外，麟、宥二州當時並未建置。《舊唐書》記載：「麟州……天寶元年，王忠嗣奏請割勝州連谷、銀城兩縣置麟州，其年改為新秦郡。乾元元年，復為麟州。」〔註13〕《新唐書》記載：「宥州寧朔郡……（開元）二十六年還所遷胡戶置宥州及延恩等縣，其後僑治經略軍。至德二載更郡曰懷德。乾元元年復故名。寶應後廢。」〔註14〕

開元二十六年（738年），朔方鎮增領宥州。《舊唐書》記載：「宥州……

〔註9〕《新唐書》卷三十七《地理志一》，第641頁。
〔註10〕《新唐書》卷三十七《地理志一》，第641頁。
〔註11〕《資治通鑑》卷二百一十三《開元十七年》，第6784頁。
〔註12〕《資治通鑑》卷二百一十四《開元二十二年》，第6806頁。
〔註13〕《舊唐書》卷三十八《地理志一》，第1419頁。
〔註14〕《新唐書》卷三十七《地理志一》，第641頁。

（開元）二十六年，自江淮放回胡戶，於此置宥州及延恩、懷德、歸仁三縣。天寶元年，改為寧朔郡。至德二年，又改為懷德郡都督府。乾元元年，復為宥州。寶應後廢。」〔註15〕

天寶元年（742 年），朔方鎮增領邠、麟二州。《方鎮表一》記載：本年，「朔方節度增領邠州」。另外，麟州復置於天寶元年，上文已經提及。

同年（742 年），朝廷改全國的州為郡。朔方鎮所轄的靈州改為靈武郡，夏州改朔方郡，鹽州改五原郡，綏州改上郡，銀州改銀川郡，豐州改九原郡，勝州改榆林郡，涇州改安定郡，原州改平涼郡，寧州改彭原郡，慶州改安化郡，隴州改汧陽郡，鄜州改洛交郡，坊州改中部郡，丹州改咸寧郡，延州改延安郡，會州改會寧郡，宥州改寧朔郡，麟州改新秦郡，邠州改新平郡。此後，直至安史之亂爆發前，朔方鎮的轄區都保持穩定。

綜上所述，朔方鎮早期的轄區沿革可以總結如表 2-1 所示。

表 2-1　朔方鎮早期轄區統計表

時　　期	會　府	轄區總計	詳細轄區
721 年～ 722 年	靈州	2 府 10 州 3 城	單于大都護府、安北大都護府 靈、夏、鹽、綏、銀、豐、勝、匡、長、安樂、 東受降城、中受降城、西受降城
722 年～ 724 年	靈州	2 府 11 州 3 城	單于大都護府、安北大都護府 靈、夏、鹽、綏、銀、豐、勝、安樂、魯、麗、契、 東受降城、中受降城、西受降城
724 年～ 726 年	靈州	2 府 12 州 3 城	單于大都護府、安北大都護府 靈、夏、鹽、綏、銀、豐、勝、安樂、魯、麗、契、 麟、東受降城、中受降城、西受降城
726 年～ 729 年	靈州	2 府 11 州 3 城	單于大都護府、安北大都護府 靈、夏、鹽、綏、銀、豐、勝、安樂、魯、麗、契、 東受降城、中受降城、西受降城
729 年～ 730 年	靈州	2 府 11 州 3 城	單于大都護府、安北大都護府 靈、夏、鹽、綏、銀、豐、勝、安樂、魯、麗、契、 東受降城、中受降城、西受降城
730 年～ 734 年	靈州	2 府 10 州 3 城	單于大都護府、安北大都護府 靈、夏、鹽、綏、銀、豐、勝、安樂、匡、長、 東受降城、中受降城、西受降城

〔註15〕《舊唐書》卷三十八《地理志一》，第 1418 頁。

734年～738年	靈州	2府	單于大都護府、安北大都護府
		17州	靈、夏、鹽、綏、銀、豐、勝、涇、原、寧、慶、隴、鄜、坊、丹、延、會
		3城	東受降城、中受降城、西受降城
738年～742年	靈州	2府	單于大都護府、安北大都護府
		18州	靈、夏、鹽、綏、銀、豐、勝、涇、原、寧、慶、隴、鄜、坊、丹、延、會、宥
		3城	東受降城、中受降城、西受降城
742年～756年	靈武郡	2府	單于大都護府、安北大都護府
		20郡	靈武、朔方、五原、上、銀川、九原、榆林、安定、平涼、彭原、安化、汧陽、洛交、中部、咸寧、延安、會寧、寧朔、新秦、新平、
		3城	東受降城、中受降城、西受降城

（二）中期朔方鎮的轄區沿革

從安史之亂爆發，到大曆十四年（779年）朔方鎮最終被分割為四鎮，在這十餘年間，朔方鎮的轄區變化十分頻繁。因此，將這段時期稱為朔方鎮發展的中期。

安史之亂爆發後，太子李亨逃往朔方鎮。至德元載（756年）七月，李亨在靈武即位，是為唐肅宗。為了有效地防禦安史叛軍進攻，唐肅宗下詔分朔方鎮建置關內節度使，治於順化郡。《方鎮表一》記載：本年，「別置關內節度使以代採訪使，徙治安化郡（慶州）。」《資治通鑒》也記載：本年七月，「肅宗即位於靈武城南樓……改關內採訪使為節度使，徙治安化，以前蒲關防禦使呂崇賁為之。」〔註16〕關內節度使的轄區為順化、保定、平涼、彭原、中部、咸寧、延安七郡。其中，保定、順化二郡是在同年由安定、安化二郡改名而來〔註17〕。

至德二載（757年），寧朔郡改為懷德郡，安北大都護府改稱為鎮北大都護府。乾元元年（758年），朔方鎮下轄各郡復稱州，恢復州名。

同年（758年），朝廷分朔方鎮別置振武鎮。《資治通鑒》記載：乾元元年，「是歲，置振武節度使，領鎮北大都護府、麟、勝二州。」〔註18〕《方鎮表一》

〔註16〕《資治通鑒》卷二百一十八《至德元載》，第6982頁。
〔註17〕詳見本節下文《唐代中期關內鎮的沿革》。
〔註18〕《資治通鑒》卷二百二十《乾元元年》，第7066頁。

也記載：本年，「置振武節度押蕃落使，領鎮北大都護府、麟、勝二州。」除了鎮北大都護府和麟、勝二州之外，振武鎮還應轄有單于大都護府和東、中二受降城。因為振武軍治於單于大都護府，而東、中二受降城又在單于、鎮北兩大都護府內。因此，朔方鎮罷領了單于、鎮北兩大都護府、麟、勝二州、東、中二受降城。

乾元二年（759年），關內鎮被廢除，所轄的慶、涇、原、寧、坊、丹、延七州復隸於朔方鎮。繼而，朝廷又分邠、寧、慶、涇、原、鄜、坊、丹、延九州建置邠寧鎮，朔方鎮因此罷領以上諸州。對於關內節度的廢除時間，《方鎮表一》將其置於上元二年（761年），其實是錯誤的。對此，下文《唐代中期關內鎮的沿革》中有考述。

同年（759年），朔方鎮罷領隴州。《舊唐書·王縉傳》記載：「（王）縉尋入拜國子祭酒，改鳳翔尹、秦隴州防禦使」〔註19〕。《唐刺史考全編》據此推斷，王縉任鳳翔尹在乾元二年（759年）至三年（760年）〔註20〕。又見《舊唐書》記載：乾元三年二月，「以太子少保崔光遠為鳳翔尹、秦隴節度使。」〔註21〕由此可知，隴州改隸於鳳翔鎮。

振武鎮建置之後不久，朔方鎮復領單于、鎮北兩大都護府，故而可知振武鎮已被廢除。《資治通鑒》記載：寶應元年（762年）十一月，「以（僕固）懷恩為河北副元帥，加左僕射兼中書令、單于、鎮北大都護、朔方節度使。」〔註22〕《大詔令集》也記載：「司徒兼中書令靈州大都督府長史、單于、鎮北大都護、持節充朔方節度……代國公（郭）子儀……可封汾陽郡王。」〔註23〕可見，振武鎮被廢除後，朔方鎮復領單于、鎮北兩大都護府和麟、勝二州。《方鎮表一》記載：寶應元年，「振武節度增領鎮北大都護府，以鎮北隸朔方。」這個記載顯然是自相矛盾的。同書還記載：廣德二年，「朔方節度復兼單于大都護，罷河中、振武節度，以所管七州隸朔方。」此記載認為振武鎮被廢除是在廣德二年（764年），其實也並非如此。上面已經提及，在寶應元年（762年）朔方鎮就已經復領單于、鎮北兩大都護府。因此，振武鎮的廢

〔註19〕《舊唐書》卷一百一十八《王縉傳》，第3416頁。

〔註20〕郁賢皓：《唐刺史考全編》卷五《岐州（扶風郡、鳳翔府）》，第158頁。

〔註21〕《舊唐書》卷十《肅宗本紀》，第258頁。

〔註22〕《資治通鑒》卷二百二十二《寶應元年》，第7136頁。

〔註23〕（宋）宋敏求編：《唐大詔令集》卷五十九《郭子儀汾陽郡王知朔方行營制》，第318頁。

除時間應當在寶應元年。

　　大約在廣德元年（763 年），朔方鎮先後罷領宥、會二州。其中，宥州在寶應年間（762～763 年）被廢除。《新唐書》記載：「宥州寧朔郡……寶應後廢。」〔註 24〕會州則在廣德年間（763～764 年）被吐蕃侵佔。《讀史方輿紀要》記載：「乾元初，復曰會州。廣德後，沒於吐蕃。大中間來歸，尋復為番戎所據。」〔註 25〕根據相關記載，原州於廣德元年（763 年）被吐蕃侵佔，會州被吐蕃侵佔也應發生在此時。

　　廣德二年（764 年）正月，朔方節度使僕固懷恩發動叛亂。朝廷為了迅速平定僕固懷恩之亂，再次任命郭子儀為朔方節度使。為了增強郭子儀的實力，朝廷將河中鎮併入朔方鎮。至此，朔方鎮增領原屬河中鎮的河中府、晉、絳、隰、慈五州，並徙鎮於河中府。《舊唐書》記載：本年正月，「司徒、兼中書令郭子儀充河東副元帥、河中等處觀察，兼雲（靈）州大都督、單于鎮北大都護。」〔註 26〕《資治通鑑》也記載：本年，「（正月）戊午，以（郭）子儀為關內、河東副元帥、河中節度等使……丁卯，以郭子儀為朔方節度大使……二月，子儀至河中。」〔註 27〕果然，郭子儀在次年九月就平定了僕固懷恩的叛亂。

　　大約在永泰元年（765 年），朔方鎮轄有的綏州改隸於鄜坊鎮〔註 28〕。是年，朝廷分鄜坊鎮建置丹延鎮，綏州復隸於朔方鎮。《方鎮表一》記載：本年，「渭北鄜坊節度使罷領丹、延二州，增領綏州，以丹、延二州別置都團練使，治延州。」

　　大曆二年（767 年），同華節度使周智光發動叛亂，朝廷派朔方節度使郭子儀率兵討伐，周智光的部將李漢惠以同州歸降於郭子儀。《資治通鑑》記載：本年正月，「（周）智光大將李漢惠自同州帥所部降於（郭）子儀。」〔註 29〕緊接著，朝廷平定周智光之亂，廢除同華鎮。同華鎮被廢除後，對於同州的歸屬問題，史料沒有明確記載。同州當是和華州一樣，成為中央直屬州。

〔註 24〕《新唐書》卷三十七《地理志一》，第 641 頁。
〔註 25〕（清）顧祖禹：《讀史方輿紀要》卷六十二《陝西十一》，第 2963 頁。
〔註 26〕《舊唐書》卷十一《代宗本紀》，第 275 頁。
〔註 27〕《資治通鑑》卷二百二十三《廣德二年》，第 7161 頁。
〔註 28〕綏州改隸於鄜坊鎮的時間，或許在永泰元年（765 年）之前，參見本章第二節《鄜坊鎮的轄區沿革》。
〔註 29〕《資治通鑑》卷二百二十四《大曆二年》，第 7194 頁。

　　大曆三年（768 年），吐蕃大舉入侵。當時，邠寧節度使馬璘無法抵禦吐蕃，而朔方節度使郭子儀的重兵駐於河中。朝廷為了有效防止吐蕃的入侵，於是廢除邠寧鎮，將其所轄的邠、寧、慶三州改隸於朔方鎮〔註30〕。

　　次年（769 年），朔方節度使郭子儀徙鎮於邠州。《資治通鑒》記載：大曆四年六月，「郭子儀自河中遷於邠州，其精兵皆自隨，餘兵使裨將將之，分守河中、靈州。」〔註31〕對此，《舊唐書‧郭子儀傳》也有類似記載〔註32〕。

　　大曆十四年（779 年），朝廷分割朔方鎮，從朔方鎮分出河中、振武、邠寧三鎮。其中，河中鎮轄有河中府、晉、絳、隰、慈五州；振武鎮轄有單于、鎮北兩大都護府，東、中二受降城，綏、銀、麟、勝四州；邠寧鎮轄有邠、寧、慶三州。《方鎮表一》記載：本年，「析置河中、振武、邠寧三節度，朔方所領靈、鹽、夏、豐四州、西受降城、定遠、天德二軍。振武節度復領鎮北大都護府及綏、銀二州、東、中二受降城。」

　　此次朝廷分割朔方鎮，主要是為了分化削弱朔方鎮。由於朔方鎮轄區較大，又握有重兵，因此朝廷才將其分割為三鎮。《資治通鑒》記載：本年閏五月，「郭子儀以司徒、中書令領河中尹、靈州大都督、單于、鎮北大都護、關內、河東副元帥、朔方節度、關內支度、鹽池、六城水運大使、押蕃部並營田及河陽道觀察等使，權任既重，功名復大，性寬大，政令頗不肅，代宗欲分其權而難之，久不決。甲申，詔尊子儀為尚父，加太尉兼中書令……以其裨將河東、朔方都虞候李懷光為河中尹、邠、寧、慶、晉、絳、慈、隰節度使，以朔方留後兼靈州長史常謙光為靈州大都督、西受降城、定遠、天德、鹽、夏、豐等軍州節度使，振武軍使渾瑊為單于大都護、東、中二受降城、振武、鎮北、綏、銀、麟、勝等軍州節度使，分領其任。」〔註33〕

　　至此，朔方鎮還轄有靈、鹽、夏、豐四州、西受降城、定遠、天德二軍，復治於靈州。此後，朔方鎮的轄區相對於此前驟然減少。

　　綜上所述，朔方鎮中期的轄區沿革可總結如表 2-2 所示。

〔註30〕詳見第一章第五節《邠寧鎮的轄區沿革》。
〔註31〕《資治通鑒》卷二百二十四《大曆四年》，第 7208 頁。
〔註32〕《舊唐書》卷一百二十《郭子儀傳》，第 3464 頁。
〔註33〕《資治通鑒》卷二百二十五《大曆十四年》，第 7259 頁。

表 2-2　朔方鎮中期轄區統計表

時　期	會　府	轄區總計	詳細轄區
756 年～ 757 年	靈武郡	2 府	單于大都護府、安北大都護府
		13 郡	靈武、朔方、五原、上、銀川、九原、榆林、汧陽、洛交、會寧、寧朔、新秦、新平、
		3 城	東受降城、中受降城、西受降城
757 年～ 758 年	靈武郡	2 府	單于大都護府、鎮北大都護府
		13 郡	靈武、朔方、五原、上、銀川、九原、榆林、汧陽、洛交、會寧、懷德、新秦、新平、
		3 城	東受降城、中受降城、西受降城
758 年～ 759 年	靈州	11 州	靈、夏、鹽、綏、銀、豐、隴、鄜、會、宥、邠、
		1 城	西受降城
759 年～ 762 年	靈州	8 州	靈、夏、鹽、綏、銀、豐、會、宥、
		1 城	西受降城
762 年～ 763 年	靈州	2 府	單于大都護府、鎮北大都護府
		10 州	靈、夏、鹽、綏、銀、豐、會、宥、勝、麟、
		3 城	東受降城、中受降城、西受降城
763 年～ 764 年	靈州	2 府	單于大都護府、鎮北大都護府
		8 州	靈、夏、鹽、綏、銀、豐、勝、麟、
		3 城	東受降城、中受降城、西受降城
764 年～ 約 765 年	河中府	3 府	單于大都護府、鎮北大都護府、河中府
		12 州	靈、夏、鹽、綏、銀、豐、勝、麟、晉、絳、隰、慈、
		3 城	東受降城、中受降城、西受降城
約 765 年 ～765 年	河中府	3 府	單于大都護府、鎮北大都護府、河中府
		11 州	靈、夏、鹽、銀、豐、勝、麟、晉、絳、隰、慈、
		3 城	東受降城、中受降城、西受降城
765 年～ 768 年	河中府	3 府	單于大都護府、鎮北大都護府、河中府
		12 州	靈、夏、鹽、綏、銀、豐、勝、麟、晉、絳、隰、慈、
		3 城	東受降城、中受降城、西受降城
768 年～ 769 年	河中府	3 府	單于大都護府、鎮北大都護府、河中府
		15 州	靈、夏、鹽、綏、銀、豐、勝、麟、晉、絳、隰、慈、邠、寧、慶、
		3 城	東受降城、中受降城、西受降城

769年～ 779年	邠州	3 府	單于大都護府、鎮北大都護府、河中府
		15 州	靈、夏、鹽、綏、銀、豐、勝、麟、晉、絳、隰、慈、邠、寧、慶、
		3 城	東受降城、中受降城、西受降城

（三）後期朔方鎮的轄區沿革

大曆十四年（779 年），朝廷分割朔方鎮之後，朔方鎮的轄區大為縮小。分割之後，朔方鎮轄有靈、鹽、夏、豐四州，西受降城，定遠、天德二軍，復治於靈州。此後，朔方鎮又稱為靈武鎮、靈鹽鎮。

貞元二年（786 年）十一月，吐蕃入侵，攻佔鹽、夏、銀三州。次年，吐蕃焚毀鹽、夏二州，棄城而去。朝廷為了防止吐蕃的再次入侵，於是以夏州建置夏綏鎮，轄有夏、綏、銀三州。《舊唐書》記載：貞元二年十一月，「吐蕃陷鹽州……（十二月），吐蕃陷夏州，又陷銀州」；三年「六月……吐蕃驅鹽、夏二州居民，焚其州城而去……（七月），以左羽林大將軍韓潭為夏州刺史、夏綏銀等州節度使。」〔註34〕由此一來，靈武鎮罷領鹽、夏二州。

鹽州被吐蕃焚毀之後，直到貞元九年（793 年）才復建，仍然隸屬於靈武鎮。《舊唐書》記載：本年二月，「詔復築鹽州城」；十二月，「朔方靈鹽節度副大使……杜希全卒」〔註35〕。

貞元十二年（796 年）九月，朝廷為了防止回鶻入侵，以豐州建置一鎮，轄有豐州、西受降城、天德軍。《方鎮表一》記載：本年，「朔方節度罷領豐州及西受降城、天德軍……以天德軍置都團練防禦使，領豐、會二州、三受降城。」這個記載有部分錯誤，豐州鎮當時並沒有轄有會州和中、東二受降城。因此，靈武鎮罷領豐州、西受降城，轄區僅剩下靈、鹽二州。

貞元十四年（798 年），靈武鎮所轄的鹽州改隸於夏綏鎮，因而僅轄有靈州一州。《舊唐書》記載：本年「閏（五）月庚申，以左神策行營節度韓全義為夏州刺史，兼鹽、夏、綏、銀節度使，以代韓潭。」〔註36〕

大約在元和二年（807 年），靈武鎮復領鹽州。《舊唐書》記載：本年夏四月，「以右金吾衛大將軍范希朝為檢校司空、靈州長史、朔方靈鹽節度使。」〔註37〕

〔註34〕《舊唐書》卷十二《德宗本紀上》，第 355～357 頁。
〔註35〕《舊唐書》卷十三《德宗本紀下》，第 376、378 頁。
〔註36〕《舊唐書》卷十三《德宗本紀下》，第 388 頁。
〔註37〕《舊唐書》卷十四《憲宗本紀上》，第 421 頁。

當時，朝廷剛好平定了夏綏鎮楊惠琳的叛亂。鹽州改隸於朔方鎮，其實是朝廷為制約夏綏鎮而實行的。

其後，鹽州在元和八年（813年）曾經改隸於夏綏鎮，但不久復隸於朔方鎮。《舊唐書》記載：本年十一月「丙寅，以鹽州隸夏州。」〔註38〕另外，《全唐文》中有《大唐故朔方靈鹽等軍州節度副大使知節度事管內支度營田觀察處置押蕃落等使……李公（光進）神道碑銘並序》記載：「（李光進）節制靈武之三年，歲在乙未季夏六月，寢疾於理所。」〔註39〕李光進在元和八年（813年）至十年（815年）任朔方節度使，其去世時官職為朔方靈鹽等軍州節度副大使，由此可知，鹽州不久復隸於朔方鎮。

大中三年（849年），靈武鎮增領威州。對於靈武鎮增領威州的時間，史籍記載不一。《方鎮表一》記載為：大中八年（854年），「朔方節度增領威州」。但《新唐書・地理志一》卻記載為：「威州……本安樂州……至德後沒吐蕃，大中三年收復，更名，光啟三年（887年）徙治涼州鎮為行州。」〔註40〕《資治通鑒》也記載：大中三年「七月，丁巳，靈武節度使朱叔明聚長樂州……八月，乙酉，改長樂州為威州。」〔註41〕由以上記載來看，「安樂州」和「長樂州」實則是一個州，收復之後改稱為威州。靈武節度使朱叔明收復威州在大中三年（849年），那麼朔方鎮增領威州也應該在此年。

郭聲波先生在其專著《中國行政區劃通史・唐代卷》中認為，朔方鎮在大中三年還增置了雄州〔註42〕。其依據為《新唐書》記載：乾符三年「六月乙丑，雄州地震……七月辛巳，雄州地震。」〔註43〕這裡的「雄州」，實為「雅州」之誤。對此，《舊唐書》有載：乾符三年，「雅州自六月地震至七月未止，壓傷人頗眾。」〔註44〕按雅州為地震常發地區，似乎更可靠。並且，目前並沒有其他史料能夠證實雄州的建置。

〔註38〕《舊唐書》卷十五《憲宗本紀下》，第448頁。

〔註39〕（清）董誥等編：《全唐文》卷五百四十三《大唐故朔方靈鹽等軍州節度副大使知節度事管內支度營田觀察處置押蕃落等使……李公（光進）神道碑銘並序》，第5510頁。

〔註40〕《新唐書》卷三十七《地理志一》，第639～640頁。

〔註41〕《資治通鑒》卷二百四十八《大中三年》，第8039頁。

〔註42〕郭聲波：《中國行政區劃通史・唐代卷》上編第二章《關內道》，第111頁。該書同頁腳注（6）所引《舊唐書》卷19《僖宗紀》，實為《新唐書》卷9《僖宗本紀》。

〔註43〕《新唐書》卷九《僖宗本紀》，第169頁。

〔註44〕《舊唐書》卷十九下《僖宗本紀》，第697頁。

此後，靈武鎮長期轄有靈、鹽、威三州。直至唐末，韓氏於光啟三年（887年）佔據靈武鎮，開始了韓氏在靈武鎮長達四十餘年的割據。

綜上所述，朔方鎮後期的轄區沿革可總結如表 2-3 所示。

表 2-3　朔方鎮後期轄區統計表

時　　期	會　府	轄區總計	詳細轄區
779 年～786 年	靈州	4 州 1 城	靈、夏、鹽、豐、西受降城
786 年～793 年	靈州	2 州 1 城	靈、豐、西受降城
793 年～796 年	靈州	3 州 1 城	靈、豐、鹽、西受降城
796 年～798 年	靈州	2 州	靈、鹽
798 年～807 年	靈州	1 州	靈
807 年～849 年	靈州	2 州	靈、鹽
849 年～887 年	靈州	3 州	靈、鹽、威

二、唐代中期關內鎮的沿革

關內鎮是唐代中期由朔方鎮分割而建置的一個藩鎮，存在時間較短。賴青壽先生在其博論《唐後期方鎮建置沿革研究》中有比較清楚的論述〔註45〕。這裡對關內鎮的建置沿革略作陳述。

關內鎮建置於至德元載（756 年）七月，轄有安化、安定、平涼、彭原、中部、咸寧、延安七郡，治於安化郡。《資治通鑑》記載：本年七月，「肅宗即位於靈武城南樓……改關內採訪使為節度使，徙治安化，以前蒲關防禦使呂崇賁為之。」〔註46〕《方鎮表一》也記載：本年，「別置關內節度使以代採訪使，徙治安化郡」。由以上記載可知，當時唐肅宗在靈武即位，為了防止安史叛軍的進攻，才在安化郡建置關內節度使。

至於關內鎮的轄區，史籍沒有明確記載。賴青壽先生的《唐後期方鎮建置沿革研究》中根據《方鎮表》的記載而推斷關內鎮的轄區，其說可取。《方鎮表一》朔方欄記載：上元二年（761 年），「廢關內節度使，罷領單于大都護，以涇、原、寧、慶、坊、丹、延隸邠寧節度。」而邠寧欄卻記載：乾元二年（759年），「置邠寧節度使，領州九：邠、寧、慶、涇、原、酈、坊、丹、延。」賴

〔註45〕賴青壽：《唐後期方鎮建置沿革研究》第二章第二節《邠寧節度使沿革》，第 45 頁。

〔註46〕《資治通鑑》卷二百一十八《至德元載》，第 6982 頁。

青壽據此推斷，關內節度使實則廢於乾元二年（759 年），其說當是。通過朔方欄的記載，賴青壽又斷定，關內鎮的轄區為涇、原、寧、慶、坊、丹、延七州。至德元載（756 年）時，全國各地都使用郡制。涇、原、寧、慶、坊、丹、延七州分別是安定、平涼、彭原、安化、中部、咸寧、延安七郡。

同年（756 年），安化郡改為順化郡，安定郡改為保定郡。至乾元元年（758 年），朝廷改郡為州，關內鎮下轄各郡也恢復使用州名。

乾元二年（759 年），朝廷廢除關內節度使，其轄區併入朔方鎮，繼而又改隸於邠寧鎮。關內鎮廢除的原因，一方面是唐肅宗已經回京，安史叛軍的威脅已經解除；另一方面是邊境受到吐蕃的侵擾，為了防止吐蕃入侵，朝廷廢除關內鎮，建置邠寧鎮。

三、朔方鎮下轄州縣沿革

朔方鎮始置於開元九年（721 年），直至安史之亂時期，其轄區都很廣闊。到大曆四年（769 年）時，朔方鎮還轄有單于、鎮北兩大都護府，河中府、靈、夏、鹽、綏、銀、豐、勝、麟、晉、絳、隰、慈、邠、寧、慶十五州，東、中、西三受降城。

大曆十四年（779 年），朝廷分朔方鎮建置河中、邠寧、振武三鎮，至此朔方鎮轄有靈、夏、鹽、豐四州和西受降城。其後經過屢次變革，到元和二年（807 年）時，朔方鎮僅轄有靈、鹽二州。大中三年（849 年），朔方鎮增領威州。

在此僅對朔方鎮大曆十四年（779 年）之後所轄有的州進行介紹，對於朔方鎮前期轄有的府、州、城，可參見相關的藩鎮。

（一）朔方鎮長期轄有的州

靈州：721 年～887 年屬朔方鎮，長期為會府。開元九年（721 年），靈州置朔方軍節度使。天寶元年（742 年），靈州改為靈武郡。至德元載（756 年）七月，唐肅宗即位於靈武，升靈州為大都督府。乾元元年（758 年），靈武郡復為靈州。廣德二年（764 年），朔方鎮徙治於河中府，大曆四年（769 年）徙治於邠州，十四年（779 年）復治於靈州。

轄有迴樂、靈武、保靜、懷遠、鳴沙、溫池六縣，治於迴樂縣。

鳴沙縣：大曆四年（769 年），吐蕃寇鳴沙，尋為吐蕃所據。大中三年（849

年）收復，改置威州〔註47〕。

溫池縣：廣德（763～764年）後，沒於吐蕃，大中年間（847～860年）收復〔註48〕，大中六年改隸於威州〔註49〕。

保靜縣：原為安靜縣，至德元載（756年）避安祿山之姓，改為保靜縣〔註50〕。

鹽州：721年～786年、793年～798年、807年～887年屬朔方鎮。開元九年（721年），鹽州始隸於朔方鎮，天寶元年（742年）改為五原郡，乾元元年（758年）復為鹽州。貞元二年（786年）十一月，鹽州陷於吐蕃。次年（787年），吐蕃焚毀鹽州，棄城而去。貞元九年（793年），朝廷下詔復建鹽州，仍隸於朔方鎮，貞元十四年（798年）改隸於夏綏鎮，十七年（801年）復陷於吐蕃，不久收復。貞元十九年（803年），鹽州改為中央直屬州，元和二年（807年）復隸於朔方鎮，元和八年（813年）改隸於夏綏鎮，尋復隸於朔方鎮。

轄有五原、白池二縣，治於五原縣。

（二）朔方鎮短期轄有的州

會州：734年～763年〔註51〕屬朔方鎮。開元二十二年（734年），會州始隸於朔方鎮，天寶元年（742年）改為會寧郡，乾元元年（758年）復為會州，廣德元年（763年）陷於吐蕃。

轄有會寧、烏蘭二縣，治於會寧縣。

威州：721年～734年、849年～887年屬朔方鎮。威州原為安樂州，開元九年（721年）始隸於朔方鎮，二十二年（734年）州廢。安史之亂後，原安樂州境被吐蕃侵佔。大中三年（849年），朔方鎮收復故地，改置威州，仍隸於朔方鎮。

〔註47〕顧祖禹《讀史方輿紀要》卷六十二《陝西十一》第2961頁記載：「大曆四年，吐蕃寇鳴沙，尋為吐蕃所據。貞元三年，吐蕃尚結贊等入寇，陷鹽、夏諸州，退屯鳴沙。尋置長樂州於此。元和十三年，靈武奏破吐蕃長樂州，克其外城，是也。大中三年收復，改置威州。」

〔註48〕顧祖禹《讀史方輿紀要》卷六十二《陝西十一》第2960頁記載：「溫池廢縣……廣德後，沒於吐蕃。大中間收復，改置威州。」

〔註49〕郭聲波：《中國行政區劃通史·唐代卷》上編第二章《關內道》，第109頁。

〔註50〕郭聲波：《中國行政區劃通史·唐代卷》上編第二章《關內道》，第110頁。

〔註51〕《元和郡縣圖志》記載朔方節度使轄有會州，但卻沒有記載廣德元年會州失陷之事，也沒有記載收復之事。《元和志》記錄會州，當是唐王朝不承認會州為吐蕃所有，朔方鎮名義上仍然轄有會州。

轄有鳴沙、溫池二縣，治於鳴沙縣。

鳴沙縣：威州的州治。原屬靈州，大曆四年（769 年）為吐蕃侵佔，大中三年（849 年）收復，另置威州〔註52〕。

溫池縣：原屬靈州，大約在廣德元年（763 年）為吐蕃侵佔，大中三年（849 年）收復〔註53〕，大中六年改隸於威州〔註54〕。

圖 2-1　朔方鎮轄區圖（763 年）

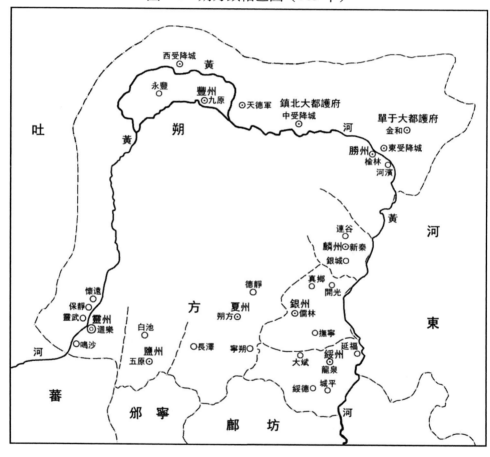

〔註52〕顧祖禹《讀史方輿紀要》卷六十二《陝西十一》第 2961 頁記載：「大曆四年，吐蕃寇鳴沙，尋為吐蕃所據。貞元三年，吐蕃尚結贊等入寇，陷鹽、夏諸州，退屯鳴沙。尋置長樂州於此。元和十三年，靈武奏破吐蕃長樂州，克其外城，是也。大中三年收復，改置威州。」

〔註53〕顧祖禹《讀史方輿紀要》卷六十二《陝西十一》第 2960 頁記載：「溫池廢縣……廣德後，沒於吐蕃。大中間收復，改置威州。」

〔註54〕郭聲波：《中國行政區劃通史・唐代卷》上編第二章《關內道》，第 109 頁。

圖 2-2　朔方鎮轄區圖（779 年）

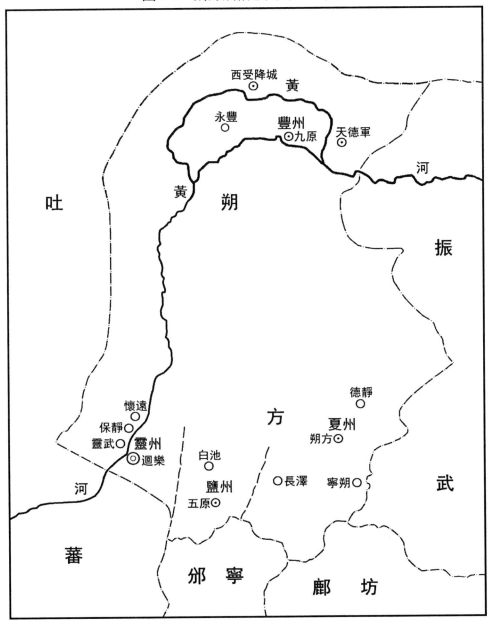

圖 2-3　朔方鎮轄區圖（807 年）

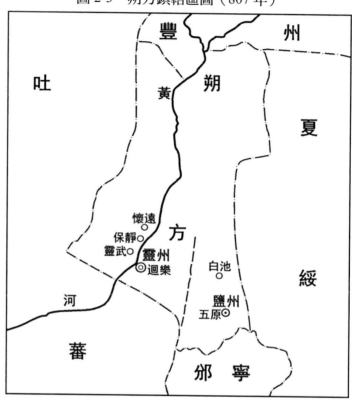

第二節　鄜坊鎮

　　鄜坊鎮，又曾稱為渭北鎮、鄜延鎮，長期轄有鄜、坊、丹、延四州，治於鄜州。唐中期，一度分置丹延鎮，數年後復併入鄜坊鎮。

　　唐末，鄜坊鎮再度分為鄜坊、丹延二鎮。其中，鄜坊鎮軍號為保大軍，丹延鎮軍號為保塞軍。鄜坊鎮先後成為定難鎮、鳳翔鎮、後梁等勢力的附屬藩鎮。後梁開平三年（909 年），高萬興開始割據保塞軍，鄜坊鎮也成為高氏的附屬藩鎮。

一、鄜坊鎮的轄區沿革

　　鄜坊鎮的建置沿革為：渭北鄜坊節度使（760～762）—鄜坊都防禦使（762～765）—渭北鄜坊節度使（765～779）—鄜坊丹延都團練觀察使（779～783）—渭北鄜坊節度使（783～786）—鄜坊都防禦觀察使（786～787）—鄜坊節度使（787～808）—鄜坊觀察使（808～817）—鄜坊節度使（817～882）—保大軍節度使（882～909）。

　　鄜坊鎮建置初期轄有鄜、坊、丹、延四州，治於坊州，寶應元年（762 年）徙治於鄜州。永泰元年（765 年），鄜坊鎮分置鄜坊、丹延二鎮，鄜坊鎮治於坊州。大曆六年（771 年），丹延鎮廢，轄區復併入鄜坊鎮。建中年間，鄜坊鎮徙治於鄜州。唐末，中和三年（883 年），分鄜坊鎮別置保塞鎮（延州藩鎮），鄜坊鎮轄有鄜、坊等州。

（一）鄜坊鎮建置初期的沿革

　　鄜坊鎮始置於上元元年（760 年）正月，轄有鄜、坊、丹、延四州，治於坊州。《資治通鑑》記載：本年正月，「党項等羌吞噬邊鄙，將逼京畿，乃分邠寧等州節度為鄜坊丹延節度，亦謂之渭北節度。」〔註 55〕《方鎮表一》也記載：本年，「置渭北鄜坊節度使，治坊州，並領丹、延二州。」〔註 56〕由上述記載亦可知，鄜坊鎮的建置是為了防禦党項的入侵。

　　寶應元年（762 年），鄜坊節度使降為鄜坊都防禦使，徙治於鄜州。《新唐書》記載：本年建卯月（二月）「壬申，鄜州刺史成公意及党項戰，敗之。」〔註 57〕據《唐刺史考全編》卷七所引《請回封入翻譯表》的記載：「鄜坊等州都防禦使、特進、試太常卿、使持節鄜州諸軍事、鄜州刺史、兼御史中丞、上柱國、鄭國公（杜冕）⋯⋯寶應元年五月十九日制賜」〔註 58〕。由這兩處記載來看，寶應元年二月，成公意僅為鄜州刺史，同年五月，杜冕為鄜坊都防禦使、鄜州刺史，可知鄜坊鎮在本年降為防禦使，並徙治於鄜州。《唐刺史考全編》卷七又引《貞元新定目錄》記載：「准永泰元年六月十八日敕，鄜坊等州都防禦使、特進、試太常卿、使持節鄜州諸軍事、鄜州刺史、兼御史中丞、上柱國、鄭國公杜冕奏。」〔註 59〕《全唐文》又記載：「特進、試太常卿、使持節鄜州諸軍事、兼鄜州刺史、御史中丞、充鄜坊等五州都防禦使、上柱國、鄭國公杜冕⋯⋯可開府儀同三司，餘如故。」〔註 60〕這些記載均能證實，寶應元年至永泰元年，鄜州保持著鄜坊都防禦使的建置，並治於鄜州〔註 61〕。

〔註 55〕《資治通鑑》卷二百二十一《上元元年》，第 7090 頁。
〔註 56〕《新唐書》卷六十四《方鎮表一》，第 1163～1190 頁。下文同，不再引注。
〔註 57〕《新唐書》卷六《肅宗本紀》，第 105 頁。
〔註 58〕郁賢皓：《唐刺史考全編》卷七《鄜州（洛交郡）》，第 211 頁。
〔註 59〕郁賢皓：《唐刺史考全編》卷七《鄜州（洛交郡）》，第 211 頁。
〔註 60〕（清）董誥等編：《全唐文》卷四百十三《授杜冕開府儀同三司制》，第 4237 頁。
〔註 61〕賴青壽《唐後期方鎮建置沿革研究》第二章第三節《鄜坊（渭北）觀察使沿革》第 47 頁和郭聲波《中國行政區劃通史·唐代卷》上編第二章《關內道》第 89 頁對寶應元年鄜坊節度使降為都防禦使並徙治鄜州之事皆失考。

　　由上引《全唐文》的記載來看，鄜坊鎮曾經轄有五個州。鄜坊鎮初置之時，僅轄有四州，後來增領的應該就是綏州。《方鎮表一》記載：永泰元年（765 年），「渭北鄜坊節度使罷領丹、延二州，增領綏州，以丹、延二州別置都團練使，治延州。」這個記載或許存在錯誤，《全唐文》中稱「鄜坊等五州都防禦使」，可知丹延都團練使建置之前，鄜坊鎮已經增領了一個州。鄜坊鎮增領綏州的時間，有可能在永泰元年之前，但未見相關記載。在此，且從《方鎮表》記載的「永泰元年」。

　　由《貞元新定目錄》的記載可知，永泰元年（765 年）六月，鄜坊都防禦使還治於鄜州。同年九月，由於僕固懷恩叛亂，引吐蕃、回紇等外族入侵，朝廷詔令諸鎮出兵抵禦，鄜坊節度使出兵屯於坊州。《新唐書》記載：本年，「（僕固）懷恩盡說吐蕃、回紇、党項、羌、渾、奴剌等三十萬，掠涇、邠，蹄鳳翔，入醴泉、奉天，京師大震……李抱玉屯鳳翔，周智光屯同州，杜冕屯坊州。」〔註62〕《資治通鑒》也記載：本年九月，「同華節度使周智光屯同州，鄜坊節度使杜冕屯坊州。」〔註63〕《舊唐書》又記載：本年，「（周）智光與杜冕不協，遂殺鄜州刺史張麟，坑杜冕家屬八十一人，焚坊州廬舍三千餘家。」〔註64〕由這些記載可知，鄜坊都防禦使已經升為節度使。杜冕出兵屯於坊州後，或許是朝廷為示以恩寵，升其為鄜坊節度使，並徙為坊州刺史，改任張麟為鄜州刺史。此後，鄜坊鎮徙治於坊州。

　　同年（765 年），朝廷分鄜坊鎮下轄的丹、延二州建置丹延鎮，同時綏州改隸於朔方鎮。《方鎮表一》記載：永泰元年，「渭北鄜坊節度使罷領丹、延二州，增領綏州，以丹、延二州別置都團練使，治延州。」此處雖未提及鄜坊鎮罷領綏州，但從地理位置來看，鄜坊鎮與綏州之間有延州相隔。綏州沒有隸屬於丹延鎮，那就應該改隸於朔方鎮。根據各類記載亦可知，此後綏州不是鄜坊鎮的轄區，而是隸屬於朔方鎮。因此，鄜坊鎮僅轄有鄜、坊二州。

　　大曆六年（771 年），朝廷廢除丹延觀察使，鄜坊鎮復領丹、延二州〔註65〕。同時，渭北鄜坊節度使也改稱為渭北節度使，復轄有坊、鄜、丹、延四州。

〔註62〕《新唐書》卷一百三十七《郭子儀傳》，第 3619 頁。

〔註63〕《資治通鑒》卷二百二十三《永泰元年》，第 7178 頁。

〔註64〕《舊唐書》卷一百一十四《周智光傳》，第 3369 頁。

〔註65〕詳見本節下文《丹延鎮保塞軍的沿革》。

（二）大曆之後鄜坊鎮的沿革

大曆十四年（779 年），渭北節度使降為鄜坊丹延都團練觀察使，並由京畿觀察使崔寧兼領，治於坊州。同時，朝廷又以李建徽為鄜坊觀察留後。《舊唐書·德宗本紀》記載：本年十一月「癸巳，加崔寧兼靈州大都督、單于鎮北大都護、朔方節度等使、出鎮坊州……延州刺史李建（徽）為鄜坊丹延留後。」〔註66〕《資治通鑑》也有類似的記載〔註67〕。另外，《舊唐書·崔寧傳》又記載：「（崔）寧遂罷西川節度使，制授檢校司空、同中書門下平章事、御史大夫、京畿觀察使，兼靈州大都督、單于、鎮北大都護、朔方節度等使，兼鄜坊丹延都團練觀察使。託以重臣綏靖北邊，但令居鄜州。雖以寧為節度，每道皆置留後，自得奏事，（楊）炎悉諷令伺寧過犯。杜希全為靈州，王翃為振武，李建徽為鄜州。」〔註68〕《唐刺史考全編》認為，崔寧居於坊州，而非鄜州〔註69〕。朝廷又使鄜坊觀察留後李建徽治於鄜州，實則是為了防範崔寧生亂。《舊唐書·德宗本紀》又記載：建中二年（781 年）七月，「以鄜坊、丹延觀察留後李建徽為坊州刺史、鄜坊丹延都團練觀察使。」〔註70〕由此可知，此時鄜坊鎮仍然治於坊州。

建中四年（783 年），鄜坊都團練觀察使被廢除，同年復置鄜坊節度使。《方鎮表一》京畿欄記載：本年，「置京畿、渭南節度觀察使，領金、商二州。是年，兼渭北鄜、坊、丹、延、綏五州。未幾，罷五州及金州，為京畿商州節度使。」渭北鄜坊欄記載：本年，「復置渭北節度，如上元之舊，尋罷。未幾復置，徙治鄜州，其後置都團練觀察防禦使。」這裡的記載其實存在錯誤，鄜坊節度使降為都團練觀察使，實則發生於大曆十四年，前文已經說明。另外，《資治通鑑》也記載：建中四年十月「辛亥，以渾瑊為京畿、渭北節度使……壬子，以少府監李昌巙為京畿、渭南節度使。」〔註71〕

《方鎮表一》所記載建中四年（783 年）鄜坊鎮徙治於鄜州之事應當無誤。《資治通鑑》記載：興元元年（784 年）二月，「今邠寧有張昕，靈武有寧景

〔註66〕《舊唐書》卷十二《德宗本紀上》，第 323 頁。
〔註67〕《資治通鑑》卷二百二十六《大曆十四年》第 7273 頁記載：十一月「癸巳，以京畿觀察使崔寧為單于、鎮北大都護、朔方節度使，鎮坊州……延州刺史李建徽知鄜、坊、丹州留後。」
〔註68〕《舊唐書》卷一百一十七《崔寧傳》，第 3401 頁。
〔註69〕郁賢皓：《唐刺史考全編》卷八《坊州（中部郡）》，第 233 頁。
〔註70〕《舊唐書》卷十二《德宗本紀上》，第 330 頁。
〔註71〕《資治通鑑》卷二百二十八《建中四年》，第 7356、7359 頁。

璿⋯⋯渭北有竇覲，皆守將也。」〔註72〕據《唐刺史考全編》考證，竇覲建中四年（783年）至興元元年（784年）為坊州刺史〔註73〕，因而可知鄜坊鎮已經由坊州徙治於鄜州。

建中四年十月後，渭北（鄜坊）節度使李建徽兼領京畿金商節度使。《資治通鑒》記載：本年十一月，「靈武留後杜希全⋯⋯會渭北節度使李建徽，合兵萬人入援。」〔註74〕《新唐書》記載：興元元年「三月，李懷光奪鄜坊京畿金商節度使李建徽、神策軍兵馬使陽惠元兵，惠元死之。」〔註75〕《資治通鑒》又記載：興元元年三月，「李懷光夜遣人襲奪李建徽、楊惠元軍，建徽走免，惠元將奔奉天，懷光遣兵追殺之⋯⋯懷光使其將符嶠襲坊州，據之，渭北守將竇覲帥獵團七百圍之。嶠請降。詔以覲為渭北行軍司馬⋯⋯丁亥，以李晟兼京畿、渭北、鄜坊丹延節度使。」〔註76〕由上述記載可知，在建中四年（783年）後，至遲興元元年（784年），李建徽已經兼領京畿金商節度使。

直至興元元年（784年）四月，朝廷改任戴休顏為鄜坊節度使。此後，鄜坊、京畿二鎮節度使不再由同一人兼領。《舊唐書》記載：本年四月，「（李晟）又請以（李）懷光舊將唐良臣保潼關，以河中節度授之；戴休顏守奉天，請以鄜坊節度授之，上皆從之。」〔註77〕

貞元二年，鄜坊節度使降為都防禦觀察使，三年（787年）復升為節度使。《舊唐書》記載：貞元二年七月「戊午，以鄜坊節度唐朝臣為單于大都護、振武綏銀節度使，右金吾大將軍論惟明為鄜州刺史、鄜坊都防禦觀察使⋯⋯（貞元三年十一月）辛丑，鄜坊節度使論惟明卒。」〔註78〕

元和三年（808年），鄜坊節度使降為觀察使，元和十二年（817年）復升為節度使。根據《唐刺史考全編》考述，元和三年至十二年，路恕、元義方、薛伾、裴武、李鈷皆為鄜坊觀察使，元和十二年十一月，韓公武為鄜坊節度使，此後繼任者皆為鄜坊節度使〔註79〕。

此後，鄜坊鎮長期轄有鄜、坊、丹、延四州，治於鄜州，直至唐末。

〔註72〕《資治通鑒》卷二百三十《興元元年》，第7409頁。
〔註73〕郁賢皓：《唐刺史考全編》卷八《坊州（中部郡）》，第233頁。
〔註74〕《資治通鑒》卷二百二十九《建中四年》，第7369頁。
〔註75〕《新唐書》卷七《德宗本紀》，121～122頁。
〔註76〕《資治通鑒》卷二百三十《興元元年》，第7409～7417頁。
〔註77〕《舊唐書》卷一百三十三《李晟傳》，第3667頁。
〔註78〕《舊唐書》卷十二《德宗本紀上》，第353、354、358頁。
〔註79〕郁賢皓：《唐刺史考全編》卷七《鄜州（洛交郡）》，第214～216頁。

（三）唐末各路軍閥對鄜坊鎮的爭奪

唐末，定難鎮的李思恭、鳳翔鎮的李茂貞、宣武鎮的朱溫等人先後爭奪鄜坊鎮。

中和二年（882年）三月，朝廷賜鄜坊鎮軍號保大軍〔註80〕。

中和三年（883年）五月，朝廷分鄜坊鎮下轄的延州建置保塞軍節度使。鄜坊鎮因此罷領延州，轄有鄜、坊、丹三州。

其後，大約在光啟元年（885年），李孝德成為鄜延節度使。下文所引《白敬立墓誌》中所謂的「鄜延逆帥」當即指李孝德。「鄜延逆帥」一詞也說明，延州的保塞鎮已經被廢除，延州復隸於鄜坊鎮〔註81〕。

光啟二年（886年），朝廷發生嗣襄王之亂，邠寧節度使朱玫等人擁立嗣襄王李熅為皇帝。李孝德或許成為其支持力量，遭到定難軍節度使李思恭（拓跋思恭）的討伐。同年，李思恭的部將白敬立攻取延州〔註82〕。

文德元年（888年），李思恭攻取鄜州，取得鄜坊鎮，以白敬立為鄜州招葺使。對於李思恭取得鄜坊鎮的時間，《唐刺史考全編》定為光啟二年（886年）〔註83〕。但根據杜建錄先生對《唐故延州安塞軍防禦使白敬立墓誌》的考證，實際應為文德元年（888年）〔註84〕。

根據《白敬立墓誌》的記載，大約一年之後，延州、鄜州發生兵變，脫離定難軍的控制。白敬立用了不到一個月時間又收復了鄜延鎮。《白敬立墓誌》記載：「鄜延逆帥樹壘於延州東橫川……公輕騎夜馳……延州不宿而下……更二歲，復下鄜時，王乃首舉公為鄜州招葺使……不逾年，鄜人有農桑。無何，延州餘孽為變，鄜人從風興異志……又從王載收鄜延，舉不期月，鄜延復下……不經年，又薦為延州防禦使。」〔註85〕

白敬立卒於景福二年（893年）十一月，其官職為延州安塞軍防禦使。由此來看，延州又脫離鄜坊鎮，別置安塞軍防禦使。通過上文所引《白敬立墓誌》

〔註80〕《資治通鑑》卷二百五十四《中和二年》，第8264頁。

〔註81〕詳見本節下文《丹延鎮保塞軍的沿革》。

〔註82〕杜建錄：《党項夏州政權建立前後的重要記錄——唐故延州安塞軍防禦使白敬立墓誌考釋》，《寧夏師範學院學報社會科學》2007年第2期，第88頁。

〔註83〕郁賢皓：《唐刺史考全編》卷七《鄜州（洛交郡）》，第222頁。

〔註84〕杜建錄：《党項夏州政權建立前後的重要記錄——唐故延州安塞軍防禦使白敬立墓誌考釋》，《寧夏師範學院學報社會科學》2007年第2期，第88頁。

〔註85〕吳鋼主編：《全唐文補遺（第八輯）》李潛《故延州安塞軍防禦使檢校左僕射南陽白公府君（敬立）墓誌並序》，西安：三秦出版社，2005年，第232頁。

的記載，白敬立始任延州防禦使的時間大約在大順元年（890 年）。

定難節度使李思恭取得鄜坊鎮後，以其弟李思孝為保大軍節度使。乾寧三年（896 年）三月，李思孝以年老致仕，其弟李思敬為保大軍留後，被朝廷授予保大軍節度使。

光化元年（898 年），鄜坊鎮所轄的丹州改隸於延州寧塞軍節度使〔註86〕。

光化二年（899 年），鄜坊鎮被鳳翔節度使李茂貞奪取。李茂貞先後以李繼顏、李茂勳為保大軍節度使〔註87〕。天復二年（902 年），宣武節度使朱溫大舉進攻鳳翔鎮。八月，李茂勳率軍救援，以李繼璙留守鄜州。十一月，朱溫趁鄜坊鎮守備空虛，派部將孔勍、李暉率兵進攻鄜坊鎮，接連攻克坊州、鄜州，擒獲鄜州留守李繼璙。李茂勳也歸降了朱溫，改名為李周彝，鄜坊鎮因此被朱溫控制。

天祐元年（904 年）六月，鳳翔李茂貞、西川王建、邠寧楊崇本等人聯兵討伐朱溫。朱溫命令保大節度使劉鄩放棄鄜州，引兵駐紮於同州，鄜坊鎮復為李茂貞所取。

大約在天祐三年（906 年），李茂貞以坊州鄜城縣建置翟州，隸於鄜坊鎮。《方鎮表一》將鄜坊鎮增領翟州置於中和二年（882 年）。《新唐書·党項傳》也記載：「（李思恭）以弟思諫代為定難節度使，思孝為保大節度、鄜坊丹翟等州觀察使」〔註88〕。其實這兩處記載都是錯誤的。《讀史方輿紀要》記載：「天祐初，置翟州，治鄜城縣，朱梁改曰禧州。」〔註89〕「唐末，李茂貞置翟州於此。後梁開平三年（909 年），翟州降於朱全忠，改為禧州。」〔註90〕按李茂貞在天祐三年墨制建置數州，這在第一章第五節《邠寧鎮的轄區沿革》中已經提及。所以，翟州也應大約建置於天祐三年（906 年）〔註91〕。

天祐三年（906 年）九月，楊崇本率領鳳翔、保塞、彰義、保大等鎮兵馬進攻夏州。朱溫下令讓匡國節度使劉知俊進攻坊州，擒獲坊州刺史劉彥暉。十一月，劉知俊與康懷貞等人攻取了鄜、坊、翟、延、丹五州，朱溫於是以康懷貞為保大軍節度使。其後，鄜、坊、翟、延、丹五州復為李茂貞所取。鄜坊鎮

〔註86〕詳見本節下文《丹延鎮保塞軍的沿革》。

〔註87〕詳見郁賢皓：《唐刺史考全編》卷七《鄜州（洛交郡）》，第 223 頁。

〔註88〕《新唐書》卷二百二十一上《党項傳》，第 4720 頁。

〔註89〕（清）顧祖禹：《讀史方輿紀要》卷五《歷代州域形勢五》，第 203 頁。

〔註90〕（清）顧祖禹：《讀史方輿紀要》卷五十七《陝西六》，第 2736 頁。

〔註91〕郭聲波先生在《中國行政區劃通史·唐代卷》上編第二章《關內道》第 73 頁也認為，翟州建置於天祐三年（906 年）。

仍轄有鄜、坊、翟三州，治於鄜州。

　　後梁開平三年（909 年）二月，保塞軍將領高萬興、高萬金兄弟歸降後梁。後梁派兵奪取鄜、坊、翟三州，以牛存節為保大軍節度使，高萬興為保塞軍節度使。同年六月，後梁改任高萬興之弟高萬金為保大軍節度使。從此，鄜坊鎮成為保塞節度使高萬興的附屬藩鎮。

　　綜上所述，鄜坊鎮的轄區沿革可總結如表 2-4 所示。

表 2-4　鄜坊鎮轄區統計表

時　　期	轄區總計	會　府	詳細轄區
760 年～762 年	4 州	坊州	坊、鄜、丹、延
762 年～765 年	4 州	鄜州	坊、鄜、丹、延
約 765 年～765 年	5 州	鄜州	坊、鄜、丹、延、綏
765 年～771 年	2 州	坊州	坊、鄜
771 年～783 年	4 州	坊州	坊、鄜、丹、延
783 年～883 年	4 州	鄜州	鄜、坊、丹、延
883 年～885 年	3 州	鄜州	鄜、坊、丹
885 年～890 年	4 州	鄜州	鄜、坊、丹、〔延〕〔註 92〕
890 年～898 年	3 州	鄜州	鄜、坊、丹
898 年～906 年	2 州	鄜州	鄜、坊
906 年～909 年	3 州	鄜州	鄜、坊、翟

二、丹延鎮保塞軍的沿革

　　延州原本屬於鄜坊鎮的轄區，唐代中期曾經短期建置為丹延鎮，轄有丹、延二州。唐末，朝廷又以延州建置一個藩鎮，軍號先後為保塞軍、寧塞軍、衛國軍，因其長期轄有丹、延二州，也可稱之為丹延鎮。後梁建立之後，高萬興、高允韜父子先後割據於保塞鎮，直至後唐長興元年（930 年）才結束割據。

　　延州藩鎮的建置沿革為：丹延都團練觀察使（765～771）—保塞軍節度使（883～約 885）—安塞軍防禦使（約 890～897）—衛國軍節度使（約 897）—寧塞軍節度使（約 897～906）—保塞軍節度使（約 906～909）。

〔註92〕光啟二年（886 年）至文德元年（888 年），延州被定難節度使李思恭奪取，脫離鄜坊鎮的管轄。文德元年（888 年），李思恭攻取鄜坊鎮。大約在大順元年（890 年），延州別置防禦使。

永泰元年（765 年），朝廷分鄜坊鎮的丹、延二州建置一個藩鎮，稱丹延都團練使，治於延州，不久升為丹延觀察使。《方鎮表一》記載：本年，「以丹、延二州別置都團練使，治延州。是年，增領安塞軍使，尋升為觀察使。」

丹延鎮的建置，是為了抵禦吐蕃、回紇等外族的入侵。當時，朔方節度使僕固懷恩叛亂，引回紇、吐蕃等外族入侵中原。《資治通鑑》記載：本年九月，「僕固懷恩誘回紇、吐蕃、吐谷渾、党項、奴刺數十萬眾俱入寇。」〔註93〕

直至大曆六年（771 年），朝廷廢除丹延觀察使，丹、延二州復隸於鄜坊鎮。《方鎮表一》記載：本年，「渭北鄜坊節度使更名渭北節度使，復領丹、延二州，廢丹延觀察使。」此後，丹、延二州長期都是鄜坊鎮的轄區。

唐末，朝廷再次在延州建置藩鎮。中和三年（883 年）五月，以延州置保塞軍，任命李孝恭為保塞軍節度使。關於保塞軍的建置時間，《方鎮表一》記載為中和二年（882 年），而《資治通鑑》記載為：中和三年五月，「又建延州為保塞軍，以保大行軍司馬、延州刺史李孝恭為節度使。」〔註94〕《資治通鑑》的記載應該更為準確。

至於保塞鎮的轄區，史籍沒有明確記載。《讀史方輿紀要》只是模糊地記載為：「保塞節度，治延州，中和三年置，兼領丹州，光化初，改曰寧塞。」〔註95〕《方鎮表一》也只是記載為：光化元年（898 年），「更保塞軍節度曰寧塞軍節度，後又更名衛國軍節度。罷丹州防禦使，以丹州隸衛國軍。」《新唐書·党項傳》記載：「（李）思孝為保大節度、鄜坊丹翟等州觀察使。」〔註96〕《唐刺史考全編》考證，李思孝是從光啟二年（886 年）開始出任鄜坊節度使的〔註97〕。由《新唐書·党項傳》的記載可知，鄜坊鎮在李思孝上任之時還轄有丹州。那麼，保塞鎮建置之初就不應轄有丹州。

其後，保塞鎮似乎被廢除了。據《唐故延州安塞軍防禦使白敬立墓誌銘》記載：「鄜延逆帥樹壘於延州東橫川，聚三萬眾，馬萬疋，號灘寨。公輕騎夜馳，星恆未盡，及寨門，摧壘直入，斬級獲馬，其數萬紀，延州不宿而下。」〔註98〕

〔註93〕《資治通鑑》卷二百二十三《永泰元年》，第 7176 頁。
〔註94〕《資治通鑑》卷二百五十五《中和三年》，第 8295 頁。
〔註95〕（清）顧祖禹：《讀史方輿紀要》卷六《歷代州域形勢六》，第 247 頁。
〔註96〕《新唐書》卷二百二十一上《党項傳》，第 4720 頁。
〔註97〕郁賢皓：《唐刺史考全編》卷七《鄜州（洛交郡）》，第 222 頁。
〔註99〕吳鋼主編：《全唐文補遺（第八輯）》李潛《故延州安塞軍防禦使檢校左僕射南陽白公府君（敬立）墓誌並序》，西安：三秦出版社，2005 年，第 232 頁。

杜建錄先生考證，白敬立攻取延州發生於光啓二年（886年）〔註99〕。

　　這裡提到的「鄜延逆帥」為李孝德。《舊唐書》記載，大順元年（890年），朝廷討伐河東節度使李克用之時，李克用上表自陳時提到「若以臣雲中之伐，獲罪於時，則拓拔思恭取鄜延，朱全忠侵徐、鄆，陛下何不討之？假令李孝德不忠於主，伐之為是，則朱瑄、時溥有何罪耶？」〔註100〕由這條記載可知，《白敬立墓誌》所及「鄜延逆帥」對應的就是李孝德。「鄜延逆帥」一詞說明，延州當時隸屬於鄜坊鎮。因此，延州的保塞鎮其時必定已被廢除。李孝德任職鄜坊鎮的時間大約在光啓元年（885年）至文德元年（888年），所以，保塞鎮廢除也大約在光啓元年（885年）。

　　前文提到，光啓二年（886年），定難節度使李思恭派部將白敬立奪取延州。延州因此被定難軍兼併，成為定難鎮的附屬州。

　　文德元年（888年），李思恭攻取鄜州，取得鄜坊鎮。根據《白敬立墓誌》記載可知，鄜、延二州不久發生兵變，但白敬立不久又將其收復。大約在大順元年（890年），白敬立被任命為延州防禦使〔註101〕。白敬立卒於景福二年（893年）十一月，生前官職為延州安塞軍防禦使。這裡延州防禦使有軍號安塞軍，說明延州再次別置為藩鎮，時間大約在大順元年。

　　據《方鎮表一》記載：光化元年（898年），「更保塞軍節度曰寧塞軍節度，後又更名衛國軍節度。罷丹州防禦使，以丹州隸衛國軍。」而《資治通鑒》記載：乾寧四年（897年）正月，「以副都統李思諫為寧塞節度使。」這條記載說明，延州至遲在乾寧四年就已經有了寧塞軍的軍號。

　　通過史料記載可知，延州藩鎮後來轄有丹、延二州。而對於寧塞軍節度使增領丹州的時間，目前並未發現有其他相關史料記載，在此且從《方鎮表一》的記載。

　　根據《資治通鑒》記載，延州的藩鎮在天祐三年（906年）又稱為保塞

〔註99〕杜建錄：《党項夏州政權建立前後的重要記錄——唐故延州安塞軍防禦使白敬立墓誌考釋》，《寧夏師範學院學報社會科學》2007年第2期，第88頁。

〔註100〕《舊唐書》卷一百七十九《張濬傳》，第4659頁。

〔註101〕吳鋼主編：《全唐文補遺（第八輯）》第232頁《故延州安塞軍防禦使檢校左僕射南陽白公府君（敬立）墓誌並序》記載：「鄜延逆帥樹壘於延州東橫川……公輕騎夜馳……延州不宿而下……更二歲，復下鄜時，王乃首舉公為鄜州招葺使……不逾年，鄜人有農桑。無何，延州餘孽為變，鄜人從風興異志……又從王載收鄜延，舉不期月，鄜延復下……不經年，又薦為延州防禦使。」

軍〔註102〕，可知其後延州藩鎮的軍號又由寧塞軍恢復為保塞軍。

後來，保塞鎮為鳳翔節度使李茂貞所取，成為李茂貞政權的管轄藩鎮。《資治通鑑》記載：乾寧二年（895年）十二月，「李茂貞驕橫如故，河西州縣多為茂貞所據，以其將胡敬璋為河西節度使。」〔註103〕這裡的「河西」實際是指延州。

後梁開平二年（908年）十一月，保塞節度使胡敬璋去世，靜難軍節度使李繼徽派部將劉萬子為保塞節度使，鎮守延州。次年（909年）二月，劉萬子的部將李延實殺劉萬子，佔據延州。保塞馬軍都指揮使高萬興、高萬金兄弟當時率領幾千人戍守邊境，於是舉兵歸降於後梁同州節度使劉知俊。三月，高萬興、高萬金會同劉知俊進攻丹州，丹州刺史崔公實投降。四月，劉知俊又進攻延州，李延實也投降了。後梁於是任命高萬興為保塞軍節度使，仍然轄有延、丹二州。

此後，高氏割據於保塞鎮，直至後唐長興元年（930年）。高氏割據保塞鎮的歷史屬於五代範疇，在此不再考述。

三、鄜坊鎮下轄州縣沿革

鄜坊鎮始置於上元元年（760年），最初轄有坊、鄜、丹、延四州。永泰元年（765年），分丹、延二州建置丹延鎮，至大曆六年（771年）丹延鎮廢除，丹、延二州復隸於鄜坊鎮。唐末，丹、延二州建置為丹延鎮，鄜坊鎮僅轄有鄜、坊二州，後又增置翟州。後梁開平三年（909年），高氏開始割據於丹延鎮，鄜坊鎮成為其附屬藩鎮。

鄜州：760年～909年屬鄜坊鎮，762年～765年、783年～909年為會府。開元二十二年（734年），鄜州始隸於朔方鎮，天寶元年（742年）改為洛交郡，乾元元年（758年）復為鄜州，二年（759年）改隸於邠寧鎮。上元元年（760年），置鄜坊節度使，治坊州，鄜州隸之。寶應元年（762年），鄜坊節度使徙治於鄜州，降為鄜坊都防禦使〔註104〕。永泰元年（765年），鄜坊都防禦使升

〔註102〕《資治通鑑》卷二百六十五《天祐三年》第8661頁記載：九月，「靜難節度使楊崇本以鳳翔、保塞、彰義、保義之兵攻夏州」。
〔註103〕《資治通鑑》卷二百六十《乾寧二年》，第8481頁。
〔註104〕對於寶應元年鄜坊節度使徙治於鄜州並降為都防禦使之事，賴青壽《唐後期方鎮建置沿革研究》第二章第三節《鄜坊（渭北）觀察使沿革》第47頁、郭聲波《中國行政區劃通史·唐代卷》上編第二章《關內道》第89頁皆失考。

為節度使，徙治於坊州。建中四年（783 年），鄜坊鎮被廢除，鄜州改隸於京畿鎮。同年，復置鄜坊節度使，徙治於鄜州。

　　轄有洛交、洛川、三川、直羅、甘泉五縣，治於洛交縣。

　　坊州：760 年～909 年屬鄜坊鎮，760 年～762 年、765 年～783 年為會府。開元二十二年（734 年），坊州始隸於朔方鎮，天寶元年（742 年）改為中部郡，至德元載（756 年）改隸於關內鎮，乾元元年（758 年）復為坊州，二年（759年）改隸於邠寧鎮。上元元年（760 年），建置鄜坊節度使，治於坊州。寶應元年（762 年），鄜坊節度使徙治鄜州，降為都防禦使。永泰元年（765 年），鄜坊都防禦使升為節度使，徙治坊州。大曆十四年（779 年），鄜坊節度使降為都團練觀察使。建中四年（783 年），鄜坊鎮被廢除，坊州改隸於京畿鎮。同年，復置鄜坊節度使，徙治於鄜州。

　　轄有中部、昇平、宜君、鄜城四縣，治於中部縣。

　　鄜城縣：約天祐三年（906 年），以鄜城縣建置翟州，僅轄有此縣〔註 105〕。

　　丹州：760 年～765 年、771 年～898 年屬鄜坊鎮。開元二十二年（734 年），丹州始隸於朔方鎮，天寶元年（742 年）改為咸寧郡，至德元載（756 年）改隸於關內鎮，乾元元年（758 年）復為丹州，二年（759 年）改隸於邠寧鎮，上元元年（760 年）改隸於鄜坊鎮，永泰元年（765 年）改隸於丹延都團練使。大曆六年（771 年），丹延鎮廢，丹州復隸於鄜坊鎮。建中四年（783 年），丹州改隸於京畿鎮，同年復隸於鄜坊鎮。光化元年（898 年），丹州改隸於延州寧塞軍。

　　轄有義川、雲巖、汾川、咸寧四縣，州治於義川縣。

　　延州：760 年～765 年、771 年～883 年屬鄜坊鎮。開元二十二年（734 年），延州始隸於朔方鎮，天寶元年（742 年）改為延安郡，至德元載（756 年）改隸於關內鎮，乾元元年（758 年）復為延州，二年（759 年）改隸於邠寧鎮，上元元年（760 年）改隸於鄜坊鎮。永泰元年（765 年），延州置丹延都團練使。大曆六年（771 年），丹延鎮廢，延州復隸於鄜坊鎮。建中四年（783 年），延州改隸於京畿鎮，同年復隸於鄜坊鎮。中和三年（883 年）五月，延州置保塞軍節度使。約光啟元年（885 年），保塞軍節度使廢，延州復隸於鄜坊鎮。光啟二年（886 年），延州為定難節度使李思恭所攻取。文德元年（888 年），李思恭奪取鄜坊鎮，延州仍隸鄜坊鎮。約大順元年（890 年），延州別置為安塞軍

〔註 105〕郭聲波：《中國行政區劃通史・唐代卷》上編第二章《關內道》，第 73 頁。

防禦使。約乾寧四年（897年），升為寧塞軍節度使，其後，先後改稱為衛國軍節度使、保塞軍節度使。

轄有膚施、延長、臨真、金明、豐林、延川、敷政、延昌、延水、門山十縣，治於膚施縣。

門山縣：原隸於丹州，廣德二年（764年）改隸於延州〔註106〕。

圖 2-4　鄜坊鎮轄區圖（806年）

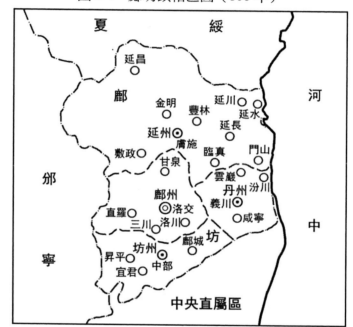

第三節　涇原鎮

涇原鎮的轄區較小，長期轄有涇、原（行原）、行渭等州，治於涇州。唐末，張氏割據於涇原鎮，軍號為彰義軍。光化二年（899年），涇原鎮最終被鳳翔節度使李茂貞兼併。

一、涇原鎮的轄區沿革

涇原鎮的建置沿革為：涇原節度使（768～891）─彰義軍節度使（891～899）。

涇原鎮建置前期較長時間內轄有涇、行原二州，其間又曾經遙領鄭、潁二州。元和之後，涇原鎮增領行渭州。大中年間，涇原鎮先後收復原、渭二州，又

〔註106〕《新唐書》卷三十七《地理志一》，第639頁。

增領行武州。繼而，涇原鎮又罷領河、渭、行武三州，僅轄有涇、原二州。唐末，原州再次陷落於吐蕃，但新置原、渭、武三州，因而轄有涇、原、渭、武四州。

（一）唐代中後期涇原鎮的轄區沿革

涇原鎮，始置於大曆三年（768年），當時轄有涇州、行原州，治於涇州。《資治通鑒》記載：本年「十二月，己酉，徙馬璘為涇原節度使」〔註107〕。《方鎮表一》也記載：本年，「置涇原節度使，治涇州」；「罷邠寧節度使」〔註108〕。涇原鎮的建置原因，是朝廷為了便於抵禦吐蕃的進犯，故而分邠寧鎮建置涇原鎮。

這裡需要說明的是，原州早在廣德元年（763年）就被吐蕃攻佔，涇原鎮所轄的原州實際是大曆元年（766）建置於靈臺百里城的行原州〔註109〕。根據《新唐書》的記載：「廣德元年，（原州）沒吐蕃，（邠寧）節度使馬璘表置行原州於靈臺之百里城。」〔註110〕

另外，涇原節度使自建置之初開始，就一直兼領安西四鎮、北庭行營節度使。《舊唐書》記載：「乃詔（馬）璘移鎮涇州，兼權知鳳翔隴右節度副使、涇原節度、涇州刺史，四鎮、北庭行營節度使如故。」〔註111〕但是，安西四鎮和北庭當時已經不在朝廷的實際控制之下。所以，涇原節度使並沒有實際管轄安西四鎮和北庭。

大曆五年（770年）四月，涇原鎮遙領鄭、潁二州。《資治通鑒》記載：本年四月，「涇原節度使馬璘屢訴本鎮荒殘，無以贍軍，上諷李抱玉以鄭、潁二州讓之；乙巳，以璘兼鄭潁節度使。」〔註112〕由此記載也可以看出朝廷將二州劃給涇原鎮的目的。

大曆十四年（779年），潁州改隸於永平鎮。建中二年（781年），鄭州也改隸於永平鎮。《方鎮表一》對此均有記載。至此，涇原鎮僅轄有涇、行原二州。

其後，行原州兩次徙治，最終治於涇州臨涇縣。貞元十九年（803年）四月，行原州徙治於平涼。《舊唐書》記載：貞元七年（791年）二月，「涇原帥劉昌復築平涼城」；貞元十九年四月，「涇原節度使劉昌奏請移行原州於平涼

〔註107〕《資治通鑒》卷二百二十四《大曆三年》，第7204頁。
〔註108〕《新唐書》卷六十四《方鎮表一》，第1165～1190頁。下文同，不再引注。
〔註109〕行原州建置於大曆元年（766），詳見第一章第五節《邠寧鎮的轄區沿革》。
〔註110〕《新唐書》卷三十七《地理志一》，第637頁。
〔註111〕《舊唐書》卷一百五十二《馬璘傳》，第4066頁。
〔註112〕《資治通鑒》卷二百二十四《大曆五年》，第7214頁。

城，從之」〔註113〕。直至元和三年（808年）十二月，行原州又徙治於涇州臨涇縣。《舊唐書》記載：元和三年十二月，「以臨涇縣為行原州，命鎮將郝玼為刺史。」〔註114〕《新唐書·地理志一》也記載：「（行原州）貞元十九年徙治平涼，元和三年又徙治臨涇。」〔註115〕

元和四年（809年），朝廷以行原州的平涼縣建置行渭州。因此，涇原鎮增領行渭州。《新唐書·地理志一》記載：「渭州，元和四年以原州之平涼縣置行渭州，廣明元年為吐蕃所破」〔註116〕。此後的數十年內，涇原鎮都轄有涇、行原、行渭三州。

大中三年（849年），涇原鎮收復原被吐蕃攻佔的原州，撤銷行原州〔註117〕。《新唐書·地理志一》記載：「大中三年收復關、隴，（原州）歸治平高。」〔註118〕《舊唐書》也記載：本年正月，「涇原節度使康季榮奏，吐蕃宰相論恐熱以秦、原、安樂三州及石門等七關之兵民歸國。六月……康季榮奏收原州、石門、驛藏、木峽、制勝、六盤、石峽等六關訖。」〔註119〕對此，《資治通鑒》也有類似的記載〔註120〕。

大中九年（855年），涇原鎮增領行武州。《舊唐書》記載：本年，「以（盧）簡求為四鎮北庭行軍、涇州刺史、涇原渭武節度、押蕃落等使。」〔註121〕其中提及的武州實則是指行武州。武州早在上元二年（761年）已經陷落於吐蕃，朝廷於大中五年（851年）在原州蕭關縣建置行武州，隸屬於邠寧鎮，至此改隸於涇原鎮。《新唐書·地理志一》記載：「武州，中，大中五年以原州之蕭關置。」〔註122〕

大約在大中十一年（857年），朝廷收復河、渭二州，廢除平涼縣的行渭州。因而，涇原鎮增領河、渭二州，罷領行渭州。《舊唐書》記載：本年九月，「以秦州刺史李承勛為朝散大夫、檢校工部尚書、涇州刺史，充四鎮北庭涇原渭武節度

〔註113〕《舊唐書》卷十三《德宗本紀下》，第371、398頁。
〔註114〕《舊唐書》卷十四《憲宗本紀上》，第427頁。
〔註115〕《新唐書》卷三十七《地理志一》，第637頁。
〔註116〕《新唐書》卷三十七《地理志一》，第637頁。
〔註117〕關於涇原鎮收復原州的時間，另有記載為大中五年，在此取大中三年一說。
〔註118〕《新唐書》卷三十七《地理志一》，第637頁。
〔註119〕《舊唐書》卷十八下《宣宗本紀》，第621～622頁。
〔註120〕《資治通鑒》卷二百四十八《大中三年》，第8039頁。
〔註121〕《舊唐書》卷一百六十三《盧簡辭傳·附盧簡求傳》，第4272頁。
〔註122〕《新唐書》卷三十七《地理志一》，第637頁。

等使。」〔註123〕《資治通鑒》也記載：本年十月，「以秦成防禦使李承勳為涇原節度使……先是，吐蕃酋長尚延心以河、渭二州部落來降……承勳以為然，即奏延心為河、渭都遊奕使，使統其眾居之。」〔註124〕由以上兩處記載可知，河、渭二州在大中十一年（857年）之前已經被收復，並劃歸涇原鎮管轄。

咸通四年（863年）二月，涇原鎮所轄的河、渭二州改隸於秦成鎮（天雄軍）。根據《資治通鑒》記載：本年二月，「置天雄軍於秦州，以成、河、渭三州隸焉，以前左金吾將軍王晏實為天雄觀察使。」〔註125〕

大約在咸通五年（864年），朝廷收復武州故地，廢除行武州。《方鎮表四》記載：本年，「升秦成兩州經略、天雄軍使為天雄軍節度觀察處置營田押蕃落等使，增領階州。」〔註126〕階州是武州的誤寫，當時還沒有改稱為階州。對此，《新唐書・地理志四》記載：「階州武都郡，下，本武州，因沒吐蕃，廢。大曆二年（767年）復置為行州。咸通中始得故地，龍紀初（889年）遣使招葺之，景福元年（892年）更名，治皋蘭鎮。」〔註127〕

（二）唐末涇原鎮的轄區沿革

唐末，張鈞家族割據於涇原鎮，其轄區也發生了一系列的變化。

廣明元年（880年），原州再次被吐蕃攻佔，復置行原州於涇州臨涇縣，仍然隸屬於涇原鎮。《新唐書・地理志一》記載：「原州……廣明後覆沒吐蕃，又僑治臨涇。」〔註128〕

中和二年（882年）二月，張鈞成為涇原留後，同年六月被朝廷任命為節度使。從此，涇原鎮開始了張氏長達十七年的割據。

中和四年（884年），涇原節度使張鈞以平涼、潘原二縣分別建置行渭州、行武州，涇原鎮因而增領二州。《新唐書・地理志一》記載：「渭州……中和四年，涇原節度使張鈞表置」；「武州……中和四年僑治潘原」〔註129〕。此次建置行渭、行武二州，是因為隴右道的渭州和武州在廣明元年（880年）失陷。

此後，涇原鎮所轄的原、渭、武三個行州逐漸演變為正式的州。另外，隴

〔註123〕《舊唐書》卷十八下《宣宗本紀》，第639頁。

〔註124〕《資治通鑒》卷二百四十九《大中十一年》，第8064頁。

〔註125〕《資治通鑒》卷二百五十《咸通四年》，第8104頁。

〔註126〕《新唐書》卷六十七《方鎮表四》，第1277頁。

〔註127〕《新唐書》卷四十《地理志四》，第685頁。

〔註128〕《新唐書》卷三十七《地理志一》，第637頁。

〔註129〕《新唐書》卷三十七《地理志一》，第637頁。

右道的武州在龍紀元年（889 年）被收復，由於與涇原鎮的武州同名，至景福元年（892 年）更名為階州〔註 130〕。

大順二年（891 年），朝廷賜涇原鎮軍號彰義軍。對此，《方鎮表一》記載為乾寧元年（894 年），其實有誤。《資治通鑒》記載：大順二年，「是歲，賜涇原軍號曰彰義，增領渭、武二州。」〔註 131〕這個記載也存在錯誤，涇原鎮增領渭、武二州並不是在此年。

乾寧元年（894 年）二月，涇原節度使張鈞去世，兄長張鎬繼任節度使。次年（895 年），張鎬去世，其子張璉繼任。大約在光化二年（899 年），張璉去世，張珂繼任為節度使。《資治通鑒》記載：光化二年正月，「（朱全忠）又表權知河陽留後丁會、武寧留後王敬蕘、彰義留後張珂並為節度使。」〔註 132〕由此記載說明，當時張璉已經去世，張珂繼任為涇原節度使。

光化二年（899 年）九月，鳳翔節度使李茂貞攻取涇原鎮，驅逐節度使張珂。至此，張氏在涇原鎮的割據結束，涇原鎮被李茂貞兼併，成為李茂貞政權的控制區域。

綜上所述，涇原鎮的轄區沿革可總結如表 2-5 所示。

表 2-5　涇原鎮轄區統計表

時　期	轄區總計	會　府	詳細轄區
768 年～770 年	2 州	涇州	涇、行原
770 年～779 年	4 州	涇州	涇、行原、鄭、潁
779 年～781 年	3 州	涇州	涇、行原、鄭
781 年～809 年	2 州	涇州	涇、行原
809 年～849 年	3 州	涇州	涇、行原、行渭
849 年～855 年	3 州	涇州	涇、原、行渭
855 年～857 年	4 州	涇州	涇、原、行渭、行武
857 年～863 年	5 州	涇州	涇、原、渭、河、行武
863 年～864 年	3 州	涇州	涇、原、行武
864 年～880 年	2 州	涇州	涇、原
880 年～884 年	2 州	涇州	涇、行原
884 年～899 年	4 州	涇州	涇、原、渭、武

〔註 130〕詳見第十四章第四節《秦成鎮的轄區沿革》。
〔註 131〕《資治通鑒》卷二百五十八《大順二年》，第 8423 頁。
〔註 132〕《資治通鑒》卷二百六十一《光化二年》，第 8522 頁。

二、涇原鎮下轄州縣沿革

在較長的時間內，涇原鎮僅轄有涇州、原州（或行原州）。涇原鎮建置早期曾經遙領鄭、穎二州，但是時間較短。元和年之後，涇原鎮曾經增領行渭、行武、渭、河等州。

（一）涇原鎮長期轄有的州

涇州：768 年～899 年屬涇原鎮，為會府。乾元二年（759 年），涇州始隸於邠寧鎮。大曆三年（768 年），涇州別置涇原節度使。

轄有保定、靈臺、臨涇、良原、潘原五縣，治於保定縣。

保定縣：涇州的州治。原為安定縣，至德元載（756 年）改為保定縣，廣德元年（763 年）沒於吐蕃，大曆三年（768 年）復置〔註133〕。

良原縣：興元二年（785 年）沒於吐蕃，貞元四年（788 年）復置〔註134〕。

潘原縣：原為陰盤縣，天寶元年改為潘原縣，後省為彰信堡，貞元十一年（795 年）復置為潘原縣〔註135〕。

原州（行原州）：768 年～899 年屬涇原鎮〔註136〕。乾元二年（759 年），原州始隸於邠寧鎮，廣德元年（763 年）沒於吐蕃，繼而收復，大曆元年（766 年）九月復陷於吐蕃，邠寧節度使馬璘表置行原州於靈臺縣百里城。三年（768 年），行原州改隸於涇原鎮。貞元十九年（803 年），涇原節度使劉昌徙行原州治於平涼城。元和三年（808 年）十二月，行原州又徙治於涇州臨涇縣。大中三年（849 年），涇原鎮收復原州，撤銷行原州。廣明元年（880 年），原州復陷於吐蕃，又置行原州於涇州臨涇縣。

轄有平高、平涼、百泉、蕭關四縣，治於平高縣。

平高縣：原州州治。廣德元年（763 年）為吐蕃侵佔，繼而收復，大曆元年（766 年）九月復陷於吐蕃，大中三年（849 年）收復，廣明後復陷於吐蕃。

〔註133〕《新唐書》卷三十七《地理志一》，第 637 頁。
〔註134〕《新唐書》卷三十七《地理志一》，第 637 頁。
〔註135〕《新唐書》卷三十七《地理志一》，第 637 頁。
〔註136〕郭聲波先生在《中國行政區劃通史・唐代卷》上編第二章《關內道》第 98 頁指出，貞元十九年復置原州，但沒有指明出處。根據該書體例，應該是依據《元和郡縣圖志》記載中涇原節度使轄有原州。但《元和志》並未記載原州收復與復置之時。因此，筆者認為，原州並未復置，此時涇原節度使所領仍為行原州，治於平涼城。

平涼縣：廣德元年（763年）沒於吐蕃，貞元四年（788年）復置〔註137〕。

蕭關縣：至德後沒吐蕃，大中三年（849年）收復，五年（851年）置行武州於此。

（二）涇原鎮短期轄有的州

行渭州：809年～857年屬涇原鎮。元和四年（809年），置行渭州於行原州平涼縣，隸於涇原鎮。約大中十一年（857年），朝廷收復渭州，廢行渭州。咸通四年（863年），渭州改隸於天雄鎮。廣明元年（880年），渭州陷於吐蕃。中和四年（884年），涇原節度使張鈞以平涼置渭州。

行武州：855年～864年屬涇原鎮。大中五年（851年），置行武州於原州蕭關縣，隸於邠寧鎮，大中九年（855年）改隸於涇原鎮。咸通五年（864年），朝廷收復武州，廢行武州。

圖 2-5　涇原鎮轄區圖（768 年）

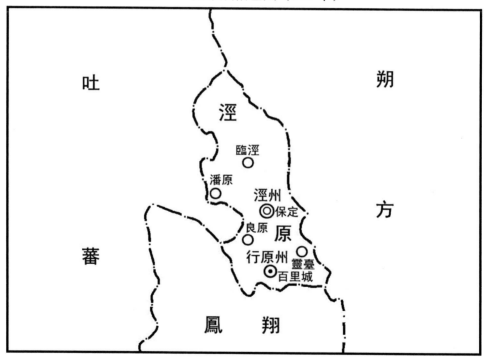

〔註137〕《元和郡縣圖志》卷三《關內道三》第 59 頁記載：「平涼縣……開元五年移
於涇水南，貞元七年又移於舊縣南阪上。」

－114－

圖 2-6　涇原鎮轄區圖（809 年）

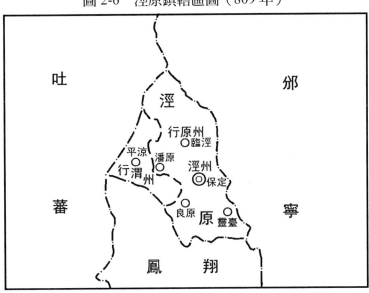

圖 2-7　涇原鎮轄區圖（864 年）

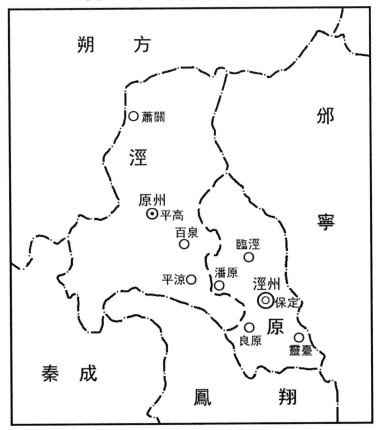

第四節　夏綏鎮

　　夏綏鎮，是由朔方鎮分割而建置的一個藩鎮，轄有夏、綏、銀、宥四州。從唐末開始，党項拓跋氏（李氏）家族長期割據於夏綏鎮，直至宋初建立西夏王朝。

一、夏綏鎮的轄區沿革

　　夏綏鎮建置之初轄有夏、綏、銀三州，治於夏州，後又曾經增領鹽州。元和時期，夏綏鎮增領宥州，其後長期轄有夏、綏、銀、宥四州。

　　夏綏鎮建置於貞元三年（787年），當時是為了抵禦吐蕃的入侵。貞元二年（786年）末，吐蕃先後侵佔鹽、夏、銀三州。次年六月，吐蕃軍焚毀鹽州城和夏州城之後，棄城而去。同年七月，朝廷為了防止吐蕃的再次入侵，在夏州建置夏綏鎮。夏綏鎮當時轄有夏、綏、銀三州。《舊唐書》記載：貞元二年「十一月……吐蕃陷鹽州……十二月……吐蕃陷夏州，又陷銀州」；三年「六月……吐蕃驅鹽、夏二州居民，焚其州城而去……七月……以左羽林大將軍韓潭為夏州刺史、夏綏銀等州節度使」〔註138〕。《方鎮表一》記載：貞元三年（787年），「置夏州節度觀察處置押蕃落使，領綏、鹽二州，其後罷領鹽州。」〔註139〕這種說法是錯誤的，夏綏鎮當時並非轄有夏、綏、鹽三州，而是夏、綏、銀三州。《冊府元龜》記載有：「夏綏銀節度觀察押蕃落使、夏州刺史、兼御史大夫韓潭，並檢校禮部尚書。」〔註140〕由《舊唐書》和《冊府元龜》的記載來看，夏綏鎮當時轄有夏、綏、銀三州，並未轄有鹽州。

　　貞元十四年（798年）閏五月，夏綏鎮增領鹽州。上文提到，鹽州在貞元三年（787年）被吐蕃焚毀。直至貞元九年（793年），朝廷才下令復建鹽州。《舊唐書》記載：貞元九年二月，「詔復築鹽州城……十二月，朔方靈鹽節度副大使……杜希全卒」。由此可知，鹽州在貞元九年復建之時是隸屬於靈鹽鎮的。貞元十四年（798年）閏五月，鹽州改隸於夏綏鎮。同書記載：貞元十四年「閏（五）月庚申，以左神策行營節度韓全義為夏州刺史，兼鹽、夏、綏、銀節度使，以代韓潭。」〔註141〕

　　貞元十七年（801年）七月，吐蕃再次攻陷鹽州。《舊唐書》記載：本年

〔註138〕《舊唐書》卷十二《德宗本紀上》，第355～357頁。
〔註139〕《新唐書》卷六十四《方鎮表一》，第1171頁。
〔註140〕《冊府元龜（校訂本）》卷一百七十六《帝王部・姑息》，第1959頁。
〔註141〕《舊唐書》卷十三《德宗本紀下》，第376、378、388頁。

「秋七月戊寅，吐蕃寇鹽州……冬十月……鹽州刺史杜彥先委城奔慶州。」
〔註142〕其後，鹽州又被收復。

貞元十九年（803年）閏十月，鹽州將領李庭俊作亂，殺刺史崔文先。左
神策兵馬使李興幹當時戍守鹽州，他率軍斬殺李庭俊。同年十一月，朝廷任命
李興幹為鹽州刺史，並將鹽州改為中央直屬州。《資治通鑑》記載：本年，「鹽
夏節度判官崔文先權知鹽州，為政苛刻。冬，閏十月，庚戌，部將李庭俊作亂，
殺而臠食之。左神策兵馬使李興幹戍鹽州，殺庭俊以聞。」「十一月，戊寅朔，
以李興幹為鹽州刺史，得專奏事，自是鹽州不隸夏州。」〔註143〕《舊唐書》
也有類似的記載。

其後，鹽州在元和八年（813年）曾經復隸於夏綏鎮，但是不久後又改隸
於靈武鎮〔註144〕。

元和九年（814年）五月，夏綏鎮增領宥州。《新唐書》記載：「宥州……
元和九年於經略軍復置……十五年（820年）徙治長澤，為吐蕃所破。長慶四
年（824年），節度使李祐覆奏置。」〔註145〕《舊唐書》也記載：元和九年「五
月……移宥州於經略軍，郭下置延恩縣，隸夏州觀察使。」〔註146〕

元和十五年（820年），宥州徙治於夏州長澤縣，不久被吐蕃攻破，宥州
因此而廢。除了上段提及的記載外，《舊唐書》也記載：本年九月，「夏州奏移
宥州於長澤縣置」〔註147〕。長慶四年（824年），夏綏節度使李祐奏請復置宥
州，轄有長澤、延恩二縣，治於長澤縣。對此，相關記載上文中已經提及。

唐末，宥州被党項首領拓跋思恭佔據。《新唐書》記載：「拓拔思恭，咸通末
竊據宥州，稱刺史。」〔註148〕咸通年號使用了十五年（860～874年），咸通末大
約是指咸通十五年（874年）。儘管拓跋思恭佔據宥州，但並未脫離夏綏鎮。

中和元年（881年），拓跋思恭出兵幫助朝廷討伐黃巢起義軍，因有戰功
被朝廷任命為夏綏節度使。其後，朝廷賜夏綏鎮軍號定難軍，又賜拓跋思恭
「李」姓。此後，李氏割據於夏綏鎮，經歷唐末、五代，至北宋時期李元昊建

〔註142〕　《舊唐書》卷十三《德宗本紀下》，第395頁。
〔註143〕　《資治通鑑》卷二百三十六《貞元十九年》，第7603～7604頁。
〔註144〕　詳見第二章第一節《朔方鎮的轄區沿革》。
〔註145〕　《新唐書》卷三十七《地理志一》，第641頁。
〔註146〕　《舊唐書》卷十五《憲宗本紀下》，第449頁。
〔註147〕　《舊唐書》卷十六《穆宗本紀》，第481頁。
〔註148〕　《新唐書》卷二百二十一上《党項傳》，第4720頁。

立西夏王朝。

綜上所述，夏綏鎮的轄區沿革可總結如表 2-6 所示。

表 2-6　夏綏鎮轄區統計表

時　　　期	轄區總計	會　府	詳細轄區
787 年～798 年	3 州	夏州	夏、綏、銀
798 年～803 年	4 州	夏州	夏、綏、銀、鹽
803 年～814 年	3 州	夏州	夏、綏、銀
814 年～820 年	4 州	夏州	夏、綏、銀、宥
820 年～824 年	3 州	夏州	夏、綏、銀
824 年～881 年	4 州	夏州	夏、綏、銀、宥

二、夏綏鎮下轄州縣沿革

夏綏鎮建置於貞元三年（787 年），當時轄有夏、綏、銀三州。貞元十四年（798 年），夏綏鎮增領鹽州，至貞元十九年（803 年）罷領。元和九年（814年），夏綏鎮增領新置的宥州。所以，夏綏鎮長期轄有夏、綏、銀、宥四州。

夏州：787 年～881 年屬夏綏鎮，為會府。開元九年（721 年），夏州始隸於朔方鎮，天寶元年（742 年）改為朔方郡，乾元元年（758 年）復為夏州。貞元二年（786 年）末，吐蕃侵佔鹽、夏、銀三州。次年（787 年），吐蕃焚毀鹽、夏二州，棄城而去，朝廷以夏州建置夏綏節度使。

轄有朔方、德靜、寧朔三縣，治於朔方縣。

綏州：787 年～881 年屬夏綏鎮。開元九年（721 年），綏州始隸於朔方鎮，天寶元年（742 年）改為上郡，乾元元年（758 年）復為綏州。大約在永泰元年（765 年），改隸於鄜坊鎮。永泰元年，復隸於朔方鎮。大曆十四年（779 年），綏州改隸於振武鎮，貞元三年（787 年）改隸於夏綏鎮。

轄有龍泉、延福、大斌、綏德、城平五縣，治於龍泉縣。

銀州：787 年～881 年屬夏綏鎮。開元九年（721 年），銀州始隸於朔方鎮，天寶元年（742 年）改為銀川郡，乾元元年（758 年）復為銀州。大曆十四年（779 年），銀州改隸於振武鎮，貞元三年（787 年）改隸於夏綏鎮。

轄有儒林、真鄉、開光、撫寧四縣，治於儒林縣。

宥州：814 年～881 年屬夏綏鎮。元和九年（814 年），以經略軍建置宥州，治於延恩縣，隸於夏綏鎮。十五年（820 年），宥州徙治於夏州長澤縣，為吐蕃

所破。長慶四年（824年），復以長澤、延恩二縣建置宥州，治於長澤縣，仍隸於夏綏鎮。

轄有長澤、延恩二縣。

長澤縣：原屬夏州，元和十五年（820年）改隸於宥州，為州治，同年為吐蕃所破。長慶四年（824年），復以長澤縣建置宥州，轄長澤、延恩二縣〔註149〕。

延恩縣：元和九年（814年）以經略軍置，為宥州州治。十五年（820年），宥州徙治於長澤，為吐蕃所破。長慶四年（824年）復置宥州，延恩縣隸之〔註150〕。

圖 2-8　夏綏鎮轄區圖（824年）〔註151〕

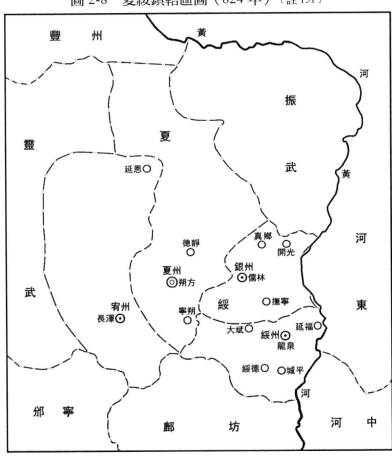

〔註149〕《新唐書》卷三十七《地理志一》，第 641 頁。

〔註150〕《新唐書》卷三十七《地理志一》，第 641 頁。

〔註151〕本圖夏、宥等州邊界根據艾沖《唐代靈、鹽、夏、宥四州邊界考》（《中國歷史地理論叢》2004 年第 01 期，第 26～31 頁）一文繪製。

第五節　振武鎮

振武鎮，軍號振武軍，是唐朝在北部邊境建置的一個藩鎮。唐末，振武鎮為河東節度使李克用所取，成為河東鎮的附屬藩鎮。

一、振武鎮的轄區沿革

振武鎮曾經兩度建置，始建於乾元元年（758 年），當時轄有單于、鎮北二大都護府，麟、勝二州，和東、中二受降城，治於單于大都護府。數年後，振武鎮廢除，至大曆十四年（779 年）復置，增領綏、銀二州，仍然治於單于大都護府。其後，振武鎮罷領綏、銀二州和中受降城。所以，振武鎮長期轄有單于大都護府、麟州、勝州和東受降城。

振武鎮，最初建置的時間是乾元元年（758 年）。《方鎮表一》記載：本年，「置振武節度押蕃落使，領鎮北大都護府、麟、勝二州。」〔註152〕振武鎮當時除了轄有鎮北大都護府、麟、勝二州，還應轄有單于大都護府和東受降城、中受降城。因為振武鎮治於單于大都護府，而兩個受降城又位於兩大都護府內。因此振武鎮當時轄有單于、鎮北二大都護府，麟、勝二州，和東、中二受降城，治於單于大都護府。但是，此次建置的振武鎮存在的時間較短，各種史籍均未有記載此時何人曾經出任振武軍節度使。

大約在寶應元年（762 年），朝廷廢除振武鎮，其轄區復隸於朔方鎮。從寶應元年開始，僕固懷恩、郭子儀先後出任朔方節度使，均領有單于、鎮北兩大都護府。由此推斷，振武鎮被廢除，轄區併入朔方鎮。《資治通鑒》記載：本年十一月，「以（僕固）懷恩為河北副元帥，加左僕射兼中書令、單于、鎮北大都護、朔方節度使。」〔註153〕《大詔令集》記載：「司徒兼中書令靈州大都督府長史、單于、鎮北大都護、持節充朔方節度……代國公（郭）子儀……可封汾陽郡王。」〔註154〕

其後，直到大曆十四年（779 年），朝廷才重建振武鎮。《舊唐書》記載：本年閏五月，「以朔方左留後、單于副都護渾瑊為單于大都護，振武軍、東中二受降城、鎮北及綏、銀、麟、勝等軍州節度營田使。」〔註155〕《資治通鑒》

〔註152〕《新唐書》卷六十四《方鎮表一》，第 1162～1190 頁。下文同，不再引注。
〔註153〕《資治通鑒》卷二百二十二《寶應元年》，第 7136 頁。
〔註154〕（宋）宋敏求編：《唐大詔令集》卷五十九《郭子儀汾陽郡王知朔方行營制》，第 318 頁。
〔註155〕《舊唐書》卷十二《德宗本紀上》，第 320 頁。

也記載：「振武軍使渾瑊為單于大都護、東、中二受降城、振武、鎮北、綏、銀、麟、勝等軍州節度使。」〔註156〕所以，振武鎮當時轄有單于、鎮北兩大都護府，綏、銀、麟、勝四州，東、中二受降城，治於單于大都護府。

建中二年（781年），李懷光任朔方節度使，同時兼領振武鎮。《舊唐書》記載：本年七月，「以邠寧節度使李懷光兼靈州大都督、單于鎮北大都護、朔方節度使。」〔註157〕《冊府元龜》也記載：興元元年「二月甲子，加朔方邠寧節度……兼靈州大都督、單于、鎮北大都護、河中尹……李光懷太尉，加賞封至二千戶。」〔註158〕

建中四年（783年），綏州曾經改隸於京畿鎮，不久復隸於振武鎮。《方鎮表一》記載：本年，「置京畿渭南節度觀察使，領金、商二州。是年，兼渭北鄜、坊、丹、延、綏五州。未幾，罷五州及金州，為京畿商州節度使。」

興元元年（784年），李懷光佔據河中鎮叛亂，次年被朝廷平定。李懷光之亂爆發後，鎮北大都護府被廢除。此後，振武節度使的相關記載均無鎮北大都護府。《舊唐書》記載：貞元二年（786年）七月「戊午，以鄜坊節度唐朝臣為單于大都護、振武綏銀節度使。」〔註159〕《全唐文》也記載：「（唐）朝臣可依前檢校兵部尚書，兼單于大都護，御史大夫、充振武綏銀麟勝等州節度營田觀察處置押蕃落等使。」〔註160〕兩處記載均未提及有鎮北大都護府，從而也證實了鎮北大都護府於興元元年（784年）被廢除的論證。

貞元三年（787年）七月，朝廷建置夏綏鎮，轄有夏、綏、銀三州，振武鎮因此罷領綏、銀二州。對此，本書第二章第四節《夏綏鎮的轄區沿革》中已經論述。

大約在元和年間，振武鎮下轄的中受降城改隸於豐州鎮。據《舊唐書》記載：元和九年（814年）六月「丙戌，以左龍武將軍燕重旰為豐州刺史、天德軍豐州西城中城都防禦押蕃落等使。」〔註161〕可知在此之前，中受降城已經改隸於豐州鎮。《元和郡縣圖志》也記載豐州都防禦使轄有中受降城。

〔註156〕《資治通鑑》卷二百二十五《大曆十四年》，第7259頁。
〔註157〕《舊唐書》卷十二《德宗本紀上》，第330頁。
〔註158〕《冊府元龜（校訂本）》卷一百七十六《帝王部·姑息》，第1957頁。
〔註159〕《舊唐書》卷十二《德宗本紀上》，第353頁。
〔註160〕（清）董誥等編：《全唐文》卷四百六十二《唐朝臣振武節度論惟明鄜坊觀察使制》，第4721頁。
〔註161〕《舊唐書》卷十五《憲宗本紀下》，第450頁。

此後，振武鎮長期轄有單于大都護府、麟州、勝州、東受降城。

會昌五年（845 年），朝廷將單于大都護府改為安北都護府。《唐會要》記載：「會昌五年七月，中書門下奏……今請改單于都護為安北都護。敕旨從之。」〔註162〕《冊府元龜》也記載：「（會昌）五年七月，敕改單于都護為安北，置都護。」〔註163〕《方鎮表一》記載為會昌三年（843 年），當誤，在此以《唐會要》和《冊府元龜》的記載為準。

唐末，中和四年（884 年），麟州改隸於河東鎮。《資治通鑑》記載：中和四年「八月，李克用奏請割麟州隸河東，又奏請以弟克脩為昭義節度使，皆許之。」〔註164〕

大約在景福二年（893 年），振武鎮被河東節度使李克用兼併。《全唐文》記載：「（石）善友可檢校右僕射，充鎮武（振武）節度使、兼安北都護。」〔註165〕石善友是李克用的部將，《唐方鎮年表》將其出任振武節度使的時間置於景福二年〔註166〕。

綜上所述，振武鎮的轄區沿革可總結如表 2-7 所示。

表 2-7　振武鎮轄區統計表

時　期	會　府	轄區總計	詳細轄區
758 年～762 年	單于大都護府	2 府 2 城 2 州	單于大都護府、鎮北大都護府 東受降城、中受降城 麟州、勝州
779 年～784 年	單于大都護府	2 府 2 城 4 州	單于大都護府、鎮北大都護府 東受降城、中受降城 綏州、銀州、麟州、勝州
784 年～787 年	單于大都護府	1 府 2 城 4 州	單于大都護府 東受降城、中受降城 綏州、銀州、麟州、勝州
787 年～814 年前	單于大都護府	1 府 2 城 2 州	單于大都護府 東受降城、中受降城、麟州、勝州

〔註162〕（宋）王溥撰，牛繼清校證：《唐會要校證》卷七三《安北都護府》，第 1129 頁。
〔註163〕《冊府元龜（校訂本）》卷九百九十四《外臣部·備禦第七》，第 11509 頁。
〔註164〕《資治通鑑》卷二百五十六《中和四年》，第 8313 頁。
〔註165〕（清）董誥等編：《全唐文》卷八百二十七《授石善友鎮武節度使滕存免邕州節度使制》，第 8719 頁。
〔註166〕吳廷燮：《唐方鎮年表》卷一《振武》，第 181 頁。

814 年前～845 年	單于大都護府	1 府 1 城 2 州	單于大都護府 東受降城、麟州、勝州
845 年～884 年	安北大都護府	1 府 1 城 2 州	安北大都護府 東受降城、麟州、勝州
884 年～約 893 年	安北大都護府	1 府 1 城 1 州	安北大都護府、東受降城、勝州

二、振武鎮下轄州縣沿革

振武鎮最初建置於乾元元年（758 年），大約在寶應元年（762 年）被廢除。直至大曆十四年（779 年），朝廷復置振武鎮，轄有單于大都護府、東、中二受降城、綏、銀、麟、勝四州。貞元三年（787 年），綏、銀二州改隸於夏綏鎮，其後又罷領中受降城。因此，振武鎮長期轄有單于大都護府、東受降城和麟、勝二州。

（一）振武鎮長期轄有的州

單于大都護府：758 年～762 年、779 年～約 893 年屬振武鎮，為會府。開元九年（721 年），單于大都護府始隸於朔方鎮，乾元元年（758 年）建置為振武鎮。寶應元年（762 年），振武鎮廢除，單于大都護府復隸於朔方鎮。大曆十四年（779 年），朝廷再次以單于大都護府建置振武鎮。會昌五年（845 年），單于大都護府改稱為安北大都護府。

轄有金河縣，治於金河縣。

東受降城：758 年～762 年、779 年～約 893 年屬振武鎮。開元九年（721 年），東受降城始隸於朔方鎮，乾元元年（758 年）改隸於振武鎮，寶應元年（762 年）復隸於朔方鎮，大曆十四年（779 年）改隸於振武鎮。

麟州：758 年～762 年、779 年～884 年屬振武鎮。開元十二年（724 年），析勝州之連谷、銀城二縣建置麟州，十四年（726 年）廢。天寶元年（742 年），朔方節度使王忠嗣奏請割勝州連谷、銀城二縣建置麟州，同年改為新秦郡，隸於朔方鎮。乾元元年（758 年），新秦郡復為麟州，改隸於振武鎮，寶應元年（762 年）改隸於朔方鎮，大曆十四年（779 年）改隸於振武鎮。中和四年（884 年），麟州改隸於河東鎮。

轄有新秦、連谷、銀城三縣，治於新秦縣。

勝州：758 年～762 年、779 年～約 893 年屬振武鎮。開元九年（721 年），勝州始隸於朔方鎮，天寶元年（742 年）改為榆林郡，乾元元年（758 年）復為勝州，改隸於振武鎮，寶應元年（762 年）改隸於朔方鎮，大曆十四年（779

年）改隸於振武鎮。

　　轄有榆林、河濱二縣，治於榆林縣。

圖 2-9　振武鎮轄區圖（814 年）

（二）振武鎮短期轄有的州

　　綏州：779 年～787 年屬振武鎮。開元九年（721 年），綏州始隸於朔方鎮，天寶元年（742 年）改為上郡，乾元元年（758 年）復為綏州。大曆十四年（779年）改隸於振武鎮，建中四年（783 年）改隸於京畿鎮，同年復隸於振武鎮，貞元三年（787 年）改隸於夏綏鎮。

　　轄有龍泉、延福、大斌、綏德、城平五縣，治於龍泉縣。

　　銀州：779 年～787 年屬振武鎮。開元九年（721 年），銀州始隸於朔方鎮，天寶元年（742 年）改為銀川郡，乾元元年（758 年）復為銀州。大曆十四年（779 年）改隸於振武鎮，貞元三年（787 年）改隸於夏綏鎮。

轄有儒林、真鄉、開光、撫寧四縣，治於儒林縣。

中受降城：779 年～約 814 年屬振武鎮。開元九年（721 年），中受降城始隸於朔方鎮，乾元元年（758 年）改隸於振武鎮，寶應元年（762 年）復隸於朔方鎮，至遲在元和九年（814 年）改隸於豐州鎮。

第六節　豐州鎮

豐州鎮，軍號天德軍，因而又稱天德鎮，是唐朝在北部邊境建置的一個藩鎮。豐州鎮長期保持著都防禦使的建置，一直未曾升為節度使。

一、豐州鎮的轄區沿革

豐州鎮的轄區變革較為簡單，建置之初轄有豐州、西受降城和天德軍，治於西受降城。元和年間增領中受降城，又徙治於天德軍，其後轄區不變。

豐州鎮始置於貞元十二年（796 年），其建置的目的主要是為了保衛北部邊疆。關於豐州鎮始置時的轄區，史籍記載並不一致。《方鎮表一》記載：本年，「以天德軍置都團練防禦使，領豐、會二州、三受降城。」〔註167〕其中，三受降城是指東、中、西受降城。但是，《新唐書·李景略傳》卻記載：「乃拜（李景略）豐州刺史、天德軍西受降城都防禦使。」〔註168〕其中僅僅提及豐州、西受降城，並未提到會州和東、中二受降城。《舊唐書》也記載：本年「九月甲午，以河東行軍司馬李景略為豐州刺史、天德軍豐州西受降城都防禦使。」〔註169〕《冊府元龜》也記載：「於是以（李）景略為豐州刺史、天德軍西受降城都防禦使。」〔註170〕由以上幾處記載來看，豐州都防禦使當時僅轄有豐州、西受降城和天德軍，並未轄有會州和東、中二受降城，《方鎮表一》的記載有誤。另外，豐州鎮治於西受降城。

元和年間，豐州鎮增領中受降城。《舊唐書》記載：元和六年（811 年），「（高霞寓）改豐州刺史、三城都團練防禦使。」〔註171〕此處的記載應該是誤載，豐州鎮此時不可能轄有三城。《新唐書》記載：「父（周）懷義，通書記，

〔註167〕《新唐書》卷六十四《方鎮表一》，第 1173～1190 頁。下文同，不再引注。
〔註168〕《新唐書》卷一百七十《李景略傳》，第 4013 頁。
〔註169〕《舊唐書》卷十三《德宗本紀下》，第 384 頁。
〔註170〕《冊府元龜（校訂本）》卷一百一十九《帝王部·選將》，第 1306～1307 頁。
〔註171〕《舊唐書》卷一百六十二《高霞寓傳》，第 4249 頁。

擢累檢校工部尚書、天德西城防禦使。」〔註172〕《唐刺史考全編》推斷周懷義於元和六年繼高霞寓之後任豐州都防禦使〔註173〕。由此來看,《舊唐書》應為誤載。《舊唐書》又記載:元和九年(814年)六月「丙戌,以左龍武將軍燕重旰為豐州刺史、天德軍豐州西城中城都防禦押蕃落等使。」〔註174〕其中提及的「中城」是中受降城的簡稱,可知豐州鎮此時已經增領中受降城。《元和郡縣圖志》記載:豐州都防禦使「管州一,軍一,城二:豐州,天德軍,西受降城,中受降城。」〔註175〕

　　元和九年(814年),西受降城被洪水毀壞,豐州都防禦使周懷義奏請徙治於天德軍故城,沒有得到允許。同年六月,周懷義憂憤去世,燕重旰繼任為豐州都防禦使,才徙治於天德軍故城。《新唐書》記載:「河毀西受降城,宰相李吉甫議徙天德……後數月,(周)懷義憂死,燕重旰代之,遂徙天德。」〔註176〕

　　此後,豐州鎮長期轄有豐州、天德軍、中受降城、西受降城。《舊唐書》記載:元和十年(815年)「三月壬申朔,以右金吾將軍李奉仙為豐州刺史、天德軍西城中城都防禦使」;會昌三年(843年)二月,「以麟州刺史、天德行營副使石雄為……豐州刺史、御史大夫,充豐州西城中城都防禦、本管押蕃落等使。」〔註177〕《全唐文》也記載:會昌四年(844年),「天德軍豐州四〔西〕城都防禦、本管押蕃落等使、兼充晉絳行營諸軍副使……豐州刺史、御史大夫、上柱國石雄,倜儻仗義,沉密有謀。」〔註178〕

　　《方鎮表一》記載:會昌二年(842年),「天德軍使賜號歸義軍節度使,尋廢。」此條記載有誤,此時的歸義軍實際另有所指。《資治通鑒》記載:會昌二年「六月甲申,以嗢沒斯所部為歸義軍,以嗢沒斯為左金吾大將軍,充軍使。」〔註179〕由此看來,天德軍都防禦使並沒有升為歸義軍節度使。

　　唐朝末期,豐州鎮的轄區也沒有發生變化。《舊唐書》記載:乾符二年(875

〔註172〕《新唐書》卷一百八十六《周寶傳》,第4175頁。
〔註173〕郁賢皓:《唐刺史考全編》卷二二《豐州(九原郡)》,第371頁。
〔註174〕《舊唐書》卷十五《憲宗本紀下》,第450頁。
〔註175〕(唐)李吉甫:《元和郡縣圖志》卷四《關內道四》,第111頁。
〔註176〕《新唐書》卷一百五十九《盧坦傳》,第3864頁。
〔註177〕此兩處記載分別見於《舊唐書》卷十五《憲宗本紀下》、卷十八上《武宗本紀》,第452、595頁。
〔註178〕(清)董誥等編:《全唐文》卷六百九十八《授石雄晉絳行營節度使制》,第7167頁。
〔註179〕《資治通鑒》卷二百四十六《會昌二年》,第7962頁。

年）十月，「以……李瑰檢校左散騎常侍、豐州刺史，充天德軍豐州西城中城都防禦使、本管押蕃落等使。」〔註180〕由此可知，豐州鎮在唐末仍然轄有豐州、天德軍、中受降城、西受降城。

其後，豐州鎮被河東節度使晉王李克用兼併。對於李克用取得豐州鎮的具體時間，很難詳考。按地理位置來看，振武鎮位於豐州鎮的東邊。李克用應該是取得振武鎮之後，才取得豐州鎮。李克用取得振武鎮大約在景福二年（893年）〔註181〕，奪得豐州鎮也大約在此時。

綜上所述，豐州鎮的轄區沿革可總結如表2-8所示。

表 2-8　豐州鎮轄區統計表

時　期	會　府	轄區總計	詳細轄區
796年～814年前	西受降城	1州1城1軍	豐州、西受降城、天德軍
814年前～814年	西受降城	1州2城1軍	豐州、西受降城、中受降城、天德軍
814年～約893年	天德軍	1州2城1軍	豐州、西受降城、中受降城、天德軍

二、豐州鎮下轄州縣沿革

豐州鎮建置於貞元十二年（796年），當時轄有豐州、西受降城、天德軍，治於西受降城。元和九年（814年），西受降城被河水沖毀，豐州鎮徙治於天德軍。大約在此時，豐州鎮增領中受降城。至此，豐州鎮轄有豐州、西受降城、中受降城、天德軍。

豐州：796年～約893年屬豐州鎮。開元九年（721年），豐州始隸於朔方鎮，天寶元年（742年）改為九原郡，乾元元年（758年）復為豐州，貞元十二年（796年）改隸於天德軍都防禦使。

轄有九原、永豐二縣，治於九原縣。

天德軍：796年～約893年屬豐州鎮。天德軍原隸於朔方鎮，貞元十二年（796年）改隸於豐州鎮。元和九年（814年），豐州鎮徙治於天德軍。

西受降城：796年～約893年屬豐州鎮。開元九年（721年），西受降城始隸於朔方鎮。貞元十二年（796年），置豐州鎮，治於西受降城。元和九年（814年），豐州鎮徙治於天德軍。

〔註180〕《舊唐書》卷十九下《僖宗本紀》，第695頁。
〔註181〕詳見本章第五節《振武鎮的轄區沿革》。

中受降城：約 814 年～約 893 年豐州鎮。開元九年（721 年），中受降城始隸於朔方鎮，乾元元年（758 年）改隸於振武鎮，寶應元年（762 年）復隸於朔方鎮，大曆十四年（779 年）改隸於振武鎮，約元和九年（814 年）改隸於豐州鎮。

圖 2-10　豐州鎮轄區圖（814 年）

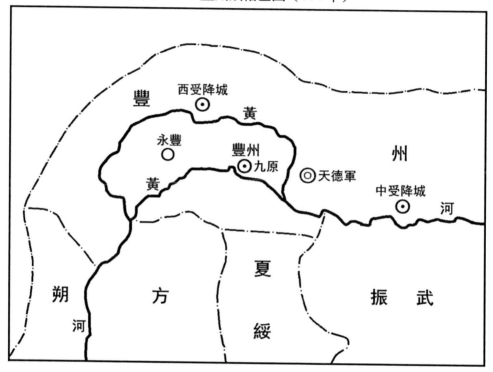

第三章 都畿道藩鎮

　　都畿道建置的藩鎮較少，只有東畿、河陽、陝虢三個藩鎮。

　　東畿鎮始置於至德元載（756 年），數年後廢除，大曆十四年（779 年）復置，此後長期轄有河南府和汝州，治於河南府。

　　河陽鎮建置於建中二年（781 年），較長時間內轄有河陽三城和懷、孟、澤等州，治於孟州（河陽）。雖然河陽鎮的部分轄區位於河北道內，但其會府也屬於都畿道，因此將河陽鎮視為都畿道內的藩鎮。唐末，諸葛爽、諸葛仲方父子曾經割據於河陽鎮。文德元年（888 年），河陽鎮最終被宣武節度使朱溫兼併。

　　陝虢鎮始置於乾元二年（759 年），長期轄有陝、虢二州，治於陝州。唐末，陝虢鎮一度成為河中鎮王重榮家族的附屬藩鎮，軍號保義軍。光化二年（899 年），陝虢鎮最終被宣武節度使朱溫兼併。

　　這一章主要研究都畿道內的東畿、河陽、陝虢三個藩鎮。

第一節　東畿鎮

　　東畿鎮，又稱都畿鎮，是唐朝廷建置於東都洛陽的一個藩鎮，其建置的主要意義是保衛東都。唐末，東畿鎮先後被諸葛爽、秦宗權、張全義等勢力佔據。最終，張全義以東都歸附於宣武軍節度使朱溫，東畿鎮成為朱溫的勢力範圍。

一、東畿鎮的轄區沿革

　　東畿鎮的建置沿革為：東畿觀察使（756～764、779～783）—東畿汝州節

度使（783～785）—東畿唐汝鄧都防禦使（785～786）—東畿唐汝鄧都防禦觀察使（786～787）—東畿汝都防禦觀察使（787～789）—東畿汝都防禦使（789～808、818～821、822～885）—東畿觀察防遏使（885～888）。

唐代中後期，朝廷曾經數次建置東畿鎮。東畿鎮初置時期（756～764年），主要轄有河南府和懷州，治於河南府，其後罷領懷州，增領汝州。大曆十四年（779年）之後，東畿鎮主要轄有河南府和汝州。

（一）唐代中後期東畿鎮的轄區沿革

唐玄宗在位末年，爆發了安祿山的叛亂。天寶十四載（755年）十二月，叛軍攻佔東都洛陽。至德元載（756年），朝廷為了抵禦叛軍，在東都建置東畿觀察使。當時東畿鎮轄有河南府和河內、滎陽、臨汝、陝四郡，不久滎陽郡改隸於淮西鎮。《方鎮表一》記載：本年（756年），「置東畿觀察使，領懷、鄭、汝、陝四州，尋以鄭州隸淮西。」〔註1〕當時全國使用郡名，懷、鄭、汝、陝四州當時實際分別為河內郡、滎陽郡、臨汝郡、陝郡。值得注意的是，當時東畿鎮所轄的諸郡實際都被叛軍佔據。

乾元元年（758年），東畿鎮下轄諸郡恢復使用州名。同年，汝州改隸於其他藩鎮。《方鎮表一》記載：本年，「陝州隸陝虢華節度，汝州隸豫許汝節度」。對於陝州建置陝虢華節度的時間，此處記載有誤。根據本章第三節《陝虢鎮的轄區沿革》的考述，陝虢華節度實際建置於乾元二年（759年）〔註2〕。所以，陝州改隸於陝虢鎮是在乾元二年。

廣德元年（763年），東畿鎮所轄的懷州改隸於澤潞鎮。《方鎮表三》記載：本年，「澤潞節度增領懷、衛二州，尋以衛州還相衛節度。」〔註3〕至此，東畿鎮僅轄有河南府。

廣德二年（764年），朝廷廢除東畿鎮。《方鎮表一》記載：本年，「罷東畿觀察使」。

直至大曆十四年（779年）六月，朝廷復置東畿鎮，轄有河南府和汝州。據《舊唐書》記載：本年六月「辛酉，罷宣歙池、鄂岳沔二都團練觀察使、陝虢都防禦使，以其地分隸諸道。復置東都京畿觀察使，以御史中丞為之。」〔註4〕《方

〔註1〕《新唐書》卷六十四《方鎮表一》，第1162～1190頁。下文同，不再引注。
〔註2〕詳見本章第三節《陝虢鎮的轄區沿革》。
〔註3〕《新唐書》卷六十六《方鎮表三》，第1234頁。
〔註4〕《舊唐書》卷十二《德宗本紀上》，第322頁。

鎮表一》也記載：本年，「復置東畿觀察使，以留臺御史中丞兼之，復領汝州。」

　　此前，汝州是隸屬於淮西鎮的。本年三月，淮西鎮發生兵變，牙將李希烈驅逐節度使李忠臣。朝廷為了削弱淮西鎮實力，將汝州劃歸東畿鎮管轄。

　　賴青壽先生在其博論《唐後期方鎮建置沿革研究》中推測，大曆十四年（779年）至建中二年（781年），東畿鎮還轄有陝、虢二州〔註5〕。但筆者查閱諸多史料，均無法證實此觀點。因此，筆者認為二州當時並不隸屬於東畿鎮〔註6〕。

　　建中二年（781年）正月，河北藩鎮叛亂，朝廷任命東都留守路嗣恭兼領河陽三城和懷、鄭、汝、陝四州。《資治通鑑》記載：本年正月，「又以東都留守路嗣恭為懷、鄭、汝、陝四州、河陽三城節度使。」〔註7〕《舊唐書》也記載：本年正月，「以兵部尚書、東都留守路嗣恭為鄭汝陝河陽三城節度、東畿觀察等使。」〔註8〕此時，路嗣恭是以東都留守、東畿觀察使的身份兼領河陽節度使，並不代表東畿鎮轄有懷、鄭、汝、陝四州，河陽鎮的轄區是河陽三城和懷、鄭、陝三州，東畿鎮的轄區仍然是河南府和汝州。

　　同年（781年）六月，朝廷將東畿所轄的河陽、氾水、河清、濟源、溫縣五個縣劃給河陽鎮。《資治通鑑》記載：建中二年六月，「以懷、鄭、河陽節度副使李芃為河陽、懷州節度使，割東畿五縣隸焉。」〔註9〕

　　建中四年（783年）正月，淮西節度使李希烈發動叛亂，派部將李克誠攻取汝州。朝廷為了討伐李希烈，升東畿觀察使為東畿汝州節度使。《資治通鑑》記載：本年正月「庚寅，李希烈遣其將李克誠襲陷汝州，執別駕李元平……戊戌，以左龍武大將軍哥舒曜為東都、汝州節度使。」〔註10〕《方鎮表一》也記載：本年，「罷觀察，置東畿汝州節度。」同年二月，哥舒曜收復汝州，擒獲李希烈任命的刺史周晃。

　　貞元元年（785年），東畿汝州節度使降為都防禦使，增領唐、鄧二州。《方鎮表一》記載：本年，「廢東都畿汝州節度，置都防禦使，以東都留守兼

〔註5〕賴青壽：《唐後期方鎮建置沿革研究》第三章第二節《陝虢觀察使沿革》，第59頁。
〔註6〕詳見本章第三節《陝虢鎮的轄區沿革》。
〔註7〕《資治通鑑》卷二百二十六《建中二年》，第7295～7296頁。
〔註8〕《舊唐書》卷十二《德宗本紀上》，第327頁。
〔註9〕《資治通鑑》卷二百二十七《建中二年》，第7303頁。
〔註10〕《資治通鑑》卷二百二十八《建中四年》，第7338、7341頁。

之，增領唐、鄧二州。」實際上，此時唐、鄧二州仍然在李希烈的控制下，直至貞元二年（786年）朝廷才收復二州。《新唐書》記載：本年「七月，李希烈將薛翼以唐州降」。《全唐文》記載：「（李）希烈無妄生釁，復以怒取，使宿賊封有麟主張焉……景寅歲……（李）季汶雅有膽略，以機擒敵，以誠誓眾，遂梟有麟以聞。」〔註11〕所以，東畿鎮實際增領唐、鄧二州是在貞元二年。

在此期間，朝廷曾經於貞元二年（786年）將東畿汝州都防禦使升為都防禦觀察使。

貞元三年（787年），朝廷最終平定淮西鎮，將唐、鄧二州劃入山南東道。

貞元五年（789年），朝廷降東都畿汝州觀察使為都防禦使。《方鎮表一》記載：貞元五年「罷東都畿汝州觀察使，置都防禦使，汝州別置防禦使」；元和三年，「罷東都畿汝州都防禦使。」由《唐刺史考全編》的考證來看，貞元五年至元和三年期間，東都留守仍然長期兼領東都畿汝州都防禦使〔註12〕。由此可知，貞元五年別置汝州防禦使的記載有誤，貞元五年至元和三年期間，汝州仍然隸屬於東畿鎮。

元和三年（808年），朝廷廢除東畿鎮，前文所引《方鎮表一》有載。東畿鎮廢除之後，河南府成為中央直屬區，汝州改隸於陝虢鎮。

大約在元和九年（814年）十月，朝廷在河南府建置都畿防禦使。《舊唐書》記載：本年十月「戊辰，以尚書左丞呂元膺檢校工部尚書、東都留守。」〔註13〕同書又記載：「（呂元膺）代權德輿為東都留守、檢校工部尚書、兼御史大夫、都畿防禦使。」〔註14〕除呂元膺之外，許孟容也於元和十二年（817年）出任都畿防禦使。《舊唐書》記載：元和十二年五月「己亥，以尚書左丞許孟容為東都留守，充都畿防禦使。」〔註15〕由這些記載可知，元和九年（814年）之後建置有都畿防禦使。當時，淮西節度使吳少陽去世，其子吳元濟叛亂。朝廷建置都畿防禦使的目的，實則是為了防禦淮西鎮。都畿防禦使建置後，河南府仍為中央直屬府。

元和十三年（818年），復置東畿鎮，仍然轄有河南府和汝州。《方鎮表

〔註11〕（清）董誥等編：《全唐文》卷六百八十九《鄧州刺史廳壁記》，第7056頁。
〔註12〕郁賢皓：《唐刺史考全編》卷四八《東都（洛陽宮、神都、東京）》，第556～558頁。
〔註13〕《舊唐書》卷十五《憲宗本紀下》，第451頁。
〔註14〕《舊唐書》卷一百五十四《呂元膺傳》，第4104頁。
〔註15〕《舊唐書》卷十五《憲宗本紀下》，第459頁。

一》記載：本年，「汝州隸東畿，復置東都畿汝州都防禦使，兼東都留守如故。」《舊唐書》記載：本年三月，「以同州刺史鄭絪為東都留守、都畿汝防禦使。」〔註16〕

長慶元年（821年）十月，東畿鎮再次被廢除，河南府和汝州成為中央直屬州（府）。《方鎮表一》記載：本年，「東都畿防禦罷領汝州。」東畿鎮廢除之後，河南府和汝州都建置有防禦使。《舊唐書》記載：本年十月「壬申，以東都留守鄭絪為吏部尚書。以吏部尚書李絳檢校右僕射，判東都尚書省事、東都留守、都畿防禦使。」〔註17〕同書又記載：「（王正雅）出為汝州刺史，充本州防禦使。」〔註18〕《唐刺史考全編》考證，王正雅出任汝州刺史大約在長慶末〔註19〕。據此來看，王正雅出任汝州防禦使必定在長慶元年至二年期間。

長慶二年（822年）二月，復置東畿鎮，仍然轄有河南府和汝州。《方鎮表一》記載：本年，「東都畿復領汝州」。《舊唐書》也記載：本年二月，「以河東節度使、司空、兼門下侍郎、平章事裴度守司徒、平章事，充東都留守，判東都尚書省事、都畿汝防禦使、太微宮等使。」〔註20〕

此後，東畿鎮長期保持東畿汝州都防禦使的建置，轄有河南府和汝州。根據《唐刺史考全編》的考證可以看出，長慶二年後，歷任東都留守多帶東畿汝州都防禦使的職務〔註21〕。

（二）唐末各路軍閥對東畿鎮的爭奪

唐末，東畿鎮曾經被王仙芝、黃巢、秦宗權等勢力集團攻佔。據《資治通鑒》記載：乾符三年（876年）九月，「王仙芝陷汝州，執刺史王鐐」；廣明元年（880年）十一月，「黃巢陷東都，留守劉允章帥百官迎謁。」〔註22〕

中和四年（884年），河陽節度使諸葛爽奪取東都和河南府，以部將李罕之為東都留守、河南尹。《舊唐書》記載：「諸葛爽據河陽、洛陽。」〔註23〕《舊

〔註16〕《舊唐書》卷十五《憲宗本紀下》，第462頁。

〔註17〕《舊唐書》卷十六《穆宗本紀》，第491頁。

〔註18〕《舊唐書》卷一百六十五《王正雅傳》，第4298頁。

〔註19〕郁賢皓：《唐刺史考全編》卷五四《汝州（伊州、臨汝郡）》，第723頁。

〔註20〕《舊唐書》卷十六《穆宗本紀》，第495頁。

〔註21〕郁賢皓：《唐刺史考全編》卷四八《東都（洛陽宮、神都、東京）》，第561～569頁。

〔註22〕《資治通鑒》卷二百五十二《乾符三年》、卷二百五十四《廣明元年》，第8185、8236頁。

〔註23〕《舊唐書》卷十九下《僖宗本紀》，第720頁。

五代史》記載：「中和四年，（諸葛）爽表（李）罕之為河南尹、東都留守。」〔註24〕《新唐書》也記載：諸葛爽「又表（李罕之）為河南尹、東都留守，使捍蔡。」〔註25〕

光啟元年（885年）六月，秦宗權的部將孫儒攻取了東都，李罕之退往澠池縣。七月，孫儒焚毀東都的宮殿、民居，棄城而去，李罕之再次進入東都。《資治通鑑》記載：本年六月，「（李罕之）棄城，西保澠池，（秦）宗權陷東都。」七月，「孫儒據東都月餘，燒宮室、官寺、民居，大掠席卷而去，城中寂無雞犬。李罕之復引其眾入東都。」〔註26〕

同年（885年），東畿鎮建置為東畿觀察防遏使，《方鎮表一》對此有載。

光啟二年（886年），秦宗權遣其部將孫儒再次攻取東都，李罕之則退往澤州。

光啟三年（887年）五月，秦宗權軍在邊孝村之戰失敗之後，再次棄東都而去。東都、河南府則被原諸葛爽的部將張全義佔據。《資治通鑑》記載：本年六月，「（張）全義據東都，共求援於河東……（李克用）表李罕之為河陽節度使，全義為河南尹。」〔註27〕

文德元年（888年）三月，張全義歸附於宣武軍節度使朱溫。同年六月，朱溫上表以東都建置為佑國軍，任命張全義為節度使。《資治通鑑》記載：本年六月，「置佑國軍於河南府，以張全義為節度使。」〔註28〕《方鎮表一》對此記載是錯誤的，其記載：光啟元年（885年），「置東畿觀察兼防遏使」；三年（887年），「升東畿觀察兼防遏使為佑國軍節度」。

其後，佑國鎮成為朱溫集團實際控制的藩鎮。

綜上所述，東畿鎮的轄區沿革可總結如表3-1所示。

表3-1　東畿鎮轄區統計表

時　期	轄區總計	會　府	詳細轄區
756年～758年	1府3郡	河南府	河南府、河內、臨汝、陝
758年～759年	1府2州	河南府	河南府、懷、陝

〔註24〕《舊五代史》卷十五《梁書·李罕之傳》，第206頁。
〔註25〕《新唐書》卷一百八十七《李罕之傳》，第4194頁。
〔註26〕《資治通鑑》卷二百五十六《光啟元年》，第8323～8324頁。
〔註27〕《資治通鑑》卷二百五十七《光啟三年》，第8358頁。
〔註28〕《資治通鑑》卷二百五十七《文德元年》，第8380頁。

759 年～763 年	1 府 1 州	河南府	河南府、懷
763 年～764 年	1 府	河南府	河南府
779 年～786 年	1 府 1 州	河南府	河南府、汝
786 年～787 年	1 府 3 州	河南府	河南府、汝、鄧、唐
787 年～808 年	1 府 1 州	河南府	河南府、汝
818 年～821 年	1 府 1 州	河南府	河南府、汝
822 年～888 年	1 府 1 州	河南府	河南府、汝

二、東畿鎮下轄州縣沿革

東畿鎮長期轄有河南府和汝州，短期轄有懷、陝、鄧、唐等州。其中，陝、鄧、唐三州隸屬於東畿鎮的時間較短，在此不作敘述。

（一）東畿鎮長期轄有的州

河南府：756 年～764 年、779 年～808 年、814 年～888 年屬東畿鎮，為會府。天寶十四載（755 年）十二月，河南府為安祿山所陷〔註29〕。至德元載（756 年），安祿山建立燕國，以河南府為都城。同年，朝廷置東畿觀察使。二載（757 年）十月，朝廷收復河南府〔註30〕。乾元二年（759 年）九月，河南府為史思明所陷〔註31〕。寶應元年（762 年）十月，朝廷收復河南府〔註32〕。廣德二年（764 年），東畿觀察使廢，河南府成為中央直屬府。大曆十四年（779年），復置東畿觀察使於河南府。元和三年（808 年），東畿鎮廢，河南府復為中央直屬府。元和十三年（818 年），復置東畿汝州都防禦使，治於河南府。長慶元年（821 年），東畿鎮廢，河南府為中央直屬府。長慶二年（822 年），又置東畿汝州都防禦使，治於河南府。

轄有洛陽、河南、偃師、緱氏、鞏、伊闕、密、登封、福昌、壽安、澠池、王屋、長水、伊陽、河陰、陽翟、潁陽、告成、永寧、新安、陸渾、河陽、氾水、溫、濟源、河清等縣，治於洛陽縣。

〔註29〕《資治通鑒》卷二百一十七《天寶十四載》第 6939 頁記載：十二月，「丁酉，（安）祿山陷東京。」

〔註30〕《資治通鑒》卷二百二十《至德二載》第 7040～7041 頁記載：十月，「（安）慶緒帥其黨自（東京）苑門出，走河北……廣平王（李）俶之入東京。」

〔註31〕《資治通鑒》卷二百二十一《乾元二年》第 7083 頁記載：九月「庚寅，（史）思明入洛陽」。

〔註32〕《資治通鑒》卷二百二十二《寶應元年》第 7134 頁記載：十月，「（僕固）懷恩進克東京及河陽城。」

河陰縣：會昌三年（843年），改隸於孟州〔註33〕。

偃師縣：至德元載（756年）至二載（757年），安祿山政權佔據偃師縣時，曾改偃師縣為殷都縣〔註34〕。

河南府還曾經轄有以下五縣：

河陽、汜水、溫、濟源四縣：廣德元年（763年），置河陽三城使於河陽縣，四縣隸之；建中二年（781年），置河陽節度使於河陽縣，四縣仍隸之；會昌三年（843年），置孟州，轄河陽、河清、濟源、溫、汜水五縣，治於河陽縣。同年，河清縣改隸於河南府〔註35〕。

河清縣：原隸於河南府，廣德元年（763年）始隸於河陽三城使，建中二年（781年）隸於河陽鎮，會昌三年（843年）隸於孟州，同年復隸於河南府，後廢，咸通中復置〔註36〕。

汝州：779年～808年、818年～888年屬東畿鎮。天寶元年（742年），汝州改為臨汝郡。十四載（755年）十二月，為安祿山政權所陷〔註37〕。至德元載（756年），朝廷以臨汝郡隸於東畿鎮，實際仍為安氏政權所據，改為汝州。二載（757年），朝廷收復，仍作臨汝郡。乾元元年（758年），臨汝郡復為汝州，改隸於豫許汝節度使。二年（759年），為史思明政權所陷，改為臨汝郡。寶應元年（762年）十月，收復，復為汝州。大曆八年（773年），汝州改隸於淮西鎮，十四年（779年）復隸於東畿鎮。元和三年（808年），改隸於陝虢鎮，九年（814年）改隸於河陽鎮，十三年（818年）復隸於東畿鎮。長慶元年（821年），汝州成為中央直屬州，置汝州防禦使。長慶二年（822年），復隸於東畿鎮。

轄有梁、臨汝、魯山、葉、襄城、郟城、龍興七縣，治於梁縣。

（二）東畿鎮短期轄有的州

懷州：756年～763年屬東畿鎮。天寶元年（742年），懷州改為河內郡。十四載（755年）十二月，為安祿山所陷。至德元載（756年），朝廷以河內郡隸於

〔註33〕《新唐書》卷三十九《地理志三》，第664頁。

〔註34〕柳金福：《〈大燕岐元圖墓誌〉考釋》，《乾陵文化研究》第十四輯，第405～410頁。文中有《大燕故易州司法參軍岐府君（元圖）墓誌銘並序》，其中記載：誌主岐元圖「即以聖武二年正月十二日，權窆於殷都縣首陽之南原，禮也。」據此可知，安祿山政權曾改偃師縣為殷都縣。

〔註35〕詳見第三章第二節《河陽鎮下轄州縣沿革》。

〔註36〕《新唐書》卷三十八《地理志二》，第646～647頁。

〔註37〕《資治通鑒》卷二百一十七《天寶十四載》第6940頁記載：十二月，「（安）祿山使其將崔乾祐屯陝，臨汝、弘農、濟陰、濮陽、雲中郡皆降於祿山。」

東畿鎮，實際仍為安氏政權所據，改為懷州。二載（757年）十月，收復〔註38〕，改為河內郡。乾元元年（758年），復為懷州。二年（759年）三月，為史思明所陷，改為河內郡。上元元年（760年）十一月，收復〔註39〕，改為懷州。二年（761年）二月，又陷於史氏政權〔註40〕，改為河內郡。寶應元年（762年）十月，收復〔註41〕，仍為懷州。廣德元年（763年），改隸於澤潞鎮。

轄有河內、武德、武陟、修武、獲嘉五縣，治於河內縣。

圖 3-1　東畿鎮轄區圖（781年）

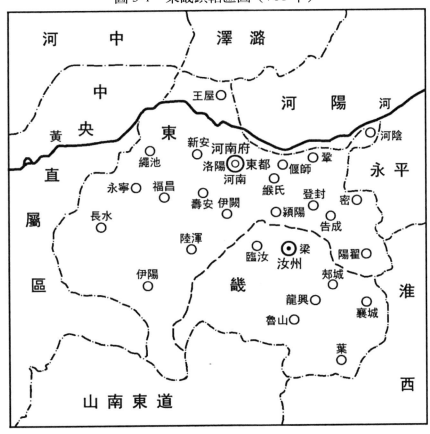

〔註38〕《資治通鑑》卷二百二十《至德二載》第7042頁記載：十月「乙丑，郭子儀遣左兵馬使張用濟、右武鋒使渾釋之將兵取河陽及河內」。

〔註39〕《資治通鑑》卷二百二十一《上元元年》第7099頁記載：十一月，「李光弼攻懷州，百餘日，乃拔之，生擒安太清。」

〔註40〕《資治通鑑》卷二百二十二《上元二年》第7106頁記載：二月，「（李）抱玉亦棄河陽走，河陽、懷州皆沒於賊。」

〔註41〕《資治通鑑》卷二百二十二《寶應元年》第7134頁記載：十月「壬申，官軍至洛陽北郊，分兵取懷州；癸酉，拔之。」

第二節　河陽鎮

河陽鎮，軍號河陽軍，其轄區較小，長期轄有懷、孟、澤三州，治於河陽（孟州）。唐末，諸葛爽、李罕之先後割據河陽鎮。文德元年（888年），河陽鎮為宣武節度使朱溫所取。姜海波先生的碩士學位論文《唐代河陽鎮研究》對河陽鎮的建置沿革有過較為詳細的研究，對於本節的考述有著重要幫助〔註42〕。

一、河陽鎮的轄區沿革

河陽鎮的建置沿革為：河陽三城懷州節度使（781～783）—河陽軍節度使（783～785）—河陽三城懷州都團練使（785～796）—河陽三城懷州節度使（796～843）—河陽三城節度使（843～888）。

河陽鎮前期僅轄有懷州，治於河陽，也曾短期增領汝州，並徙治汝州。會昌年間，河陽鎮分置孟州，又增領澤州，因而其後長期轄有懷、孟、澤三州，治於孟州。

（一）河陽三城使的建置

河陽鎮的前身為河陽三城使，建置於廣德元年（763年）。《舊唐書》記載：「乾元中，史思明再陷洛陽，太尉李光弼以重兵守河陽。及雍王（李适）平賊，留觀軍容使魚朝恩守河陽，乃以河南府之河陽、河清、濟源、溫四縣租稅入河陽三城使。河南尹但總領其縣額。尋又以氾水軍賦隸之。」〔註43〕其中提及的雍王平賊，是指「寶應元年（762年）十月，（雍王李适）屯於陝州，諸將進擊史朝義，敗之，朝義走河北，遂克東都」〔註44〕。《舊唐書》又記載：大曆六年（771年）八月，「以東都副留守常休明為檢校左散騎常侍、河陽三城使」〔註45〕。

河陽三城使當時管轄有河陽三城，所謂河陽三城，是指北中城、中潬城、南城〔註46〕。因為三城都是軍事要地，所以駐有重兵。同時，河陽三城使還享有河南府的河陽、河清、濟源、溫、氾水五縣的賦稅。

對於河陽三城使的建置時間，姜海波先生羅列出各史料記載的不一致，但

〔註42〕姜海波：《唐代河陽鎮研究》，碩士學位論文，南京師範大學大學歷史系，2013年。

〔註43〕《舊唐書》卷三十八《地理志一》，第1425頁。

〔註44〕《新唐書》卷七《德宗本紀》，第117頁。

〔註45〕《舊唐書》卷十一《代宗本紀》，第298頁。

〔註46〕嚴耕望：《唐代交通圖考》篇四《洛陽太原驛道》，上海：上海古籍出版社，2007年，第131頁。

沒有最終確認其建置時間。其中，《舊唐書》《資治通鑑》《讀史方輿紀要》均記載為寶應元年十月至廣德元年。〔註47〕《新唐書》記載：「建中二年，以河南府之河陽、河清、濟源、溫租賦入河陽三城使」〔註48〕，當是誤載為河陽節度使建置之時間。《太平寰宇記》雖言「開元初年以溫、河陽、汜水、濟源、河清五縣為東京畿邑，屬河南府，其稅權隸三城使」，卻又曰「河陽五縣自艱難以來，割屬河陽三城使」〔註49〕。這裡的「艱難」當指安史之亂，故所謂「開元初年」有不實之嫌。筆者認為，河陽三城使的建置時間，大約是在廣德元年。

大曆十年（775年）二月，河陽發生兵變，將士驅逐常休明，擁立兵馬使王惟恭為帥。朝廷派冉庭蘭為河陽監軍，撫慰河陽的將士，同年十月又任命馬燧為河陽三城使。大曆十四年（779年）五月，朝廷調馬燧為河東節度使，改任陳州刺史李芃為河陽三城使。

（二）唐代中後期河陽鎮的轄區沿革

建中年間，魏博、淄青、成德、幽州四鎮之亂爆發，威脅到東都洛陽的安全，朝廷為了防衛東都，升河陽三城使為節度使，建置河陽鎮。

建中二年（781年）正月，朝廷正式建立河陽鎮，轄有河陽三城和懷、鄭、陝三州，治於河陽。《資治通鑑》記載：本年正月，「又以東都留守路嗣恭為懷、鄭、汝、陝四州、河陽三城節度使。」〔註50〕值得注意的是，路嗣恭是以東都留守、東畿觀察使的身份兼領河陽節度使。汝州在此前隸屬於東畿鎮，此時應當仍然隸屬於東畿鎮。不久後，朝廷將鄭州劃歸永平鎮，將陝州劃為中央直屬州。因此，河陽鎮僅轄有河陽三城和懷州。於是，朝廷在同年六月將東畿所轄的河陽、汜水、河清、濟源、溫縣五個縣劃給河陽鎮。《資治通鑑》記載：「以懷、鄭、河陽節度副使李芃為河陽、懷州節度使，割東畿五縣隸焉。」〔註51〕《舊唐書》也記載：本年五月（此處記載有誤，實際為六月），「壬子，以懷鄭河陽節度副使李芃為河陽三城、懷州節度使，仍割東畿五縣隸焉。」〔註52〕

〔註47〕姜海波：《唐代河陽鎮研究》，碩士學位論文，南京師範大學大學歷史系，2013年，第18頁。

〔註48〕《新唐書》卷三十九《地理志三》，第664頁。

〔註49〕（宋）樂史：《太平寰宇記》卷五十二《河北道一》，北京：中華書局，2007年，第1075～1076頁。

〔註50〕《資治通鑑》卷二百二十六《建中二年》，第7295～7296頁。

〔註51〕《資治通鑑》卷二百二十七《建中二年》，第7303頁。

〔註52〕《舊唐書》卷十二《德宗本紀上》，第329頁。

由於當時魏博節度使田悅、淄青節度使李正己等人叛亂，嚴重威脅到東都洛陽的安全。所以，河陽鎮的建置是為了防禦河北藩鎮，捍衛東都洛陽。

另外，朝廷還將魏博鎮下轄的衛州劃歸河陽鎮管轄。所以，河陽節度使當時又稱為懷衛節度使。比如《方鎮表一》就記載：建中二年，「置河陽三城節度使，以東都畿觀察使兼之，領懷、鄭、汝、陝四州，尋置使，增領東畿五縣及衛州，亦曰懷衛節度使。」〔註53〕但是，衛州在魏博鎮的實際控制之下，河陽鎮僅僅是名義上領有衛州而已。

對於河陽鎮建置之初的治所，姜海波先生認為在懷州〔註54〕，其實有誤。河陽節度使雖然兼領懷州刺史，卻沒有治於懷州，而是治於河陽。

建中四年（783年）二月，朝廷賜河陽鎮軍號河陽軍。《資治通鑒》記載：本年二月「丙寅，以河陽三城、懷、衛州為河陽軍。」〔註55〕

興元元年（784年）正月，魏博節度使田悅歸順朝廷後，河陽鎮名義上也不再領有衛州，僅轄有河陽三城、懷州。

貞元元年（785年），河陽懷州節度使降為都團練使。《舊唐書》記載：本年五月，「以河陽都知兵馬使雍希顏為河陽懷都團練使」〔註56〕，四年（788年）十月，「以右神策將軍李長榮為河陽三城懷州團練使，仍賜名元（淳）。」〔註57〕

貞元十二年（796年），朝廷再次升河陽三城懷州團練使為河陽懷節度使，仍治於河陽。《方鎮表一》記載，本年，「復置河陽懷節度，治河陽。」

元和九年（814年）八月，河陽鎮增領汝州，並徙治於汝州。《方鎮表一》記載：本年，「河陽節度增領汝州，徙治汝州。」《資治通鑒》也記載：本年閏八月，「（李）吉甫以為汝州扞蔽東都，河陽宿兵，本以制魏博，今（田）弘正歸附。則河陽為內鎮，不應屯重兵以示猜阻。辛酉，以河陽節度使烏重胤為汝州刺史，充河陽懷汝節度使，徙理汝州。」〔註58〕

其實，河陽鎮之所以徙治於汝州，不僅跟魏博節度使田弘正的歸附有關，還有朝廷防範淮西鎮的用意。當時彰義節度使吳少陽剛剛去世，其子吳元濟自領留務。次年（815年）正月，吳元濟縱兵侵掠，及於東畿。在這樣的背景下，

〔註53〕《新唐書》卷六十四《方鎮表一》，第1168～1190頁。下文同，不再引注。

〔註54〕姜海波：《唐代河陽鎮研究》，碩士學位論文，南京師範大學大學歷史系，2013年，第10～11頁。

〔註55〕《資治通鑒》卷二百二十八《建中四年》，第7342頁。

〔註56〕《舊唐書》卷十二《德宗本紀上》，第349頁。

〔註57〕《舊唐書》卷十三《德宗本紀下》，第367頁。

〔註58〕《資治通鑒》卷二百三十九《元和九年》，第7705～7706頁。

朝廷詔令河陽等十六道進軍討伐，直至元和十二年（817 年）平定淮西鎮。

元和十三年（818 年）六月，河陽節度使罷領汝州，徙治於河陽縣。《資治通鑑》記載：本年六月，「復以烏重胤領懷州刺史，鎮河陽。」〔註59〕《舊唐書》也記載：本年十一月，「以華州刺史令狐楚為懷州刺史，充河陽三城、懷孟節度使。」〔註60〕《方鎮表一》則記載為：元和十三年（818 年），「罷河陽節度」；會昌三年（843 年），「復置河陽節度，徙治孟州」。這樣的記載容易讓人誤解為，元和十三年至會昌三年期間不存在河陽節度使的建置。其實這是錯誤的，河陽鎮並未被廢除。《舊唐書》的記載也有錯誤，當時並不存在孟州，河陽鎮仍轄有河陽三城和懷州，治於河陽。

會昌三年（843 年）九月，朝廷分懷州下轄的河陽、汜水、河清、溫、濟源五個縣建置孟州，治於河陽縣。因此，河陽鎮增領孟州，並治於孟州。《資治通鑑》記載：本年九月，「河陽節度先領懷州刺史，常以判官攝事，割河南五縣租賦隸河陽，不若遂以五縣置孟州，其懷州別置刺史……上採其言。」〔註61〕

會昌三年（843 年），昭義節度使劉從諫病死，其侄劉稹謀求世襲，遭到朝廷討伐。

會昌四年（844 年）九月，朝廷平定昭義鎮劉稹之後，將昭義鎮的澤州劃歸河陽鎮管轄。《資治通鑑》記載：本年九月，「詔以澤州隸河陽節度。」〔註62〕朝廷對孟州、澤州的劃分，不僅削弱了昭義鎮，還增強了河陽鎮。朝廷對二州劃分的目的，即在於此。

此後，河陽鎮長期轄有河陽三城和孟、懷、澤三州，治於孟州。

（三）唐末各路軍閥對河陽鎮的爭奪

唐末，河陽鎮成為割據的藩鎮。廣明元年（880 年）十二月，夏綏節度使諸葛爽投降黃巢，被黃巢授為河陽節度使，開始了諸葛爽在河陽鎮的割據。

中和元年（881 年），昭義節度使高潯曾經攻取澤州。《全唐文》記載：「高潯之下澤州，將攻偽帥。」〔註63〕這裡的「偽帥」當指諸葛爽。不久，高潯為黃巢部將所敗，隨即又為部將成麟所殺，澤州應該復為諸葛爽所取。

中和二年（882 年）八月，魏博節度使韓簡派兵進攻河陽鎮，諸葛爽兵敗

〔註59〕《資治通鑑》卷二百四十《元和十三年》，第 7751 頁。

〔註60〕《舊唐書》卷十五《憲宗本紀下》，第 465 頁。

〔註61〕《資治通鑑》卷二百四十七《會昌三年》，第 7991 頁。

〔註62〕《資治通鑑》卷二百四十八《會昌四年》，第 8010 頁。

〔註63〕（清）董誥等編：《全唐文》卷八十六《諭秦宗權制》，第 909 頁。

後棄城而逃。韓簡奪取河陽鎮的懷、孟二州，留兵戍守二州。中和三年（883年）二月，諸葛爽又率軍奪回懷、孟二州。《資治通鑑》記載：中和二年八月，「魏博節度使韓簡亦有兼併之志，自將兵三萬攻河陽，敗諸葛爽於脩武；爽棄城走，簡留兵戍之。」三年二月，「爽復襲取河陽，朱瑄請和，簡乃捨之，引兵擊河陽；爽遣（李）罕之逆戰於武陟，魏軍大敗而還。」〔註64〕

中和四年（884年），諸葛爽取得東畿鎮，以其部將李罕之為河南尹、東都留守。對此，《新唐書》記載：諸葛爽「又表（李罕之）為河南尹、東都留守，使捍蔡。」〔註65〕《舊唐書》也記載：「時李昌符據鳳翔……諸葛爽據河陽、洛陽。」〔註66〕

光啟元年（885年）六月，秦宗權的部將孫儒攻克東都，李罕之逃走。同年七月，孫儒在東都燒殺搶掠之後棄城而去，李罕之再次引兵進入東都〔註67〕。

光啟二年（886年）十月，諸葛爽去世，其子諸葛仲方繼位。同年十二月，孫儒攻陷孟州，自稱河陽節度使，諸葛仲方逃走。懷、澤二州則被諸葛爽的部將張全義、李罕之佔據，孫儒據有河陽三城、孟州、河南府、汝州。《資治通鑑》記載：本年十二月，「（孫）儒進陷河陽，留後諸葛仲方奔大梁。儒自稱節度使，張全義據懷州，李罕之據澤州以拒之。」〔註68〕

光啟三年（887年）五月，秦宗權在邊孝村之戰大敗後，孫儒在孟州屠殺百姓，燒毀房屋後，率兵南下。李罕之又佔據了河陽，張全義則佔據了東都。至於澤州，則被河東節度使李克用奪取〔註69〕。

文德元年（888年）二月，李罕之攻取河中鎮的絳州，又進攻晉州。河中節度使王重盈於是與張全義密謀進攻李罕之，奪回絳州。張全義攻取河陽，自稱河陽節度使。李罕之逃往澤州，同年三月被河東節度使李克用任命為澤州刺史，也號稱河陽節度使。其後，李罕之在李克用的援助下進攻河陽，張全義向朱溫求救，此後歸附於朱溫。四月，朱溫以丁會為河陽節度使。至此，河陽鎮被朱溫兼併〔註70〕。

〔註64〕《資治通鑑》卷二百五十五《中和二年》《中和三年》，第 8274、8288 頁。
〔註65〕《新唐書》卷一百八十七《李罕之傳》，第 4194 頁。
〔註66〕《舊唐書》卷十九下《僖宗本紀》，第 720 頁。
〔註67〕《資治通鑑》卷二百五十六《光啟元年》，第 8323～8324 頁。
〔註68〕《資治通鑑》卷二百五十六《光啟二年》，第 8342 頁。
〔註69〕郁賢皓：《唐刺史考全編》卷八七《澤州（高平郡）》，第 1266 頁。據書中所考，光啟三年（887年），河東節度使李克用以安金俊為澤州刺史。
〔註70〕以上兩段內容可詳見《資治通鑑》卷二百五十七《文德元年》，第 8356～8378 頁。

另外，李罕之佔據澤州，稱河陽節度使。直至光化元年（898年）十二月，李罕之率兵奪取潞州，遭到李克用的譴責，於是歸降於朱溫。次年（899年）正月，朱溫表奏李罕之為昭義節度使。五月，李克用派兵進攻李罕之，朱溫則出兵救援。同年六月，朱溫改任李罕之為河陽節度使，任命部將丁會為昭義節度使。李罕之前往河陽任職，行至懷州途中去世〔註71〕。至此，澤州也最終為朱溫所取。

綜上所述，河陽鎮的轄區沿革可總結如表3-2所示。

表3-2　河陽鎮轄區統計表

時　期	轄區總計	會　府	詳細轄區
781年～814年	1州	河陽	河陽三城、懷
814年～818年	2州	汝州	河陽三城、懷、汝
818年～843年	1州	河陽	河陽三城、懷
843年～844年	2州	孟州	河陽三城、孟、懷
844年～882年	3州	孟州	河陽三城、孟、懷、澤
882年～883年	1州	—	澤、〔河陽三城、孟、懷〕〔註72〕
883年～884年	3州	孟州	河陽三城、孟、懷、澤
884年～886年	3州	孟州	河陽三城、孟、懷、澤 （東畿：河南府、汝州）〔註73〕
886年～887年	1州	孟州	河陽三城、孟、〔懷、澤〕〔註74〕 （東畿：河南府、汝州）
887年～888年	2州	孟州	河陽三城、孟、懷
888年	2州	孟州	河陽三城、孟、懷、〔澤〕 （東畿：河南府、汝州）〔註75〕

〔註71〕本段內容可詳見《資治通鑒》卷二百六十一《光化元年》《光化二年》，第8521、8525～8526頁。

〔註72〕中和二年（882年）至三年（883年）期間，河陽鎮所轄的懷、孟二州被魏博鎮侵佔。

〔註73〕中和四年（884年）至光啟三年（887年）期間，東畿鎮為河陽鎮的附屬藩鎮。

〔註74〕光啟二年（886年）至光啟三年（887年）期間，河陽鎮分裂，孫儒據有河陽三城、孟州、河南府、汝州，張全義據有懷州，李罕之據有澤州。

〔註75〕文德元年（888年），張全義據有河陽、東畿二鎮，同年歸附於宣武節度使朱溫，澤州為李罕之所據。

二、河陽鎮下轄州縣沿革

建中二年（781年），河陽鎮正式建立，當時轄有河陽三城和懷州，又以河南府的河陽、河清、濟源、溫、氾水五縣隸之，治於河陽。元和九年（814年），河陽鎮增領汝州，並徙治於汝州。元和十三年（818年），河陽鎮罷領汝州，復治於河陽。會昌三年（843年），朝廷以河南府五縣別置孟州，河陽因而治於孟州。會昌四年（844年），河陽鎮又增領澤州。至此，河陽鎮轄有河陽三城、孟、懷、澤三州。

孟州：843年～888年屬河陽鎮。廣德元年（763年），以河南府之河清、濟源、溫四縣租稅入河陽三城使，河南尹只領其縣額，尋又以氾水軍賦屬之。會昌三年（843年），朝廷正式以河陽、河清、濟源、溫、氾水五縣建置為孟州，作為河陽鎮的會府。不久，河清縣改隸於河南府，河南府的河陰縣改隸於孟州。中和二年（882年）八月，孟州被魏博節度使韓簡攻取。中和三年（883年）二月，河陽諸葛爽收復孟州。

轄有河陽、溫、河陰、河清、氾水、濟源六縣，治於河陽縣。

河陽縣：原隸於河南府，建中二年（781年）隸於河陽節度使，會昌三年（843年）置孟州，為州治。

圖3-2　河陽鎮轄區圖（781年）

河陰縣：《舊唐書》記載：「會昌三年（843年）九月……其河陽望升為孟州，仍為望，河陽等五縣改為望縣。尋有敕，割河陰隸孟州，河清還河南

府」〔註 76〕。《新唐書・地理志三》孟州以下記載：「河陰……會昌三年（843年）來屬」〔註 77〕。

河清縣：原隸於河南府，建中二年（781 年）隸於河陽節度使，會昌三年（843 年）隸孟州，不久還屬河南府。《新唐書・地理志》河南府下記載：「河清……會昌三年隸孟州，尋還屬，後廢」〔註 78〕。

濟源縣：原隸於河南府，建中二年（781 年）隸於河陽節度使，會昌三年（843 年）隸於孟州。

溫縣：原隸於河南府，建中二年（781 年）隸於河陽節度使，會昌三年（843 年）隸於孟州。

圖 3-3　河陽鎮轄區圖（844 年）

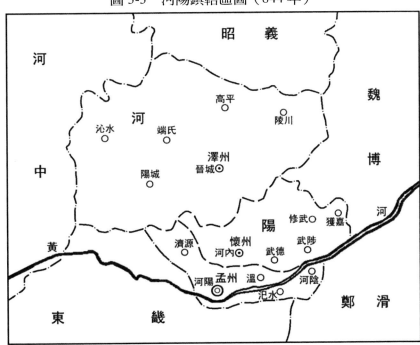

懷州：781 年～888 年屬河陽鎮。懷州原隸於澤潞鎮，建中二年（781 年）改隸於河陽鎮，中和二年（882 年）八月被魏博節度使韓簡攻取，中和三年（883年）二月復隸於河陽鎮，光啟二年（886 年）被張全義佔據，光啟三年（887年）仍隸於河陽鎮。

〔註 76〕《舊唐書》卷三十八《地理志一》，第 1425～1426 頁。
〔註 77〕《新唐書》卷三十九《地理志三》，第 664 頁。
〔註 78〕《新唐書》卷三十八《地理志二》，第 647 頁。

轄有河內、武德、武陟、修武、獲嘉五縣，治於河內縣。

澤州：844 年～886 年屬河陽鎮。澤州原隸於澤潞鎮，會昌四年（844 年）改隸於河陽鎮，光啟二年（886 年）被李罕之佔據，光啟三年（887 年）被河東節度使李克用奪取。文德元年（888 年），李罕之再次據有澤州，自稱河陽節度使，光化元年（898 年）十二月攻取潞州，改任為昭義節度使。

轄有晉城、高平、陵川、沁水、陽城、端氏六縣，治於晉城縣。

第三節　陝虢鎮

陝虢鎮，又曾稱為陝西鎮，長期轄有陝、虢二州，治於陝州。唐末，王重榮割據河中鎮後，陝虢鎮成為河中鎮的附屬藩鎮，軍號保義軍。光化二年（899 年），陝虢留後朱簡以陝虢鎮歸附於宣武節度使朱溫。

一、陝虢鎮的轄區沿革

陝虢鎮的建置沿革為：陝虢華節度使（759～760）—陝西節度使（760～770）—陝虢都防禦觀察使（770～779，783）—陝虢節度使（783～785）—陝虢都防禦觀察使（785～831、836～883）—陝虢節度使（883～889）—保義軍節度使（889～899）。

陝虢鎮建置之初轄有陝、虢、華三州，治於陝州，不久罷領華州。大曆年間，陝虢鎮曾經廢除，後又復置，轄區如故。元和年間，陝虢鎮曾經增領汝州，數年後罷領。此後，陝虢鎮長期轄有陝、虢二州。

（一）唐代中後期陝虢鎮的轄區沿革

在陝虢鎮建置之前，朝廷曾經有意建置陝、弘農二郡都防禦使，但是卻沒有真正實行。《資治通鑑》記載：至德二載三月，「安祿山之反也，請出（苗）晉卿為陝郡太守，兼陝、弘農防禦使。晉卿固辭老病，上皇不悅，使之致仕。」〔註79〕安祿山反於天寶十四載（755 年），可知朝廷在當時曾經有建置陝、弘農二郡都防禦使的意圖，但沒有實際執行。

乾元二年（759 年），朝廷才實際建置陝虢鎮。《方鎮表一》記載：本年，「置陝虢華節度，領潼關防禦、團練、鎮守等使，治陝州。」〔註80〕《資治通

〔註79〕《資治通鑑》卷二百一十九《至德二載》，第 7021 頁。
〔註80〕《新唐書》卷六十四《方鎮表一》，第 1163～1190 頁。下文同，不再引注。

鑑》記載：乾元元年（758 年），「是歲……又置陝虢華及豫許汝二節度使。」
〔註81〕根據史籍的記載，第一任陝虢節度使是來瑱。《舊唐書》記載：乾元二
年三月，「以河西節度副使來瑱為陝州刺史，充虢華節度、潼關防禦團練等使。」
〔註82〕所以，《資治通鑑》的記載有誤，陝虢鎮始置於乾元二年（759 年），當
時轄有陝、虢、華三州，治於陝州。

上元元年（760 年），陝虢節度使改稱為陝西節度使。因此，陝虢鎮此後
又稱為陝西鎮。《方鎮表一》記載：本年，「改陝虢華節度為陝西節度，兼神策
軍使，尋置觀察使。」

上元二年（761 年），朝廷以華州建置同華節度使，陝西鎮因此罷領華州。
《方鎮表一》記載：本年，「以華州置鎮國節度」。《全唐文》也記載：「（李懷
讓）充潼關鎮國軍使、同華等州節度使、華州刺史。」〔註83〕

另外，《方鎮表一》還記載：廣德元年（763 年），「陝西觀察使增領虢州。」
按此前陝西鎮從未罷領虢州，史籍也沒有虢州曾經改隸於其他任何藩鎮的記
載。據此而看，此處的記載應該有誤。據賴青壽先生《唐後期方鎮建置沿革研
究》考證，大曆五年（770 年），陝西節度使降為陝虢都防禦觀察使〔註84〕。

大曆十四年（779 年），朝廷廢除陝虢鎮。《舊唐書》記載：本年六月，「罷
宣歙池、鄂岳沔二都團練觀察使、陝虢都防禦使，以其地分隸諸道。」〔註85〕
陝西鎮雖廢，但陝、虢二州的隸屬卻沒有明確的記載。賴青壽先生在《唐後期
方鎮建置沿革研究》中推測，陝、虢二州是改隸於東畿鎮〔註86〕。但筆者查閱
諸多史料，均不能佐證二州改隸於東畿鎮。從二州所處地理位置來看，二州應
該是成為了中央直屬州。

建中二年（781 年），陝州曾經短暫隸屬於河陽鎮，但不久恢復為中央直屬
州。對此，《舊唐書》記載：本年正月，「以兵部尚書、東都留守路嗣恭為鄭汝陝
河陽三城節度、東畿觀察等使。」此時路嗣恭是以東都留守、東畿觀察使的身份

〔註81〕《資治通鑑》卷二百二十《乾元元年》，第 7066 頁。

〔註82〕《舊唐書》卷十《肅宗本紀》，第 255 頁。

〔註83〕（清）董誥等編：《全唐文》卷一百四十九《華州刺史李公（懷讓）墓誌銘》，
第 4286 頁。

〔註84〕賴青壽：《唐後期方鎮建置沿革研究》第三章第二節《陝虢觀察使沿革》，第 59
頁。

〔註85〕《舊唐書》卷十二《德宗本紀上》，第 322 頁。

〔註86〕賴青壽：《唐後期方鎮建置沿革研究》第三章第二節《陝虢觀察使沿革》，第 59
頁。

兼領河陽節度使。因此，陝州改隸於河陽鎮。同書又記載：五月（此處記載有誤，實際為六月），「丙午，以檢校秘書少監鄭叔則為御史中丞、東都畿觀察使。壬子，以懷鄭河陽節度副使李芃為河陽三城、懷州節度使，仍割東畿五縣隸焉。」十一月，「以商州刺史姚明敭為陝州長史、本州防禦、陸運使。」由這二條記載來看，建中六月時，東畿、河陽二鎮的轄區似乎都不含陝州，至十一月陝州設防禦使。《方鎮表一》也記載：本年，「復置陝西防禦使」。《舊唐書》又記載：建中四年正月，「戊戌，以龍武大將軍哥舒曜為東都畿汝節度使，率鳳翔、邠寧、涇原等軍，東討（李）希烈。」〔註87〕這條記載則可證實，陝州也並不隸屬於東畿鎮。基於以上考述可知，陝州在建中二年即恢復為中央直屬州。

建中四年（783年），朝廷復置陝虢都防禦觀察使，仍然轄有陝、虢二州，治於陝州。同年，升為節度使。《方鎮表一》記載：建中四年，「置陝西都防禦使，尋升為節度使」。《資治通鑑》記載：建中四年十一月，「上之出幸奉天也，陝虢觀察使姚明敭以軍事委都防禦副使張勸，去詣行在。勸募兵得數萬人。甲申，以勸為陝虢節度使。」〔註88〕

貞元元年（785年），陝虢節度使降為都防禦觀察使。據《方鎮表三》記載：興元元年（784年），「復置河中節度使，領河中府、同、絳、虢、陝四州」；貞元元年（785年），「河中節度罷領陝、虢二州」〔註89〕。據賴青壽先生的《唐後期方鎮建置沿革研究》考證，這兩條記載存在錯誤，興元元年至貞元元年期間，陝虢節度使其實並未被廢除〔註90〕。《舊唐書》記載：興元元年八月，「以靈鹽節度使、侍中、兼靈州大都督、樓煩郡王渾瑊為河中尹、晉絳節度使、河中、同、陝、虢等州及管內行營兵馬副元帥，改封咸寧郡王。」〔註91〕對此，《資治通鑑》也有類似記載〔註92〕。《方鎮表三》的記載當是出於對此事的誤讀。渾瑊當時為河中節度使，河中、陝虢行營兵馬副元帥，卻並沒有管轄陝、虢二州。《資治通鑑》記載：貞元元年七月，「陝虢都兵馬使達奚抱暉鴆殺節度使張勸，代總軍務，邀求旌節，且陰召李懷光將達奚小俊為援……辛丑，以（李）

〔註87〕以上四條記載均見於《舊唐書》卷十二《德宗本紀上》，第327、329、331、335頁。
〔註88〕《資治通鑑》卷二百二十九《建中四年》，第7371頁。
〔註89〕《新唐書》卷六十六《方鎮表三》，第1238頁。
〔註90〕賴青壽：《唐後期方鎮建置沿革研究》第五章第一節《河中節度使沿革》，第94～95頁。
〔註91〕《舊唐書》卷十二《德宗本紀上》，第345頁。
〔註92〕《資治通鑑》卷二百三十一《興元元年》，第7444頁。

泌為陝虢都防禦、水陸運使……庚戌，加泌陝虢觀察使。」〔註93〕結合上文的記載可知，張勸在建中四年至貞元元年一直為陝虢節度使。因而可知，《方鎮表三》的記載必定有誤。由《資治通鑑》的記載亦可知，貞元元年，陝虢節度使降為都防禦觀察使。

《元和郡縣圖志》記載：陝虢觀察使「管州三：陝州，虢州，汝州。」〔註94〕說明在元和年間，陝虢鎮曾經轄有汝州。根據《方鎮表》記載，汝州在絕大多數時間的歸屬都是明確的，並不屬陝虢鎮管轄，唯有元和三年（808年）至九年（814年）期間，汝州的歸屬是空白的。《方鎮表一》僅記載：元和三年，「罷東都畿汝州都防禦使」；九年，「河陽節度增領汝州，徙治汝州」。因此，陝虢鎮轄有汝州的時間正是元和三年至九年。

大和五年（831年），因為陝虢鎮靠近京師，朝廷廢除了陝虢鎮。此後，直至開成元年（836年），陝、虢二州都是中央直屬州。《舊唐書》記載：大和五年八月「甲申，以中書舍人崔咸為陝州防禦使。詔陝州舊有都防禦觀察使額宜停，兵馬屬本州防禦使。」〔註95〕《方鎮表一》記載：大和三年，「以陝虢地近京師，罷陝虢都防禦使」；開成元年，「復置陝虢都防禦觀察使」。這裡「大和三年」實為「大和五年」之誤。由《舊唐書》的記載可知，陝虢鎮廢除之後，陝州建置有陝州防禦使。

開成元年（836年），朝廷復置陝虢都防禦觀察使。《舊唐書》記載：開成元年五月「丁巳，以尚書右丞鄭肅為陝虢都防禦觀察使。前罷觀察，復置之。」〔註96〕由此可知，陝、虢二州復置為藩鎮。此後，陝虢鎮長期轄有陝、虢二州。

（二）唐末陝虢鎮的割據

唐末，陝虢鎮成為河中鎮的附屬藩鎮，最終為宣武節度使朱溫所併。

廣明元年（880年），朝廷以王重盈為陝虢觀察使〔註97〕。同年，王重盈之弟王重榮成為河中留後。中和元年（881年），王重榮被朝廷任命為河中節度使。因為河中鎮的實力遠強於陝虢鎮，所以陝虢鎮實際成為河中鎮的附屬藩鎮。

〔註93〕《資治通鑑》卷二百三十一《貞元元年》，第7457～7458頁。
〔註94〕（唐）李吉甫：《元和郡縣圖志》卷六《河南道二》，第155頁。
〔註95〕《舊唐書》卷十七下《文宗本紀下》，第543頁。
〔註96〕《舊唐書》卷十七下《文宗本紀下》，第565頁。
〔註97〕《新唐書》卷一百八十七《王重榮傳》第4190頁記載：「黃巢度淮，（王重盈）攉陝虢觀察使」。

中和三年（883 年），朝廷升陝虢防禦觀察使為節度使。《資治通鑒》記載：本年五月，「升陝州為節度使，以王重盈為節度。」〔註98〕

光啟三年（887 年）六月，河中節度使王重榮去世。王重盈繼任為河中節度使，以其子王珙為陝虢節度使〔註99〕。

龍紀元年（889 年），朝廷賜陝虢鎮軍號保義軍，《方鎮表一》對此有載。

乾寧二年（895 年）正月，王重盈去世，王重榮的養子王珂繼任河中節度使。王珙和其弟河中鎮的絳州刺史王瑤不服，陝虢鎮因此又脫離河中鎮〔註100〕。其後，王珙在宣武節度使朱溫的援助下，屢屢進攻河中鎮。

光化二年（899 年）六月，陝虢都將李璠殺死節度使王珙，自稱留後。同年十一月，李璠被部將朱簡殺死。朱簡自稱留後，歸附於朱溫，被朱溫收為養子，改名朱友謙〔註101〕。因此，陝虢鎮被宣武節度使朱溫兼併。

綜上所述，陝虢鎮的轄區沿革可總結如表 3-3 所示。

表 3-3　陝虢鎮轄區統計表

時　　期	轄區總計	會　府	詳細轄區
759 年～761 年	3 州	陝州	陝、虢、華
761 年～779 年	2 州	陝州	陝、虢
783 年～808 年	2 州	陝州	陝、虢
808 年～814 年	3 州	陝州	陝、虢、汝
814 年～831 年	2 州	陝州	陝、虢
836 年～899 年	2 州	陝州	陝、虢

二、陝虢鎮下轄州縣沿革

陝虢鎮始置於乾元二年（759 年），轄有陝、虢、華三州，其後罷領華州。大曆十四年（779 年），陝虢鎮被廢除，建中四年（783 年）復置，轄有陝、虢二州。其後，陝虢鎮曾經增領汝州，但是不久又罷領。因此，陝虢鎮長期轄有

〔註98〕《資治通鑒》卷二百五十五《中和三年》，第 8295 頁。
〔註99〕《資治通鑒》卷二百五十七《光啟三年》第 8358 頁記載：六月，「制以陝虢節度使王重盈為護國節度使，又以重盈子珙權知陝虢留後」。
〔註100〕《新唐書》卷一百八十七《王重榮傳》第 4191 頁記載：「乾寧二年，重盈死，軍中以其兄重簡子珂出繼重榮，故推為留後。珙與弟絳州刺史瑤爭河中」。
〔註101〕《資治通鑒》卷二百六十一《光化二年》第 8526 頁記載：六月，「（保義節度使王珙）為麾下所殺，推都將李璠為留後。」第 8528 頁記載：「十一月，陝州都將朱簡殺李璠，自稱留後，附朱全忠，仍請更名友謙，預於子任。」

陝、虢二州。

（一）陝虢鎮長期轄有的州

陝州：759 年～779 年、783 年～831 年、836 年～899 年屬陝虢鎮，為會府。天寶元年（742 年），陝州改為陝郡。十四載（755 年）十二月，為安祿山所陷〔註102〕。至德元載（756 年），朝廷以陝郡隸於東畿鎮，實際仍為安氏政權所據，改為陝州。二載（757 年）六月，朝廷收復，仍改為陝郡。七月，又陷於安氏政權，改為陝州。十月，又收復，仍作陝郡〔註103〕。乾元元年（758 年），復為陝州。二年（759 年），置陝虢節度使，治陝州。大曆十四年（779 年），廢陝虢鎮，陝州成為中央直屬州。建中二年（781 年）正月，改隸於河陽鎮，同年復為中央直屬州，設陝西防禦使。四年（783 年），復置陝虢鎮，仍治於陝州。大和五年（831 年），陝虢鎮又廢，陝州成為中央直屬州。開成元年（836 年），陝虢鎮復置，仍治於陝州。

轄有陝、峽石、靈寶、芮城、平陸、夏、安邑、垣八縣，治於陝縣。

夏縣：原屬絳州，乾元三年（760 年）改屬陝州〔註104〕。

安邑縣：原隸於蒲州，至德二載（757 年）改為虞邑縣，乾元三年（760 年）改隸於陝州，大曆四年（769 年）復為安邑縣，元和三年（808 年）復隸於河中府〔註105〕。

垣縣：原屬絳州，貞元三年（787 年）割隸陝州，元和三年（808 年）復隸於絳州。

虢州：759 年～779 年、783 年～831 年、836 年～899 年屬陝虢鎮。天寶元年（742 年），虢州改為弘農郡。十四載（755 年）十二月，陷於安祿山〔註106〕。至德元載（756 年），朝廷以弘農郡隸於河中鎮，實際仍為安祿山

〔註102〕《資治通鑑》卷二百一十七《天寶十四載》第 6940 頁記載：十二月，「（安）祿山使其將崔乾祐屯陝。」

〔註103〕《資治通鑑》卷二百一十九《至德二載》第 7025、7028 頁記載：六月，「會陝郡賊將楊務欽密謀歸國，河東太守馬承光以兵應之，務欽殺城中諸將不同己者，翻城來降。」七月「丁巳，賊將安武臣攻陝郡，楊務欽戰死，賊遂屠陝。」同書卷二百二十《至德二載》第 7040 頁記載：十月，「嚴莊、張通儒等棄陝東走，廣平王（李）俶、郭子儀入陝城。」

〔註104〕《新唐書》卷三十八《地理志二》，第 648 頁。

〔註105〕《新唐書》卷三十九《地理志三》，第 658 頁。

〔註106〕《資治通鑑》卷二百一十七《天寶十四載》第 6940 頁記載：十二月，「（安）祿山使其將崔乾祐屯陝，臨汝、弘農、濟陰、濮陽、雲中郡皆降於祿山。」

政權所控制，改為虢州。二載（757年）九月，收復〔註107〕，仍為弘農郡。乾元元年（758年），復為虢州。二年（759年），改隸於陝虢鎮。大曆十四年（779年），成為中央直屬州。四年（783年），復隸於陝虢鎮。大和五年（831年），復為中央直屬州，開成元年（836年）復隸於陝虢鎮。

轄有弘農、盧氏、閿鄉、玉城、朱陽、湖城六縣，治於弘農縣。

（二）陝虢鎮短期轄有的州

汝州：808年～814年屬陝虢鎮。汝州原隸於東畿鎮，元和三年（808年）改隸於陝虢鎮，元和九年（814年）改隸於河陽鎮。

轄有梁、臨汝、魯山、葉、襄城、郟城、龍興七縣，治於梁縣。

圖3-4　陝虢鎮轄區圖（785年）

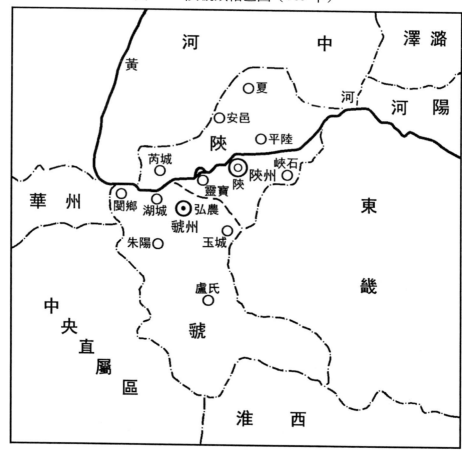

〔註107〕《資治通鑑》卷二百二十《至德二載》第7037頁記載：九月，「郭子儀引蕃、漢兵追賊至潼關，斬首五千級，克華陰、弘農二郡。」

第四章　河南道西部藩鎮

　　河南道内長期有宣武（汴宋）、滑亳、鄭滑、徐泗、陳許、淄青、天平、兗海等藩鎮。淄青、天平、兗海三鎮位於河南道東部地區，將在下一章進行考述。

　　宣武鎮的前身為河南鎮，又稱汴宋鎮，始置於天寶十四載（755 年），較長時間轄有汴、宋、曹、徐、兗、鄆、濮等州，治於汴州。大曆十一年（776年），河南鎮被廢除。直至建中二年（781 年），朝廷建置宣武鎮。宣武鎮的軍號為宣武軍，長期轄汴、宋、亳三州，治於汴州，因此也稱為汴宋鎮。宣武鎮初期為割據型藩鎮，劉玄佐、劉士寧、李萬榮、劉全諒、韓弘等人先後割據於此，後來成為朝廷控制的藩鎮。唐末，朱溫割據於宣武鎮，並以其為基礎，建立後梁政權。

　　滑亳鎮原為安史叛軍集團建置的藩鎮，後來其節度使令狐彰歸順朝廷，被任命為節度使。滑亳鎮的軍號為永平軍，長時間內轄有滑、亳、陳三州，治於滑州。貞元元年（785 年），滑亳鎮演變為鄭滑鎮，此後長期轄有鄭、滑二州，治於滑州，軍號改為義成軍。唐末，鄭滑鎮被宣武節度使朱溫兼併。

　　徐泗鎮又可稱為徐州鎮，軍號先後為武寧軍、感化軍。建中三年（782 年），徐州實際已經形成藩鎮，當時僅轄有徐州。興元元年（784 年），徐州鎮被廢除。貞元四年（788 年），朝廷於徐州建置徐泗鎮。此後，徐泗鎮長期轄有徐、泗、濠、宿四州。唐末，時溥割據於徐州，景福二年（893 年）為宣武節度使朱溫所併。

　　陳許鎮建置於貞元二年（786 年），軍號為忠武軍，長期轄有陳、許二州，治於許州。唐末，趙犨、趙昶、趙珝割據於陳州，被朝廷任命為忠武軍節度使，忠武鎮因此徙治於陳州。天復元年（901 年），陳州最終被宣武節度使朱溫兼併。

這一章主要研究河南道西部的宣武（汴宋）、鄭滑（滑亳）、徐泗、陳許四個藩鎮。

第一節　宣武鎮

在宣武鎮形成之前，汴州建置有河南鎮，又稱汴宋鎮。安史之亂結束後，田神功、田神玉兄弟先後任河南節度使長達十二年。河南鎮主要轄有汴、宋、曹、徐、兗、鄆、濮等州。大曆十一年（776 年），河南鎮因大部分轄區改隸於其他藩鎮而廢除。

直至建中二年（781 年），朝廷建置宣武鎮（後也稱汴宋鎮）。宣武鎮建置之後，劉玄佐、劉士寧、李萬榮、李廼等人先後割據於此，後被朝廷平定。後來，韓弘據有宣武鎮長達二十年。唐末，朱溫割據於宣武鎮，後以其為基礎，兼併其他藩鎮，建立後梁政權。

學界對汴宋鎮和宣武鎮的研究較多，其中曾賢熙先生的專著《唐代汴州——宣武軍節度使研究》對宣武鎮的政治、地理、人文等方面進行了研究〔註1〕。于式平先生的《唐宣武鎮始末》一文對宣武鎮的政治史進行了考述〔註2〕。周寶珠女士的《隋唐時期的汴州與宣武軍》一文引述了《新唐書·方鎮表》中宣武鎮的轄區變化〔註3〕。

汴州藩鎮的建置沿革為：河南節度使（755～758）—汴州都防禦使（758～759）—汴滑節度使（759～761）—河南節度使（762～764）—汴宋節度使（764～776）—宋亳潁節度使（781）—宣武軍節度使（781～883）。

一、早期汴宋鎮的轄區沿革

早期的汴宋鎮又稱為河南鎮，安史之亂期間，其轄區變化較大。安史之亂後，汴宋鎮轄區較為穩定，主要轄有汴、宋、曹、徐、兗、鄆、濮等州。大曆十一年（776 年），汴宋留後李靈曜之亂造成汴宋鎮大部分轄區改隸於其他藩鎮，早期汴宋鎮被廢除。

〔註1〕曾賢熙：《唐代汴州——宣武軍節度使研究》，臺北：花木蘭文化事業有限公司，2011 年。

〔註2〕于式平：《唐宣武鎮始末》，《史學月刊》1997 年第 1 期，第 26～31 頁。

〔註3〕周寶珠：《隋唐時期的汴州與宣武軍》，《河南大學學報》1989 年第 1 期，第 60～65 頁。

（一）河南節度使的轄區沿革

汴宋鎮的建置歷史可以追溯到天寶十四載（755年）十一月，初稱河南鎮。當時，安祿山叛亂，率軍南下，侵入河南道。朝廷為了防禦叛軍，在陳留郡建立河南鎮，轄有陳留、睢陽、靈昌、淮陽、汝陰、譙、濟陰、濮陽、淄川、琅邪、彭城、臨淮、東海十三郡，治於陳留郡。《方鎮表二》記載：至德元載（756年），「置河南節度使，治汴州，領郡十三：陳留、睢陽、靈昌、淮陽、汝陰、譙、濟陰、濮陽、淄川、琅邪、彭城、臨淮、東海。」〔註4〕其中，汴州當時實際稱為陳留郡。另外，關於「河南節度使」的始置時間，《資治通鑒》記載為天寶十四載（755年）十一月〔註5〕，《方鎮表二》的記載應該不準確。

同年十二月，河南鎮所轄的靈昌、陳留、濟陰、濮陽、睢陽、譙、琅邪等郡先後被叛軍奪取。同月，睢陽郡被朝廷收復。至德元載（756年）正月，濮陽、濟陰二郡被收復。其後，靈昌、譙二郡也被收復。

賴青壽先生在其博論《唐後期方鎮建置沿革研究》認為，天寶十四載十二月，陳留郡被叛軍佔據後，河南節度使被廢除，次年復置，先後治於睢陽、靈昌、譙、彭城四郡〔註6〕。對此，筆者認為並不合理。按河南節度使就是朝廷為了防禦叛軍而建置的，自然不會因為會府被侵佔而廢之。況且，諸書也都不載廢置之事。

至於徙治之事，則要分段說明。賴青壽先生認為，河南節度使先後治於睢陽、靈昌二郡，是因為當時的河南節度使李隨、李祇先後出現於睢陽、靈昌二郡，據此就認為河南鎮徙治於二郡，有失妥當。據記載來看，李隨、李祇二人出現於睢陽、靈昌二郡是偶然的，況且二人的官職中都含有陳留太守。由此可知，河南節度使當時仍然治於陳留郡，只是陳留郡當時被叛軍佔據，二人無法就任罷了。

至德元載（756年）五月，河南節度使徙治於譙郡，同年十月徙治於彭城郡。《資治通鑒》記載：本年五月，「上徵吳王（李）祇為太僕卿，以（李）巨為陳留、譙郡太守、河南節度使。」〔註7〕《舊唐書》記載：「（房）琯奏用

〔註4〕《新唐書》卷六十五《方鎮表二》，第1197～1211頁。下文同，不再引注。
〔註5〕《資治通鑒》卷二百一十七《天寶十四載》第6937頁載：十一月，「置河南節度使，領陳留等十三郡，以衛尉卿犲氏張介然為之。」
〔註6〕賴青壽：《唐後期方鎮建置沿革研究》第四章第一節《汴宋（宣武軍）節度使沿革》，第62～63頁。
〔註7〕《資治通鑒》卷二百一十八《至德元載》，第6962頁。

（賀蘭）進明為彭城太守、河南節度使、兼御史大夫，代嗣虢王（李）巨。」〔註8〕賴青壽先生據此兩條記載認為，河南節度使先後徙治於譙郡、彭城郡。按李巨、賀蘭進明的官職中含有治郡太守，此說可取。

至德二載（757年）六月，靈昌郡陷於叛軍。七月，琅邪郡被收復。十月，陳留郡也被收復。至此，河南節度使復治於陳留郡。《資治通鑒》記載：本年十月，「陳留人殺尹子奇，舉郡降。」〔註9〕其中，尹子奇為叛軍所任命的河南節度使。

乾元元年（758年），河南節度使下轄各郡改為州。陳留郡改為汴州，睢陽郡改宋州，靈昌郡改滑州，淮陽郡改陳州，汝陰郡改潁州，譙郡改亳州，濟陰郡改曹州，濮陽郡改濮州，淄川郡改淄州，琅邪郡改沂州，彭城郡改徐州，臨淮郡改泗州，東海郡改海州。

同年（758年）八月，朝廷廢除河南節度使，以其原所轄有的十三州建置汴州都防禦使，仍然治於汴州。不久，滑、濮二州改隸於青密鎮，陳、潁、亳三州改隸於淮西鎮。《方鎮表二》河南欄記載：乾元元年，「廢河南節度使，置汴州都防禦使，領州十三如故；尋以滑、濮二州隸青密節度，亳州隸淮西節度。」另外，《方鎮表二》淮南西道欄又記載：本年，「淮南西道節度使徙治鄭州，增領陳、潁、亳三州。」至此，汴州鎮轄有汴、宋、曹、淄、沂、徐、泗、海八州。

乾元二年（759年）三月，朝廷廢除汴州都防禦使，分置汴滑、河南二鎮。汴滑鎮領有滑、濮、汴、曹、宋五州，治於滑州。同年五月，汴滑鎮徙治於汴州。《舊唐書》記載：本年三月辛卯，「以滑州刺史許叔冀充滑、汴、曹、宋等州節度使；以鄆州刺史尚衡為徐州刺史，充亳、潁等州節度使。」〔註10〕《方鎮表二》記載：本年，「置汴滑節度使，治滑州，領州五：滑、濮、汴、曹、宋。」《資治通鑒》記載：本年五月「壬午，以滑、濮節度使許叔冀為汴州刺史，充滑、汴等七州節度使；以試汝州刺史劉展為滑州刺史，充副使。」〔註11〕由此可知，汴滑鎮由滑州徙治於汴州。汴滑鎮當時徙治於汴州，是因為滑州仍然在叛軍的控制之下。這裡記載汴滑鎮所轄為七州，應當是短期內增領了二州。

同年（759年）九月，汴州再次被安史叛軍佔據。《資治通鑒》記載：乾元二年九月，「（史）思明至汴州，（許）叔冀與戰，不勝，遂與濮州刺史董秦

〔註8〕《舊唐書》卷一百八十七下《許遠傳》，第4902～4903頁。
〔註9〕《資治通鑒》卷二百二十《至德二載》，第7042頁。
〔註10〕《舊唐書》卷十《肅宗本紀》，第255頁。
〔註11〕《資治通鑒》卷二百二十一《乾元二年》，第7077頁。

及其將梁浦、劉從諫、田神功等降之。思明以叔冀為中書令，與其將李詳守汴州。」〔註12〕由此記載可知，汴州又被叛軍佔據。其後，濮州改隸於兗鄆鎮。《方鎮表二》記載：本年，「是年，又以濮州隸兗鄆節度。」至此，汴滑鎮僅轄有汴、滑、曹、宋四州。

另外，河南鎮轄有徐、泗、海、亳、潁五州，治於徐州，其後罷領潁、亳二州。上元元年（760年），海州改隸於青密鎮。《方鎮表二》記載：乾元二年，「又置河南節度使，治徐州，領州五：徐、泗、海、亳、潁。未幾，潁州隸鄭陳節度，尋復領潁州。是年……潁、亳二州隸鄭陳節度」；上元元年，「以海州隸青密節度」。至此，河南鎮僅轄有徐、泗二州。

上元二年（761年）五月，安史叛軍所任命的滑鄭汴節度使令狐彰歸順朝廷。朝廷於是廢除了汴滑鎮，改置滑衛鎮，任命令狐彰為節度使。同年，朝廷還廢除了河南鎮。汴滑、河南二鎮被廢除後，徐、泗、汴、宋、曹五州改隸於淮西鎮。《方鎮表二》記載：本年，「廢汴滑、河南二節度，以徐、泗、汴、宋、曹五州隸淮西節度」。

（二）汴宋節度使的轄區沿革

寶應元年（762年）十月，叛軍任命的河南節度使張獻誠歸順朝廷。朝廷於是再次建置河南鎮，讓張獻誠繼續擔任河南節度使。此次復置之後，河南鎮仍然治於汴州，轄有汴、宋、曹、徐、亳、潁、兗、鄆、濮九州。《資治通鑑》記載：本年十月，「（史）朝義至汴州，其陳留節度使張獻誠閉門拒之；朝義奔濮州，獻誠開門出降。」〔註13〕《方鎮表二》記載：本年，「復置河南節度使，治汴州，領州八：汴、宋、曹、徐、潁、兗、鄆、濮。」關於河南鎮此次復置時的轄區，僅見此一處記載，但此記載應該遺漏了亳州。根據亳州所處地理位置來看，應該隨諸州一併改隸於河南鎮〔註14〕。

廣德元年（763年），河南鎮罷領亳州。《方鎮表二》記載：本年，「滑衛節度增領亳州，更號滑亳節度使。」

廣德二年（764年），朝廷改任田神功為汴宋節度使。至此，河南鎮又被稱為汴宋鎮。

大曆四年（769年），汴宋鎮增領泗州，罷領潁州。至此，汴宋鎮轄有汴、

〔註12〕《資治通鑑》卷二百二十一《乾元二年》，第7082頁。
〔註13〕《資治通鑑》卷二百二十二《寶應元年》，第7135頁。
〔註14〕詳見第九章第二節《唐代中期淮西鎮的轄區沿革》。

宋、曹、徐、兗、鄆、濮、泗八州。《方鎮表二》記載：本年，「河南節度增領
泗州，以潁州隸澤潞節度。」

　　大曆九年（774年）正月，田神功去世，其弟田神玉繼任，被朝廷任命為
汴宋留後。

　　大曆十一年（776年）五月，田神玉去世，都虞候李靈曜自稱留後，傚仿
河北藩鎮，自署各州官吏，遭到朝廷下詔討伐。淄青節度使李正己、淮西節度
使李忠臣等人響應朝廷詔令，率軍討伐李靈曜。

　　同年十月，李靈曜被平定。李正己奪取了汴宋鎮所轄的曹、徐、兗、鄆、
濮五州；李忠臣佔據汴州，並將淮西鎮的會府遷到汴州。因此，汴宋鎮的轄區
僅剩下宋、泗二州。於是，朝廷下詔廢除了汴宋鎮。

　　綜上所述，早期汴宋鎮的轄區沿革可總結如表4-1所示。

表4-1　早期汴宋鎮轄區統計表

時　　期	轄區總計	會　府	詳細轄區
755年～756年	13郡	陳留郡	陳留、睢陽、靈昌、淮陽、汝陰、譙、濟陰、濮陽、淄川、琅邪、彭城、臨淮、東海
756年～757年	13郡	彭城郡	陳留、睢陽、靈昌、淮陽、汝陰、譙、濟陰、濮陽、淄川、琅邪、彭城、臨淮、東海
757年～758年	13郡	陳留郡	陳留、睢陽、靈昌、淮陽、汝陰、譙、濟陰、濮陽、淄川、琅邪、彭城、臨淮、東海
758年～759年	8州	汴州	汴、宋、曹、淄、沂、徐、泗、海
759年～761年	4州	滑州	汴、宋、滑、曹
762年～763年	9州	汴州	汴、宋、曹、徐、亳、潁、兗、鄆、濮
763年～769年	8州	汴州	汴、宋、曹、徐、潁、兗、鄆、濮
769年～776年	8州	汴州	汴、宋、曹、徐、兗、鄆、濮、泗

二、宣武鎮的轄區沿革

　　宣武鎮建置於建中年間，其後長期轄有汴、宋、亳、潁四州，治於汴州，
因而也稱為汴宋鎮。從地理方面來看，宣武鎮可以看作早期汴宋鎮的延續。

（一）宣武鎮建置初期的割據和轄區沿革

　　大曆十一年（776年），朝廷廢除早期的汴宋鎮之後，將宋、泗二州劃歸
永平鎮。大曆十四年（779年），淮西鎮牙將李希烈驅逐節度使李忠臣，朝廷

趁機削弱淮西鎮，將汴州劃歸永平鎮。永平鎮因此轄有汴、宋、滑、亳、陳、潁、泗七州，並徙治汴州。

早在大曆十二年（777 年），永平鎮牙將劉洽趁汴宋鎮內亂之機，佔據了宋州，同年十月得到朝廷承認，被任命為宋州刺史。

建中二年（781 年）正月，朝廷分割永平鎮，以宋、亳、潁三州別置一鎮，稱宋亳鎮，治於宋州，任命劉洽為節度使。《資治通鑒》記載：本年正月，「分宋、亳、潁別為節度使，以宋州刺史劉洽為之。」二月，「丙午，更汴宋軍曰宣武。」〔註15〕當時，淄青節度使李正己等人的反叛姿態漸顯。宣武鎮的建置原因，實則是朝廷為了防禦李正己的反叛。

同年（781 年）二月，朝廷賜宋亳鎮軍號宣武軍。因此，宋亳鎮改稱為宣武鎮。

其後，淮西節度使李希烈叛亂，宣武節度使劉玄佐（劉洽被朝廷賜名為玄佐）率軍討伐。建中四年（783 年）十二月，李希烈攻取永平鎮的會府汴州。

興元元年（784 年）正月，李希烈稱帝，改汴州為大梁府，作為都城。在朝廷集合諸鎮的討伐下，李希烈逐漸敗亡。同年十一月，劉玄佐攻克汴州〔註16〕，朝廷於是又將汴州劃歸宣武鎮。至此，劉玄佐將宣武鎮的會府由宋州遷到汴州，宣武鎮轄有汴、宋、亳、潁四州，因而又稱汴宋鎮〔註17〕。

貞元八年（792 年）三月，劉玄佐去世後，朝廷改任陝虢觀察使吳湊為宣武節度使。但宣武鎮將士卻擁立劉玄佐的兒子劉士寧為留後，朝廷只好任命劉士寧為宣武節度使。貞元九年（793 年），宣武鎮軍將李萬榮驅逐劉士寧，代為宣武節度使。

貞元十二年（796 年），李萬榮死後，宣武鎮發生內亂，朝廷趁機派東都留守董晉出任宣武軍節度使，一定程度上控制了宣武鎮。但在貞元十五年（799 年），劉全諒成為宣武節度使後，宣武鎮又出現割據的局面。同年不久，劉全諒去世，宣武將領推舉韓弘為節度使。此後，韓弘割據宣武鎮長達二十年。

〔註15〕《資治通鑒》卷二百二十六《建中二年》，第 7295、7297 頁。
〔註16〕《資治通鑒》卷二百三十一《興元元年》第 7450 頁記載：十一月，「劉洽（劉玄佐）克汴州。」
〔註17〕《新唐書》卷六十五《方鎮表二》，第 1191～1223 頁。此前未注明出處的記載均可見於《方鎮表二》。

《全唐文》記載：「（薛平）可……鄭滑潁等州節度使觀察處置等使。」〔註18〕據此條記載來看，元和七年（812年），薛平出任義成節度使之時，潁州似乎是屬於義成鎮的。但當時宣武鎮正處於韓弘割據時期，朝廷不可能從宣武鎮分出潁州，而且也未見其他記載可以證明潁州在當時隸屬於義成鎮。薛平出任義成節度使時，《舊唐書》記載為：「元和七年，淮西用兵，（薛平）自左龍武大將軍授兼御史大夫、滑州刺史、鄭滑節度觀察等使」〔註19〕。其中並未提及潁州。《舊唐書》還記載：元和十四年（819年）八月，「制宣武軍節度副大使、知節度事、汴宋亳潁等州觀察處置等使、開府儀同三司、守司徒、兼侍中、汴州刺史、上柱國、許國公、食邑三千戶韓弘可守司徒、兼中書令。」〔註20〕綜上所述，在薛平出任義成軍節度使的時候，潁州並未由宣武鎮改隸於義成鎮。因此，《全唐文》的記載當誤。

元和十四年（819年），韓弘歸順朝廷後，朝廷很快有力掌控了宣武鎮。此後，宣武鎮成為朝廷直接控制的藩鎮。

（二）元和之後宣武鎮的轄區沿革

元和之後，潁州的隸屬變化頻繁，有時隸於宣武鎮，有時隸於義成鎮。

長慶二年（822年），宣武鎮所轄的潁州改隸於義成鎮。《方鎮表二》記載：本年，「義成軍節度使復領潁州」〔註21〕《舊唐書》也記載，本年八月，「以兗海沂密節度使曹華為滑州刺史，充義成軍節度、鄭滑潁等州觀察等使」〔註22〕。

大和九年（835年），宣武鎮復領潁州。是年五月，王智興任「汴州刺史、宣武軍節度、宋亳汴潁觀察等使」〔註23〕。《全唐文》卷七百六十《佛頂尊勝陀羅尼經幢序》記載：「有唐義成軍節度使、檢校禮部尚書、兼御史大夫西平公……是以三州有和樂之化。」〔註24〕根據《唐刺史考全編》的引述，《佛頂

〔註18〕（清）董誥等編：《全唐文》卷六百六十一《除薛平鄭滑節度使制》，第6719頁。

〔註19〕《舊唐書》卷一百二十四《薛嵩傳·附薛平傳》，第3526頁。

〔註20〕《舊唐書》卷十五《憲宗本紀下》，第469頁。

〔註21〕《新唐書》卷六十五《方鎮表二》，第1211頁。

〔註22〕《舊唐書》卷十六《穆宗本紀》，第499頁。

〔註23〕《舊唐書》卷一百五十六《王智興傳》，第4140頁。

〔註24〕（清）董誥等編：《全唐文》卷七百六十《佛頂尊勝陀羅尼經幢序》，第7892頁。

尊勝陀羅尼經幢序》當作於「大和八年六月二十九日」〔註25〕。由此可見，在大和八年（834年），義成鎮轄有鄭、滑、穎三州。因此，穎州由義成鎮改隸於宣武鎮，必定發生在大和九年（835年）。

大中十年（856年），穎州又改隸於義成鎮。大中九年（855年）十一月，河南尹劉瑑任「汴州刺史，充宣武軍節度、宋亳汴穎觀察處置等使」〔註26〕，說明當時宣武鎮還轄有穎州。在大中九年（855年）之前，關於宣武節度使的記載都提及汴宋亳穎四州，而在大中十年之後，關於宣武節度使的記載則都只提及汴宋亳三州，沒有提及穎州，而關於義成軍節度使的記載則屢屢提及穎州。所以，穎州在大中十年（856年）改隸於義成鎮。

此後，宣武鎮長期轄有汴、宋、亳三州，直至唐末。中和三年（883年），朱溫成為宣武軍節度使，朱溫以宣武鎮為基礎，逐漸擴展勢力，後來取代唐朝建立後梁。

綜上所述，宣武鎮的轄區沿革可總結如表4-2所示。

表4-2　宣武鎮轄區統計表

時　　期	轄區總計	會　　府	詳細轄區
781年～784年	3州	宋州	宋、亳、穎
784年～822年	4州	汴州	汴、宋、亳、穎
822年～835年	3州	汴州	汴、宋、亳
835年～856年	4州	汴州	汴、宋、亳、穎
856年～883年	3州	汴州	汴、宋、亳

三、宣武鎮下轄州縣沿革

早期汴宋鎮存在時間是天寶十四載（755年）至大曆十一年（776年），主要轄有汴、宋、曹、徐、穎、兖、鄆、濮、泗等州。建中二年（781年），宣武鎮成立後，其轄區雖幾經變化，但總體而言長期轄有汴、宋、亳、穎四州。

（一）宣武鎮長期轄有的州

汴州：755年～776年屬汴宋鎮，其間多數時間為會府；784年～883年屬

〔註25〕郁賢皓：《唐刺史考全編》卷五七《滑州（靈昌郡）》，第799頁。
〔註26〕《舊唐書》卷十八下《宣宗本紀》，第634頁。

宣武鎮，為會府。天寶元年（742 年），汴州改為陳留郡。十四載（755 年）十一月，置河南節度使，治於陳留郡。同年十二月，陳留郡為安祿山所陷〔註27〕。至德元載（756 年），安氏改陳留郡為汴州。二載（757 年）十月，朝廷收復〔註28〕，仍為陳留郡。乾元元年（758 年），陳留郡復為汴州。同年，河南節度使降為汴州都防禦使，仍治於汴州。二年（759 年）三月，汴州都防禦使廢，汴州改隸於汴滑節度使。同年五月，汴滑鎮徙治於汴州。九月，汴州陷於史思明政權〔註29〕，改為陳留郡。上元二年（761 年），朝廷罷除汴滑鎮，以汴州改隸於淮西鎮，實際仍為史氏政權所據。寶應元年（762 年）十月，史朝義所署河南節度使張獻誠歸降朝廷，朝廷仍改為汴州，復置河南鎮（又稱汴宋鎮），治汴州。大曆十一年（776 年），朝廷討伐汴宋都虞候李靈曜，淮西節度使李忠臣出兵，奪取汴州，並徙淮西鎮會府於汴州。同年，廢河南節度使。十四年（779 年），淮西牙將李希烈驅逐李忠臣，朝廷借機將汴州劃歸永平鎮。建中四年（783 年）十二月，淮西節度使李希烈奪取汴州，並於興元元年（784 年）正月稱帝，改汴州為大梁府，作為都城。同年十一月，汴州為宣武節度使劉玄佐所取，此後一直作為宣武鎮會府。中和三年（883 年），朱溫開始割據宣武鎮，直至天祐四年（907 年）建立後梁，改汴州為開封府，作為都城。

轄有浚儀、開封、陳留、雍丘、封丘、尉氏六縣，治於浚儀縣。

開封縣：與浚儀縣同治〔註30〕。

雍丘縣：至德元載（756 年），安祿山政權置杞州於雍丘縣，轄雍丘、襄邑二縣；二載（757 年），歸唐，廢杞州，雍丘縣還隸於陳留郡〔註31〕。

宋州：755 年～776 年屬汴宋鎮，781 年～883 年屬宣武鎮。天寶元年（742 年），宋州改為睢陽郡。十四載（755 年）十一月，始隸於河南鎮。十二月，陷於安祿山，同月收復。至德二載（757 年）十月，又陷於安氏政權，改為宋州。

〔註27〕《資治通鑑》卷二百一十七《天寶十四載》第 6937 頁記載：十二月，「張介然至陳留才數日，（安）祿山至，授兵乘城。眾恟懼，不能守。庚寅，太守郭納以城降。」

〔註28〕《資治通鑑》卷二百二十《至德二載》第 7042 頁記載：十月，「陳留人殺尹子奇，舉郡降。」

〔註29〕《資治通鑑》卷二百二十一《乾元二年》第 7082 頁記載：九月，「（史）思明至汴州，（許）叔冀與戰，不勝，遂與濮州刺史董秦及其將梁浦、劉從諫、田神功等降之。」

〔註30〕《舊唐書》卷三十八《地理志一》，第 1433 頁。

〔註31〕郭聲波：《中國行政區劃通史‧唐代卷》上編第六章《河南道》，第 337 頁。

十一月，朝廷收復，改為睢陽郡〔註32〕。乾元元年（758年），復為宋州。二年（759年），宋州改隸於汴滑鎮〔註33〕，上元二年（761年）改隸於淮西鎮，寶應元年（762年）復隸於河南鎮（汴宋鎮）。大曆十一年（776年），宋州改隸於永平鎮。建中二年（781年）正月，置宋亳潁節度使，治於宋州，同年二月改為宣武軍節度使。興元元年（784年），徙治於汴州。

轄有宋城、碭山、虞城、楚丘、柘城、穀熟、下邑、單父、襄邑、寧陵十縣，治於宋城縣。

襄邑縣：至德元載（756年），安祿山政權置杞州，以襄邑縣隸之；二載（757年），歸唐，廢杞州，襄邑縣還隸於睢陽郡〔註34〕。

亳州：755年～758年屬汴宋鎮、781年～883年屬宣武鎮。天寶元年（742年），亳州改為譙郡。十四載（755年）十一月，始隸於河南鎮。同年十二月，為安祿山所陷〔註35〕。至德元載（756年），收復。乾元元年（758年），復為亳州，改隸於淮西鎮，二年（759年）改隸於河南鎮，同年改隸於鄭陳鎮，上元二年（761年）改隸於淮西鎮，寶應元年（762年）改隸於河南鎮，廣德元年（763年）改隸於永平鎮（滑州）。建中二年（781年），亳州改隸於宣武鎮。

轄有譙、臨渙、酇、城父、鹿邑、蒙城、永城、真源八縣，治於譙縣。

潁州：755年～769年大多時間屬汴宋鎮，781年～822年、835年～856年屬宣武鎮。天寶元年（742年），潁州改為汝陰郡。十四載（755年）十一月，

〔註32〕《資治通鑑》卷二百一十七《天寶十四載》第6940頁記載：十二月，「（安）祿山以張通儒之弟通晤為睢陽太守，與陳留長史楊朝宗將胡騎千餘東略地……單父尉賈賁帥吏民南擊睢陽，斬張通晤。」同書卷二百二十《至德二載》第7038頁記載：十月，「（睢陽）城遂陷，（張）巡、（許）遠俱被執。」第7044頁記載：十一月，「張鎬帥魯炅、來瑱、吳王（李）祗、李嗣業、李奐五節度徇河南、河東郡縣，皆下之。惟能元皓據北海，高秀巖據大同，未下。」
〔註33〕郭聲波《中國行政區劃通史·唐代卷》上編第六章《河南道》第337頁認為，乾元二年（759年）至寶應元年（762年），宋州陷於史思明政權，當誤。按《資治通鑑》記載：上元元年（760年）十一月，「（劉）展悉舉宋州兵七千趣廣陵」；寶應元年五月，「史朝義自圍宋州數月，城中食盡，將陷，刺史李岑不知所為。遂城果毅開封劉昌曰：『倉中猶有麴數千斤，請屑食之；不過二十日，李太尉必救我。城東南隅最危，昌請守之。』」由此二處記載可知，宋州並未陷於史氏政權。
〔註34〕郭聲波：《中國行政區劃通史·唐代卷》上編第六章《河南道》，第337頁。
〔註35〕《資治通鑑》卷二百一十七《至德元載》第6955頁記載：二月，「先是，譙郡太守楊萬石以郡降安祿山。」按河南道附近州郡於天寶十四載十二月陷於安祿山，譙郡也當陷落於此時。

始隸於河南鎮。乾元元年（758年），汝陰郡復為潁州。二年（759年），改隸於鄭陳鎮。上元二年（761年），改隸於淮西鎮。寶應元年（762年），朝廷又置河南鎮，潁州仍隸之。大曆四年（769年），改隸於澤潞鎮，五年（770年）改隸於涇原鎮，十四年（779年）改隸於永平鎮。建中二年（781年），潁州改隸於宣武鎮。長慶二年（822年），改隸於義成鎮，大和九年（835年），復隸於宣武鎮，大中十年（856年）又改隸於義成鎮。

轄有汝陰、沈丘、潁上、下蔡四縣，治於汝陰縣。

（二）汴宋鎮短期轄有的州

曹州：755年～776年屬汴宋鎮。天寶元年（742年），曹州改為濟陰郡。十四載（755年）十一月，始隸於河南鎮。同年十二月，為安祿山所陷。至德元載（756年）正月，收復。同年十二月，又陷於安祿山政權，改為曹州。二載（757年），收復，仍改濟陰郡〔註36〕。乾元元年（758年），復為曹州。二年（759年），改隸於汴滑鎮。同年，又陷於史思明政權，改為濟陰郡。上元二年（761年），收復，仍改為曹州，改隸於淮西鎮。寶應元年（762年），復隸於河南（汴宋）鎮。大曆十一年（776年），汴宋留後李靈曜叛亂，曹州被淄青節度使李正己奪取，其後隸於淄青鎮。

轄有濟陰、冤句、乘氏、成武、南華、考城六縣，治於濟陰縣。

濮州：755年～758年、762年～776年屬汴宋鎮。天寶元年（742年），濮州改為濮陽郡。十四載（755年）十一月，濮陽郡始隸於河南鎮。同年十二月，為安祿山所陷。至德元載（756年），收復。乾元元年（758年），復為濮州，改隸於青密鎮。二年（759年），改隸於兗鄆鎮。同年九月，又陷於史思明政權，改為濮陽郡。寶應元年（762年）十一月，朝廷收復，仍改濮州，隸於汴宋鎮〔註37〕。大曆十一年（776年），濮州被淄青節度使李正己奪取，改隸

〔註36〕《資治通鑒》卷二百一十七《天寶十四載》第6940頁記載：十二月，「（安）祿山使其將崔乾祐屯陝，臨汝、弘農、濟陰、濮陽、雲中郡皆降於祿山。」同書卷二百一十七《至德元載》第6951頁記載：正月，「濮陽客尚衡起兵討（安）祿山，以郡人王栖曜為衛前總管，攻拔濟陰，殺祿山將邢超然。」卷二百一十九《至德元載》第7010頁記載：十二月，「是月，魯、東平、濟陰陷於賊。」卷二百二十《至德二載》第7044頁記載：十一月，「張鎬帥魯炅、來瑱、吳王（李）祗、李嗣業、李奐五節度徇河南、河東郡縣，皆下之。惟能元皓據北海，高秀巖據大同，未下。」

〔註37〕《資治通鑒》卷二百一十七《天寶十四載》第6940頁記載：十二月，「（安）祿山使其將崔乾祐屯陝，臨汝、弘農、濟陰、濮陽、雲中郡皆降於祿山。」卷

於淄青鎮。

轄有鄄城、雷澤、臨濮、濮陽、范五縣，治於鄄城縣。

徐州：755 年～759 年、762 年～776 年屬汴宋鎮。天寶元年（742 年），徐州改為彭城郡，十四載（755 年）始隸於河南鎮，乾元元年（758 年）復為徐州，二年（759 年）改隸於汴滑鎮，上元二年（761 年）改隸於淮西鎮，寶應元年（762 年）復隸於河南（汴宋）鎮。大曆十一年（776 年），徐州被淄青節度使李正己奪取，改隸於淄青鎮。

轄有彭城、蕭、豐、沛、滕、符離、蘄七縣，治於彭城縣。

泗州：755 年～759 年、769 年～776 年屬汴宋鎮。天寶元年（742 年），泗州改為臨淮郡。十四載（755 年），始隸屬於河南鎮。乾元元年（758 年），復為泗州。二年（759 年），河南鎮分置為汴滑、河南二鎮，泗州隸屬於河南鎮。上元二年（761 年），河南鎮廢，泗州改隸於淮西鎮。大曆四年（769 年），泗州又改隸於汴宋鎮。大曆十一年（776 年），汴宋鎮廢，泗州改隸於永平鎮。

轄有臨淮、宿遷、徐城、漣水、下邳、虹六縣，治於臨淮縣。

鄆州：762 年～776 年屬汴宋鎮。鄆州原隸於兗鄆鎮，寶應元年（762 年）隸於汴宋鎮。大曆十一年（776 年），鄆州被淄青節度使李正己奪取，改隸於淄青鎮。

轄有東平、須昌、陽穀、鄆城、壽張、盧、東阿、平陰、鉅野、中都十縣，治於東平縣。

兗州：762 年～776 年屬汴宋鎮。兗州原隸於兗鄆鎮，寶應元年（762 年）隸於汴宋鎮。大曆十一年（776 年），兗州被淄青節度使李正己奪取，改隸於淄青鎮。

轄有瑕丘、金鄉、鄒、龔丘、魚臺、萊蕪、乾封、曲阜、泗水、任城十縣，治於瑕丘縣。

二百一十七《至德元載》第 6951 頁記載：正月，「濮陽客尚衡起兵討（安）祿山，以郡人王栖曜為衙前總管。」卷二百二十一《乾元二年》第 7081 頁記載：九月，「（史）思明自濮陽，史朝義自白象，周摯自胡良濟河，會於汴州。」由此來看，濮州又陷於史思明政權。卷二百二十二《寶應元年》第 7135 頁記載：十一月，「（史）朝義自濮州北渡河，（僕固）懷恩進攻滑州，拔之，追敗朝義於衛州。」

圖 4-1　汴宋鎮轄區圖（763 年）

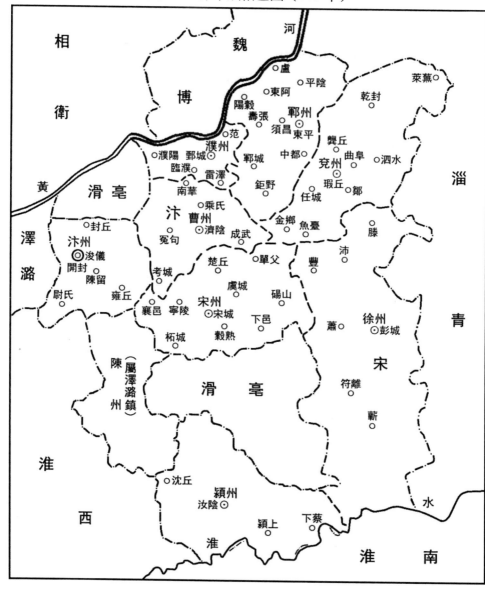

圖 4-2　宣武鎮轄區圖（785 年）

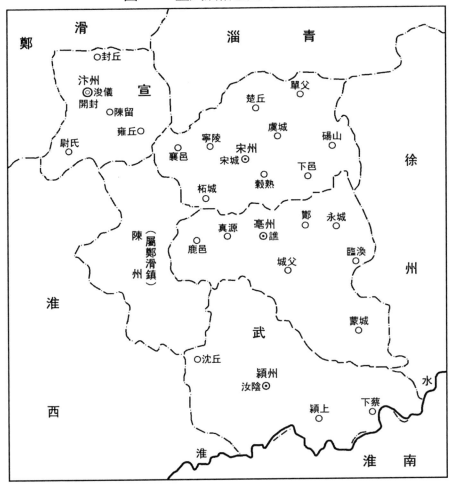

第二節　鄭滑鎮

在唐代，滑州建置的藩鎮可以大致劃分為兩個階段：早期為滑亳鎮，軍號永平軍，因而也稱為永平鎮；後期則為鄭滑鎮，軍號義成軍，因而又稱為義成鎮。唐末，鄭滑鎮為宣武節度使朱溫所攻取。

滑州藩鎮的建置沿革為：滑鄭汴節度使（759～761）—滑衛節度使（761～763）—滑亳節度使（763～772）—永平軍節度使（772～785）—義成軍節度使（785～886）。

滑亳鎮主要轄有滑、亳、陳等州，先治於滑州，後徙治於汴州。鄭滑鎮長期轄有鄭、滑等州，治於滑州。

一、滑亳鎮的轄區沿革

滑亳鎮的前身為史思明建置的滑鄭汴節度使，其歷史可以追溯至乾元二年（759年）。是年，史思明派部將令狐彰攻取滑州，並以其為滑鄭汴節度使。《資治通鑒》記載：「初，史思明以其博州刺史令狐彰為滑鄭汴節度使，將數千兵戍滑臺。」〔註38〕

上元二年（761年）五月，令狐彰歸降朝廷，朝廷便以其為滑、衛等六州節度使，正式建立滑衛鎮。《資治通鑒》記載：本年五月「甲午，以（令狐）彰為滑、衛等六州節度使。」《方鎮表二》記載：本年，「置滑衛節度使，治滑州，領州六：滑、衛、相、魏、德、貝。尋以德州隸淄沂節度而增領博州。」〔註39〕至此，滑衛鎮轄有滑、衛、相、魏、貝、博六州。但是，滑衛鎮當時實際僅控制著滑州，魏、相、衛、貝等州都在安史叛軍的控制下。

廣德元年（763年），滑衛鎮增領亳、德二州，原轄的衛州改隸於澤潞鎮。同年，朝廷建置相衛、魏博二鎮，相、衛、貝三州改隸於相衛鎮，魏、德二州改隸於魏博鎮。所以，經過數次劃分之後，滑衛鎮在廣德元年（763年）最終僅轄有滑、亳二州。從此，滑衛節度使改稱為滑亳節度使。《方鎮表二》滑衛欄記載：本年，「滑衛節度增領亳州，更號滑亳節度使，增領德州。以衛州隸澤潞，析相、貝別置節度，魏博別置防禦。」青密欄記載：本年，「滄、德二州隸魏博節度。」這裡的記載存在錯誤，衛州實際是改隸於相衛鎮。

大曆四年（769年），滑亳鎮增領陳州，《方鎮表二》有載。

大曆七年（772年），朝廷賜滑亳鎮軍號永平軍。《資治通鑒》記載：本年「十二月辛未，置永平軍於滑州。」〔註40〕此後，滑亳節度使改稱永平軍節度使，滑亳鎮改稱永平鎮。

大曆八年（773年），永平軍節度使令狐彰去世，因為他與其子令狐建忠於朝廷，所以使得永平鎮沒有發展成為割據型藩鎮。《資治通鑒》記載：本年「二月壬申，永平節度使令狐彰薨。彰承滑、亳離亂之後，治軍勸農，府廩充實……彰薨，將士欲立（令狐）建，建誓死不從，舉家西歸。」〔註41〕

大曆十一年（776年）五月，汴宋留後田神玉去世，都虞候李靈曜自稱留後，想要傚仿河北藩鎮實行割據，遭到朝廷討伐。同年十月，李靈曜被平定後，

〔註38〕《資治通鑒》卷二百二十二《上元二年》，第7113頁。
〔註39〕《新唐書》卷六十五《方鎮表二》，第1191～1223頁。下同，不再引注。
〔註40〕《資治通鑒》卷二百二十四《大曆七年》，第7219頁。
〔註41〕《資治通鑒》卷二百二十四《大曆八年》，第7219～7220頁。

汴宋鎮原轄的曹、濮、徐、兗、鄆五州被淄青節度使李正己佔據，其會府汴州被淮西節度使李忠臣佔據。至此，汴宋鎮的轄區僅剩宋、泗二州。朝廷於是廢除汴宋鎮，將宋、泗二州劃歸永平鎮〔註42〕。

大曆十四年（779年）二月，淮西鎮發生兵變，牙將李希烈驅逐節度使李忠臣。同年三月，朝廷為削弱淮西鎮的勢力，將汴州劃歸永平鎮，作為永平鎮會府。同時，永平鎮又增領潁州。《方鎮表二》記載：本年，「永平節度增領汴、潁二州，徙治汴州。」

建中二年（781年）正月，永平鎮增領鄭州。不久，朝廷分永平鎮所轄的宋、亳、潁三州另置一個藩鎮，即為後來的宣武鎮，又將泗州劃歸淮南鎮，鄭州劃歸河陽鎮。不久，永平鎮又復領鄭州。對於這些變革，《方鎮表二》記載：本年，「永平節度增領鄭州」。《資治通鑑》記載：本年正月，「永平舊領汴、宋、滑、亳、陳、潁、泗七州，丙子，分宋、亳、潁別為節度使，以宋州刺史劉洽為之；以泗州隸淮南；又以東都留守路嗣恭為懷、鄭、汝、陝四州、河陽三城節度使。旬日，又以永平節度使李勉都統洽、嗣恭二道，仍割鄭州隸之，選嘗為將者為諸州刺史，以備（李）正己等。」〔註43〕當時，淄青節度使李正己意欲叛亂，這一系列的變革的原因，皆是出於朝廷防禦淄青鎮的目的。至此，永平鎮轄有汴、滑、陳、鄭四州。

建中四年（783年）十二月，淮西節度使李希烈發動叛亂，攻佔汴州，迫使永平節度使李勉逃往宋州。李希烈佔據汴州，也標誌著早期滑亳鎮的消亡。

綜上所述，滑亳鎮的轄區沿革可總結如表 4-3 所示。

表4-3　滑亳鎮轄區統計表

時　期	轄區總計	會　府	詳細轄區
761年～763年	6州	滑州	滑、衛、相、魏、貝、博
763年～769年	2州	滑州	滑、亳
769年～776年	3州	滑州	滑、亳、陳
776年～779年	5州	滑州	滑、亳、陳、宋、泗
779年～781年	7州	汴州	汴、滑、亳、陳、宋、泗、潁
781年～783年	4州	汴州	汴、滑、陳、鄭

〔註42〕詳見本章第一節《宣武鎮的轄區沿革》。
〔註43〕《資治通鑑》卷二百二十六《建中二年》，第7295～7296頁。

二、鄭滑鎮的轄區沿革

李希烈叛亂後，永平鎮的轄區發生了較大的變化，改轄有鄭、滑等州，因而稱為鄭滑鎮，其後軍號也發生改變。鄭滑鎮長期轄有鄭、滑、潁三州，治於滑州。

建中四年（783年）十二月，李希烈攻佔汴州後，滑州刺史李澄降於李希烈，被李希烈任命為永平節度使。《資治通鑒》記載：本年十二月，「滑州刺史李澄以城降（李）希烈，希烈以澄為尚書令兼永平節度使。」〔註44〕但是，李澄當時也僅控制有滑州。

興元元年（784年），李澄歸順朝廷，得到朝廷的任命，因此此後永平鎮徙治於滑州。直至貞元元年（785年）三月，朝廷正式任命李澄為鄭滑節度使。同年，朝廷改永平鎮軍號為義成軍。《方鎮表二》記載：「永平軍節度更號義成軍節度，增領許州。」此後，滑州藩鎮稱為鄭滑鎮，因其軍號為義成軍，故而也稱為義成鎮。

同年（785年），鄭滑鎮增領許州。但是，當時許州實際為李希烈所控制〔註45〕。

直至貞元二年（786年）七月，李希烈死後，朝廷才實際收復許州。繼而朝廷分鄭滑鎮下轄的陳、許二州置陳許節度使。關於陳許節度使的建置時間，《舊唐書》和《資治通鑒》都記載為貞元二年七月。《舊唐書》記載：貞元二年「秋七月……以隴右行營節度使曲環為陳許節度使。」〔註46〕《資治通鑒》也記載：貞元二年七月，「以隴右行營節度使曲環為陳許節度使。」〔註47〕而《方鎮表二》卻記載為：貞元三年（787年），「置陳許節度使，治許州。」〔註48〕據此三處記載來看，《舊唐書》和《資治通鑒》的記載應該更為準確。分置陳許鎮後，鄭滑鎮僅轄有滑、鄭二州。

長慶二年（822年）後，鄭滑鎮屢次增領和罷領潁州，對此，本章第一節《宣武鎮的轄區沿革》中已經考述，在此僅引出結論。長慶二年（822年），潁州由宣武鎮改隸於鄭滑鎮。大和九年（835年），潁州改隸於宣武鎮，大中十年（856年）復隸於鄭滑鎮。

〔註44〕《資治通鑒》卷二百二十九《建中四年》，第7388頁。
〔註45〕關於許州的論述見第九章第二節《唐代中後期淮西鎮的轄區沿革》。
〔註46〕《舊唐書》卷十二《德宗本紀上》，第353頁。
〔註47〕《資治通鑒》卷二百三十二《貞元二年》，第7470頁。
〔註48〕《新唐書》卷六十五《方鎮表二》，第1191～1223頁。

　　唐末，中和四年（884 年），穎州都知兵馬使王敬蕘驅逐刺史，佔據穎州，脫離鄭滑鎮的實際控制。《資治通鑑》記載：「是歲……穎州都知兵馬使汝陰王敬蕘逐其刺史，各領州事，朝廷因命為刺史。」〔註49〕

　　光啟二年（886 年）十一月，宣武軍節度使朱全忠派部將朱珍、李唐賓率軍襲取鄭滑鎮。《資治通鑑》記載：本年十一月，「義成節度使安師儒……朱全忠先遣其將朱珍、李唐賓襲滑州……虜（安）師儒以歸。全忠以牙將江陵胡真知義成留後。」〔註50〕此後，鄭滑鎮成為朱全忠控制的藩鎮。

　　另外，王敬蕘從中和四年（884 年）開始佔據穎州。其後，秦宗權進攻穎州，王敬蕘歸附於宣武軍節度使朱溫，但仍然據有穎州。乾寧四年（897 年）十一月，朱溫改任王敬蕘為武寧軍節度使，從而結束了王敬蕘在穎州的割據。

　　綜上所述，鄭滑鎮的轄區沿革可總結如表 4-4 所示。

表 4-4　鄭滑鎮轄區統計表

時　　期	轄區總計	會　　府	詳細轄區
783 年～784 年	1 州	滑州	滑
784 年～787 年	3 州	滑州	滑、陳、鄭
787 年～822 年	2 州	滑州	滑、鄭
822 年～835 年	3 州	滑州	滑、鄭、穎
835 年～856 年	2 州	滑州	滑、鄭
856 年～884 年	3 州	滑州	滑、鄭、穎
884 年～886 年	2 州	滑州	滑、鄭、〔穎〕〔註51〕

三、鄭滑鎮下轄州縣沿革

　　滑州建置的藩鎮最初為滑亳鎮，軍號永平軍，主要轄有滑、亳、陳三州。李希烈之亂後，滑州藩鎮經過屢次變革，改轄有滑、鄭二州，因而稱為鄭滑鎮，軍號義成軍。長慶二年（822 年），鄭滑鎮增領穎州，至大和九年（835 年）罷領，大中十年（856 年）復領，直至唐末。

〔註49〕《資治通鑑》卷二百五十六《中和四年》，第 8317 頁。
〔註50〕《資治通鑑》卷二百五十六《光啟二年》，第 8340～8341 頁。
〔註51〕中和四年（884 年）至乾寧四年（897 年），穎州名義上仍隸於鄭滑鎮，實際為王敬蕘所據。

（一）鄭滑鎮長期轄有的州

滑州：761 年～886 年屬滑亳、鄭滑鎮，長期為會府。天寶元年（742 年），滑州改為靈昌郡。十四載（755 年）十一月，始隸於河南鎮。同年十二月，為安祿山所陷，後收復。至德二載（757 年）八月，又陷於安氏政權，改為滑州〔註 52〕。乾元元年（758 年），朝廷以滑州改隸於青密鎮，實際仍為安氏政權所據。二年（759 年），屬史思明政權，改為靈昌郡，置節度使，令狐彰為之。上元二年（761 年），令狐彰歸順朝廷，朝廷改靈昌郡為滑州，置滑衛節度使，治滑州。廣德元年（763 年），滑衛節度使改稱滑亳節度使。大曆七年（772 年），朝廷賜滑亳鎮軍號為永平軍。十四年（779 年），永平鎮徙治於汴州。建中四年（783 年），汴州被淮西節度使李希烈攻佔，滑州刺史李澄降於李希烈，被任命為永平軍節度使。興元元年（784 年），李澄歸順朝廷。貞元元年（785 年），朝廷正式任命李澄為鄭滑節度使，滑州成為鄭滑鎮會府，同年改軍號為義成軍。

轄有白馬、韋城、衛南、胙城、靈昌、酸棗、匡城七縣，治於白馬縣。

鄭州：781 年～783 年屬滑亳鎮、784 年～886 年屬鄭滑鎮。鄭州此前隸屬於涇原鎮，建中二年（781 年）始隸於永平鎮。永平鎮改稱鄭滑鎮後，鄭州仍隸之。

轄有管城、滎陽、陽武、新鄭、滎澤、原武、中牟七縣，治於管城縣。

穎州：822 年～835 年、856 年～884 年屬鄭滑鎮。穎州此前隸屬於涇原鎮，大曆十四年（779 年）始隸於永平鎮，建中二年（781 年）改隸於宣武鎮。長慶二年（822 年），改隸於鄭滑鎮，大和九年（835 年）復隸於宣武鎮，大中十年（856 年）又隸於鄭滑鎮。

轄有汝陰、沈丘、潁上、下蔡四縣，治於汝陰縣。

（二）滑亳鎮短期轄有的州

亳州：763 年～781 年屬滑亳鎮。亳州此前隸屬於河南鎮，廣德元年（763 年）始隸於滑亳鎮，建中二年（781 年）改隸於宣武鎮。

轄有譙、臨渙、酇、城父、鹿邑、蒙城、永城、真源八縣，治於譙縣。

陳州：769 年～786 年屬滑亳、鄭滑鎮。陳州此前隸屬於澤潞鎮，大曆四

〔註 52〕《資治通鑑》卷二百一十七《天寶十四載》第 6937 頁記載：十二月，「丁亥，安祿山自靈昌渡河……遂陷靈昌郡。」同書卷二百一十九《至德二載》第 7029 頁記載：八月，「靈昌太守許叔冀為賊所圍，救兵不至，拔眾奔彭城。」

年（769年）始隸於滑亳鎮，貞元二年（786年）改隸於陳許鎮。

　　轄有宛丘、太康、項城、南頓、溵水、西華六縣，治於宛丘縣。

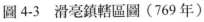

圖 4-3　滑亳鎮轄區圖（769年）

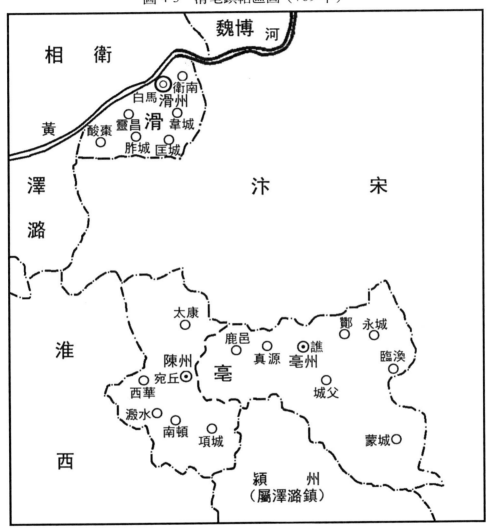

圖 4-4　鄭滑鎮轄區圖（822 年）

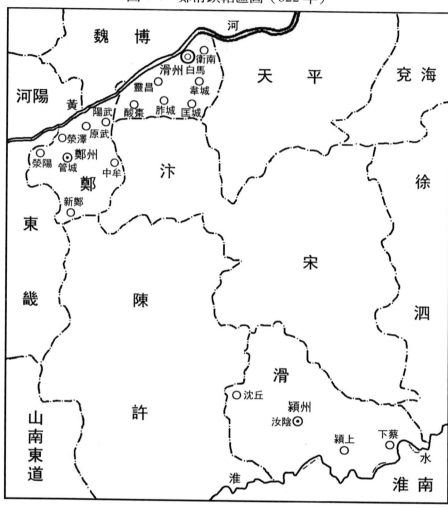

第三節　徐泗鎮

　　徐泗鎮，又稱徐州鎮，因其軍號先後為武寧軍、感化軍，又稱武寧鎮、感化鎮。唐代中後期，高承宗、張建封、王智興等人曾先後據有徐州。唐末，時溥割據於徐州，後為宣武節度使朱溫所兼併。

　　學界對於徐泗鎮的個案研究較多，丁輝先生的碩士論文《唐代武寧軍研究》第一章對徐泗鎮的轄區進行了研究，但對其中不少問題都沒有涉及〔註53〕。刑

〔註53〕丁輝：《唐代武寧軍研究》，碩士學位論文，南京大學歷史系，2011 年，第 7～
　　　　21 頁。

啟振先生的碩士論文《唐後期武寧鎮戰略地位研究》〔註54〕，江依璿的碩士論文
《唐代武寧軍研究》〔註55〕對徐泗鎮的歷史地理問題涉及都相對較少。

一、徐泗鎮的轄區沿革

徐州藩鎮的建置沿革為：河南節度使（759～761）—徐海沂密都團練觀察
使（782～784）—徐泗濠節度使（788～800）—徐州節度使（800～805）—武
寧軍節度使（805～862）—徐泗都團練觀察防禦使（863～869）—武寧軍節度
使（869）—徐泗都團練防禦使（869～870）—徐州觀察使（870）—感化軍節
度使（870～約879）—武寧軍節度使（約879～893）。

徐州鎮始置於建中三年（782年），當時僅轄有徐州，至興元元年（784年）
被廢除。貞元四年（788年），朝廷建置徐泗鎮，轄徐、泗、濠三州。其後，徐
泗鎮有武寧軍的軍號，又增置宿州。元和之後，徐泗鎮的轄區變革仍然較為頻
繁，但主要轄有徐、泗、濠、宿四州。

（一）徐州建鎮之始

徐州建置藩鎮的歷史可以追溯到乾元二年（759年）。是年，朝廷廢除汴
州都防禦使，分其轄區建置汴滑節度使和河南節度使。其中，河南節度使領有
徐、泗、海、亳、潁五州，治於徐州，稱為河南鎮。這是徐州最早的建鎮歷史。
同年，河南鎮罷領潁、亳二州，上元元年（760年）罷領海州。上元二年（761
年），朝廷廢除河南鎮〔註56〕。其後，徐州先後隸屬於淮西、兗鄆、汴宋、淄
青等鎮。

建中二年（781年），淄青節度使李正己及其子李納先後叛亂，遭到朝廷
的討伐。當時，徐州是屬於淄青鎮的轄區。同年十月，李納的部將李洧以徐州
歸降於朝廷，被朝廷任命為徐州刺史。

建中三年（782年）三月，朝廷任命李洧為徐海沂都團練觀察使，正式建
徐州為一鎮，治於徐州。此時，海、沂二州實際都在淄青鎮的控制之下，李洧
僅僅轄有徐州。《資治通鑒》記載：本年「三月乙未，始以徐州刺史李洧兼徐、
海、沂都團練觀察使，海、沂已為（李）納所據，洧竟無所得。」〔註57〕不久，

〔註54〕刑啟振：《唐後期武寧鎮戰略地位研究》，碩士學位論文，山東師範大學歷史
　　　　系，2013年。
〔註55〕江依璿：《唐代武寧軍研究》，碩士學位論文，淡江大學歷史系，2009年。
〔註56〕《新唐書》卷六十五《方鎮表二》，第1198～1199頁。
〔註57〕《資治通鑒》卷二百二十七《建中三年》，第7321頁。

李洧又名義上增領密州。但是，密州實際也在淄青鎮的控制之下。《新唐書》記載：「既賊方張，乃加（李）洧徐海沂密觀察使。時海、密為賊守，不受命，洧未有以取之。」〔註58〕

建中三年（782年）八月，李洧去世。同年九月，朝廷任命李洧的部將高承宗為徐海沂密都團練觀察使。

興元元年（784年）正月，李納歸順朝廷。同年五月，高承宗去世。因為海、沂、密三州仍在淄青鎮的實際控制下，朝廷於是廢除了徐海沂密都團練觀察使，名義上讓淄青鎮復領徐、海、沂、密四州。《方鎮表二》記載：本年，「廢徐海沂密都團練觀察使」；「復置淄青平盧節度使，領青、淄、登、萊、齊、兗、鄆、徐、海、沂、密、曹、濮十三州。」〔註59〕但是，朝廷並沒有讓淄青鎮實際控制徐州，而是讓高承宗之子高明應繼任徐州刺史。所以，徐州實際並沒有在淄青鎮的管轄之下。

實際上，徐州在此後的數年應該被視為中央直屬州。除了徐州實際並不隸屬於任何藩鎮之外，還有一個重要原因是，朝廷能夠實際控制徐州。數年之後，朝廷以徐州建置徐泗節度使，正好可以說明這點。所以筆者認為，興元元年（784年）至貞元四年（788年）期間的徐州可以視為中央直屬州。

（二）張建封父子時期徐泗鎮的轄區沿革

貞元四年（788年）十一月，朝廷認為高明應年少，擔心淄青鎮再次奪取徐州，控制江淮流域，於是以徐、泗、濠三州建置一個藩鎮，任命張建封為徐泗濠節度使。《資治通鑑》記載：本年十一月，「李泌言於上曰：『江、淮漕運，自淮入汴，以甬橋為咽喉，地屬徐州，鄰於李納，刺史高明應年少不習事，若李納一旦復有異圖，竊據徐州，是失江淮也，國用何從而致！請徙壽、盧、濠都團練使張建封鎮徐州，割濠、泗以隸之，復以盧、壽歸淮南。則淄青惕息而運路常通，江、淮安矣。及今明應幼騃可代，宜徵為金吾將軍。萬一使它人得之，則不可復制矣。』上從之。以建封為徐、泗、濠節度使。」〔註60〕《張建封墓誌》記載：「貞元五年，錄其茂勳，進拜徐州刺史、泗濠等州觀察節度使、兼御史大夫」〔註61〕。這裡的「貞元五年」應該不準確，應以貞元四年十一月為準。

〔註58〕《新唐書》卷一百四十八《李洧傳》，第3742～3743頁。

〔註59〕《新唐書》卷六十五《方鎮表二》，第1191～1223頁。下同，不再引注。

〔註60〕《資治通鑑》卷二百三十三《貞元四年》，第7516～7517頁。

〔註61〕羅火金：《唐代張建封及其妻墓誌考》，《文物世界》2008年第3期，第40～44頁。

至此，徐泗鎮正式建立，轄有徐、泗、濠三州，治於徐州。

貞元十六年（800年）五月，張建封去世，徐州將士擁立其子張愔為徐州留後。朝廷不允許張愔承襲節度使，詔令淮南節度使杜佑、泗州刺史張伾率兵討伐徐州，但是都失敗而歸。朝廷無奈之下，將泗、濠二州從徐州鎮劃出，建置泗濠觀察使，並讓淮南節度使杜佑兼領泗濠觀察使。同時，朝廷又任命張伾為泗州留後，杜兼為濠州留後。至於張愔，則僅僅被朝廷任命為徐州團練使、徐州留後。因此，徐州鎮又僅轄有徐州。

對於上述史實，《資治通鑑》有載。《方鎮表二》也記載：貞元十六年，「廢徐、泗、濠三州節度使，未幾，復置泗、濠二州觀察使，隸淮南。徐州領本州留後。」

這裡需要對兩點進行說明。首先，泗濠觀察使由淮南節度使兼領。杜兼受任濠州留後，不久就入朝為刑部郎中。其後，李遜為濠州刺史〔註62〕。不管是濠州刺史杜兼、李遜，還是泗州刺史張伾，都沒有擔任過泗濠觀察使。

其次，對張伾據有泗州之事進行簡單說明。張伾從貞元八年（792年）就開始出任泗州刺史。貞元十六年（800年），徐泗節度使張建封去世後，張伾被朝廷任命為泗州留後。永貞元年（805年）三月，張伾去世，泗州將士想要擁立其子張重政承襲泗州刺史。但是，張重政的母親徐氏不同意，並暗中將此事告知淮南節度使王鍔。王鍔出兵控制了泗州，因此張重政才沒有能夠繼任泗州刺史。

永貞元年（805年）三月，朝廷賜徐州鎮軍號為武寧軍，任命張愔為武寧軍節度使。《資治通鑑》記載：本年三月「戊子，名徐州軍曰武寧，以張愔為節度使。」〔註63〕此後，徐州鎮又被稱為武寧鎮。

（三）元和至大和年間徐泗鎮的轄區沿革

元和元年（806年）十一月，朝廷讓武寧鎮復領濠、泗二州，廢除泗濠觀察使。《資治通鑑》記載：本年，「武寧節度使張愔有疾，上表請代。十一月……以東都留守王紹代之，復以濠、泗二州隸武寧軍。」〔註64〕由此記載也可以看出，朝廷之所以讓徐州復領濠、泗二州，是因為徐州藩鎮又被朝廷實際掌控。

《方鎮表二》記載：元和二年，「廢泗、濠二州觀察使，置武寧軍節度使，治徐州，領徐、泗、濠三州。」這裡記載的時間不準確。

〔註62〕郁賢皓：《唐刺史考全編》卷七《濠州（豪州、鍾離郡）》，第1736頁。

〔註63〕《資治通鑑》卷二百三十六《永貞元年》，第7612頁。

〔註64〕《資治通鑑》卷二百三十七《元和元年》，第7638頁。

元和二年（807年），朝廷曾經分武寧鎮的泗州和淮南鎮的壽、楚二州建置壽泗楚三州都團練使，治於泗州。但同年不久，朝廷又廢除壽泗楚三州都團練使。壽、楚二州仍然隸屬於淮南鎮，泗州也復隸於徐泗鎮。對此，《方鎮表五》有載〔註65〕。

元和四年（809年）正月，朝廷分徐州、泗州置宿州，武寧鎮因此增領宿州。《新唐書》記載：「宿州，上。元和四年析徐州之苻離、蘄，泗州之虹置。」〔註66〕《方鎮表二》也記載：本年，「武寧軍節度增領宿州。」

長慶元年（821年）三月，宿州被廢除，徐泗鎮因而罷領宿州。《方鎮表五》記載：本年，「淮南節度增領宿州。」〔註67〕這個記載有誤，宿州與淮南鎮之間有濠州相隔，若宿州割隸於淮南鎮，而濠州仍然隸屬於徐泗鎮，這是不合理的。《唐會要》記載：「宿州，元和四年正月，以徐州苻離、蘄，泗州虹三縣置，遂為上州，治苻離，仍隸徐濠泗等州觀察使。長慶元年三月，徐州觀察使崔群奏……其宿州伏請卻廢，三縣各還本州。至太和七年二月，敕：『宜準元和四年正月，割徐州苻離、蘄，泗州虹縣，依前置宿州，隸屬徐泗濠等州觀察使。其州置於埇橋，在徐州南界，汴水上，舟車之要。其舊割四縣，仍舊來屬，已下官便委吏部注擬。』」〔註68〕由此記載可以看出，宿州在長慶元年（821年）被廢除，直至太和七年（833年）二月復置，仍然隸屬於徐泗鎮。在這期間，原宿州的轄區實際上還是屬徐泗鎮管轄的。賴青壽先生的博論《唐後期方鎮建置沿革研究》也論證了《唐會要》記載的正確性〔註69〕。

長慶二年（822年）三月，武寧軍節度副使王智興驅逐武寧軍節度使崔羣，控制武寧鎮，被朝廷任命為武寧軍節度使，從而開始了王智興在武寧鎮的割據。直至大和六年（832年）三月，朝廷改任王智興為忠武節度使，才結束了王智興在武寧鎮的割據。

大和七年（833年）二月，宿州復置，武寧鎮復領宿州。詳細見於上文的論述。

〔註65〕《新唐書》卷六十八《方鎮表五》，第1299頁。
〔註66〕《新唐書》卷三十八《地理志二》，第652頁。
〔註67〕《新唐書》卷六十八《方鎮表五》，第1304頁。
〔註68〕（宋）王溥撰，牛繼清校證：《唐會要校證》卷七十《州縣改置上》，第1073～1074頁。
〔註69〕賴青壽：《唐後期方鎮建置沿革研究》第四章第四節《徐泗（武寧軍）節度使沿革》，第75頁。

（四）王智興割據和龐勛起義對徐泗鎮轄區的影響

王智興割據武寧鎮之後，使得徐州的牙兵日益驕縱，數次發動兵變。咸通三年（862 年）七月，徐州再次發生軍亂，驅逐節度使溫璋。朝廷為控制徐泗鎮，任命王式為武寧軍節度使。八月，王式到達徐州，誅滅了亂軍。其後，朝廷為了打壓徐州的勢力，於是廢除徐泗鎮。《方鎮表二》記載：本年，「罷武寧軍節度，置徐州團練防禦使，隸兗海。又置宿、泗等州都團練觀察處置使，治宿州。」《資治通鑑》記載：本年八月，「今改為徐州團練使，隸兗海節度，復以濠州歸淮南道，更於宿州置宿泗都團練觀察使。」〔註70〕

朝廷廢除徐泗鎮後，仍然以王式為武寧軍節度使，兼徐泗濠宿制置使。《唐大詔令集》卷九十九《降徐州為團練敕》記載：「徐州宜改為本州團練使，除當州諸縣鎮外，別更留兵二千人，隸屬兗海節度使收管。濠州本屬淮南節度收管……仍置宿泗等州都團練觀察處置等使，便以宿州為理所，王式且充武寧軍節度使、兼徐泗濠宿等州制置使。其兵馬除留在徐州外，仍令王式與玄質，量其多少，分配宿州團練使及泗州兵馬留後……咸通三年八月。」〔註71〕由《降徐州為團練敕》的記載大致可以看出，朝廷之所以仍然以王式為武寧軍節度使兼徐泗濠宿制置使，實際是為保證徐州廢鎮之事順利過渡。

直至咸通四年（863 年），徐州廢鎮之事已經順利過渡，朝廷於是廢除了徐州防禦使。《方鎮表二》記載：本年，「罷徐州防禦使，以濠州隸淮南節度。」

同年（863 年）十一月，朝廷又重建徐泗鎮。《資治通鑑》記載，咸通四年十一月，「廢宿泗觀察使，復以徐州為觀察府（即為觀察使），以濠、泗隸焉。」〔註72〕《方鎮表二》記載為：咸通五年（864 年），「置徐泗團練觀察處置使，治徐州。」《舊唐書》記載：咸通六年「七月，以右衛大將軍薛縚檢校工部尚書、徐州刺史，充徐泗團練觀察防禦等使。」〔註73〕對於徐泗鎮復建的時間，《資治通鑑》的記載應該更為準確。但是，當時徐泗鎮似乎並沒有領有濠州，因為史籍記載徐泗鎮後來又增領濠州，《資治通鑑》所記載的濠州當為宿州之誤。

咸通九年（868 年）九月，被派往戍守桂林的徐泗鎮將領龐勛發動起義，

〔註70〕《資治通鑑》卷二百五十《咸通三年》，第 8100 頁。
〔註71〕（宋）宋敏求編：《唐大詔令集》卷九十九《降徐州為團練敕》，第 501 頁。
〔註72〕《資治通鑑》卷二百五十《咸通四年》，第 8107 頁。
〔註73〕《舊唐書》卷十九上《懿宗本紀》，第 659 頁。

率領義軍回到徐泗鎮，攻佔了宿州，自稱兵馬留後。接著，龐勳又攻佔徐州，殺徐泗觀察使崔彥曾。其後，龐勳又先後攻取了淮南鎮的滁州、和、濠三州。咸通十年（869年）九月，龐勳被殺。十月，龐勳之亂最終被平定。

咸通十年（869年），朝廷升徐泗都團練觀察防禦使為武寧軍節度使。《舊唐書》記載：本年正月，「以神武大將軍王晏權檢校工部尚書、徐州刺史、御史大夫，充武寧軍節度、徐泗濠觀察，兼徐州北路行營招討等使，智興之從子也。」〔註74〕《新唐書》也記載：「始，帝以（王）晏權故智興子，節度武寧，欲以怖賊。」〔註75〕

同年（869年），武寧軍節度使降為徐泗都團練防禦使，轄有徐、泗、宿、濠四州。《方鎮表二》記載：本年，「置徐泗節度使。是年，復置都團練防禦使，增領濠、宿二州。」

咸通十一年（870年）六月，朝廷改徐泗都團練防禦使為觀察使，罷領泗州，同年十一月升為徐州觀察使，又升為感化軍節度使，增領泗州。《資治通鑒》記載：本年六月，「徐州依舊為觀察使，統徐、濠、宿三州，泗州為團練使，割隸淮南。」十一月，「丁卯，復以徐州為感化軍節度。」〔註76〕《舊唐書》記載：本年十一月，「其徐州都團練使改為感化軍節度、徐宿濠泗等州觀察處置等使。」〔註77〕《唐大詔令集》卷九十九《建徐州為感化軍節度敕》記載：「徐州都團練使仍改為感化軍節度、徐宿濠等州觀察處置等使（咸通十一年十一月）。」〔註78〕由《舊唐書》的記載來看，徐州藩鎮又轄有泗州。此後，徐泗鎮又稱為感化鎮。

乾符二年（875年），感化鎮罷領泗州。《方鎮表二》記載：本年，「感化軍節度罷領泗州。」《資治通鑒》記載：乾符三年（876年）四月，「賜宣武、感化節度、泗州防禦使密詔，選精兵數百人於巡內遊奕，防衛網船。」乾符四年正月，「更發忠武、宣武、感化三道、宣、泗二州兵，新舊合萬五千餘人，並受（宋）皓節度。」〔註79〕由以上兩處記載可知，泗州別置為泗州防禦使。陳志堅先生在《唐末中和年間徐泗揚兵爭之始末——崔致遠〈桂苑筆耕集〉事

〔註74〕《舊唐書》卷十九上《懿宗本紀》，第665頁。

〔註75〕《新唐書》卷一百四十八《康承訓傳》，第3740頁。

〔註76〕《資治通鑒》卷二百五十二《咸通十一年》，第8159、8161頁。

〔註77〕《舊唐書》卷十九上《懿宗本紀》，第676頁。

〔註78〕（宋）宋敏求編：《唐大詔令集》卷九十九《建徐州為感化軍節度敕》，第501～502頁。

〔註79〕《資治通鑒》卷二百五十二《乾符三年》、卷二百五十三《乾符四年》，第8183、8189頁。

箋之一》一文中也考證，泗州於此時建置為防禦使〔註80〕。

　　大約在乾符六年（879年），徐州藩鎮的軍號改為武寧軍。《唐刺史考全編》引上圖藏拓片《唐故西川少尹支公（訥）墓誌銘並序》（乾符六年五月廿五日）的記載：「仲弟詳，見任武寧軍節度使。」同書考證，支詳出任徐州的時間在乾符五年（878年）至中和二年（882年）〔註81〕。據此可知，支詳在乾符六年（879年）之前就已經改稱武寧軍節度使了。

（五）時溥割據徐泗鎮時期的轄區沿革

　　唐末，武寧鎮再次進入割據狀態。中和元年（881年）八月，時溥開始割據於武寧鎮。《資治通鑑》記載：本年八月，「武寧節度使支詳遣牙將時溥、陳璠將兵五千入關討黃巢……溥不許，送詳歸朝。璠伏甲於七里亭，並其家屬殺之。詔以溥為武寧留後。」〔註82〕

　　大約中和二年（882年）末至中和三年（883年）初，武寧鎮復領泗州。《資治通鑑》記載：光啟三年十一月，宣武節度使朱全忠「又以宣武行軍司馬李璠為淮南留後，遣牙將郭言將兵千人送之……全忠以書假道於溥，溥不許。璠至泗州，溥以兵襲之，郭言力戰得免而還，徐、汴始構怨。」〔註83〕由此記載來看，泗州在光啟三年（887年）似乎已經屬於時溥的轄區。陳志堅先生在《唐末中和年間徐泗揚兵爭之始末——崔致遠〈桂苑筆耕集〉事箋之一》一文中考證，泗州大約在中和二年末至中和三年初復隸於徐州管轄〔註84〕。

　　時溥與朱溫結仇之後，開始遭到朱溫的攻伐，屢遭失敗。文德元年（888年）十一月，時溥失去宿州。次年（889年）正月，泗州的宿遷也被宣武鎮攻取。據《資治通鑑》記載：文德元年十一月，「朱全忠又遣別將攻宿，刺史張友降之。」龍紀元年（889年）正月，「汴將龐師古拔宿遷，軍於呂梁。時溥逆戰，大敗，還保彭城。」〔註85〕

　　大順元年（890年）四月，宿州將領張筠驅逐刺史張紹光，歸附於時溥。

〔註80〕陳志堅：《唐末中和年間徐泗揚兵爭之始末——崔致遠〈桂苑筆耕集〉事箋之一》，《魯東大學學報（哲學社會科學版）》2008年第5期，第20頁。

〔註81〕郁賢皓：《唐刺史考全編》卷六四《徐州（彭城郡）》，第934頁。

〔註82〕《資治通鑑》卷二百五十四《中和元年》，第8256頁。

〔註83〕《資治通鑑》卷二百五十七《光啟三年》，第8371頁。

〔註84〕陳志堅：《唐末中和年間徐泗揚兵爭之始末——崔致遠〈桂苑筆耕集〉事箋之一》，《魯東大學學報（哲學社會科學版）》2008年第5期，第20頁。

〔註85〕《資治通鑑》卷二百五十七《文德元年》、卷二百五十八《龍紀元年》，第8382、8384頁。

因此，武寧鎮復有宿州。《資治通鑒》記載：本年四月，「宿州將張筠逐刺史張紹光，附於時溥。」〔註86〕

大順二年（891年）八月，朱溫派部將丁會進攻宿州，並於十月攻克。《舊五代史》記載：本年「八月己丑，帝（朱全忠）遣丁會急攻宿州，刺史張筠堅守其壁，會乃率眾於州東築堰，壅汴水以浸其城。十月壬午，筠遂降，宿州平。」〔註87〕

景福元年（892年）十一月，時溥部將張璲、張諫分別以濠州、泗州歸降於朱溫。至此，時溥獨守徐州。《資治通鑒》記載：本年十一月，「時溥濠州刺史張璲、泗州刺史張諫以州附於朱全忠。」〔註88〕

景福二年（893年）正月，「時溥遣兵攻宿州，刺史郭言戰死。」〔註89〕這裡所記載的郭言，是朱溫任命的宿州刺史。所以，宿州此時應該被時溥奪回。同年四月，時溥最終兵敗自殺，結束其在徐州的割據。至此，朱全忠兼併徐州，武寧鎮成為朱溫直接控制的藩鎮。

綜上所述，徐泗鎮的轄區沿革可總結如表4-5所示。

表4-5　徐泗鎮轄區統計表

時　　期	轄區總計	會　府	詳細轄區
781年～784年	1州	徐州	徐
788年～800年	3州	徐州	徐、泗、濠
800年～806年	1州	徐州	徐
806年～809年	3州	徐州	徐、泗、濠
809年～821年	4州	徐州	徐、泗、濠、宿
821年～833年	3州	徐州	徐、泗、濠
833年～862年	4州	徐州	徐、泗、濠、宿
863年～868年	3州	徐州	徐、泗、宿
869年～875年	4州	徐州	徐、泗、宿、濠
875年～約883年	3州	徐州	徐、宿、濠

〔註86〕《資治通鑒》卷二百五十八《大順元年》，第8395頁。
〔註87〕《舊五代史》卷一《梁書·太祖本紀一》，第13～14頁。
〔註88〕《資治通鑒》卷二百五十九《景福元年》，第8437頁。
〔註89〕《資治通鑒》卷二百五十九《景福二年》，第8438頁。

約 883 年～888 年	4 州	徐州	徐、宿、濠、泗
889 年～890 年	3 州	徐州	徐、濠、泗、〔宿〕〔註90〕
890 年～891 年	4 州	徐州	徐、濠、泗、宿
891 年～892 年	3 州	徐州	徐、濠、泗、〔宿〕
892 年～893 年	1 州	徐州	徐、〔濠、泗、宿〕〔註91〕

二、徐泗鎮下轄州縣沿革

徐州藩鎮的轄區變革較為頻繁，建置早期僅轄有徐州，後增領泗、濠二州，又增置宿州。其後，徐州屢屢罷領泗、濠、宿三州。相對而言，徐泗鎮長期內仍然轄有徐、泗、濠、宿四州。

徐州：781 年～784 年、788 年～862 年、863 年～893 年屬徐州鎮。徐州此前隸屬於淄青鎮，建中二年（781 年）十月，淄青將領李洧以徐州降於朝廷。建中三年（782 年）三月，李洧被任命為徐沂海密團練使，實則僅有徐州。興元元年（784 年），徐沂海密團練使廢，徐州成為中央直屬州。貞元四年（788 年），徐州建置徐泗濠節度使，貞元十六年（800 年）改為徐州節度使，永貞元年（805 年）改為武寧軍節度使，元和元年（806 年）復領濠、泗二州。咸通三年（862 年），徐泗鎮廢，徐州改隸於兗海鎮。咸通四年（863 年），徐泗鎮復置，仍治徐州。咸通十一年（870 年），徐泗鎮升為感化軍節度使。約乾符六年（879 年），徐州藩鎮軍號復改為武寧軍。

轄有彭城、蕭、豐、沛、滕五縣，治於彭城縣。

宿州：元和四年（809 年），分徐、泗二州建置宿州，隸於徐泗鎮。長慶元年（821 年），宿州廢，大和七年（833 年）復置，仍隸於徐泗鎮。咸通三年（862 年），建置宿、泗二州都團練觀察使，治於宿州。四年（863 年），宿泗觀察使廢，宿州復隸於徐泗鎮。龍紀元年（889 年），宿州為宣武節度使朱溫所取。大順元年（890 年），武寧節度使時溥奪回宿州。二年（891 年），宿州最終為朱溫所取。

轄有符離、蘄、虹三縣，治於符離縣。

符離縣：原屬徐州，元和四年（809 年），置宿州，治符離縣。長慶元年（821

〔註90〕文德元年（888 年）十一月至大順元年（890 年）四月，宿州被宣武節度使朱溫攻取。
〔註91〕大順二年（891 年）十月，宿州再次被宣武節度使朱溫攻取；景福元年（892 年）十一月，濠、泗二州被宣武節度使朱溫攻取。

年），宿州廢，符離縣復隸於徐州。大和七年（833年），復置宿州〔註92〕。

圖 4-5　徐泗鎮轄區圖（809年）

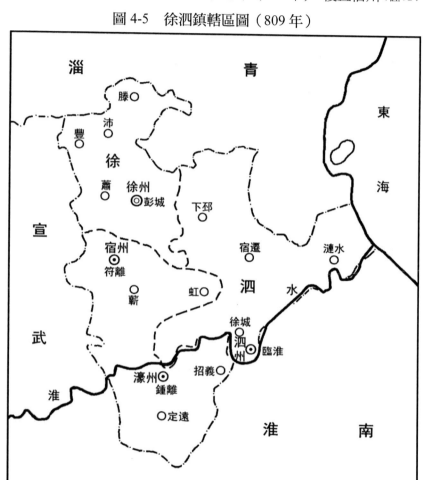

蘄縣：原屬徐州，元和四年（809年）改隸於宿州，長慶元年（821年）復隸於徐州，大和七年（833年）復隸於宿州。

虹縣：原屬泗州，元和四年（809年）改隸於宿州，長慶元年（821年）復隸於泗州，大和七年（833年）復隸於宿州。

泗州：泗州曾先後隸屬於河南、淮西、兗鄆、淄青、汴宋等藩鎮。大曆十一年（776年），泗州由汴宋鎮改隸於永平鎮，建中二年（781年）改隸於淮南鎮。貞元四年（788年），泗州始隸於徐泗鎮。貞元十六年（800年），建置泗濠觀察使，由淮南節度使兼領。元和元年（806年），泗濠觀察使廢，泗州復隸

<hr>

〔註92〕詳見本節前文《徐泗鎮的轄區沿革》，蘄、虹二縣同。

於徐泗鎮。咸通三年（862 年），泗州改隸於宿泗觀察使，四年（863 年）復隸於徐泗鎮。乾符二年（875 年），泗州別置為泗州防禦使，約中和三年（883 年）復隸於徐州。景福元年（892 年）十一月，泗州為宣武節度使朱溫所取。

　　轄有臨淮、宿遷、徐城、漣水、下邳五縣，治於臨淮縣。

　　濠州：濠州曾先後隸屬於淮南、壽濠等藩鎮，直至貞元四年（788 年）始隸於徐泗鎮。貞元十六年（800 年），建置泗濠觀察使，由淮南節度使兼領。元和元年（806 年），泗濠觀察使廢，濠州復隸於徐泗鎮。咸通三年（862 年），濠州改隸於淮南鎮，十年（869 年）復隸於武寧（徐泗）鎮，景福元年（892 年）十一月被宣武節度使朱溫攻取。

　　轄有鍾離、定遠、招義三縣，治於鍾離縣。

第四節　陳許鎮

　　陳許鎮，因其軍號為忠武軍，故又稱忠武鎮。陳許鎮建置於貞元二年（786 年），長期轄有陳、許、蔡三州，治於許州。唐末，趙犨、趙昶、趙珝割據於陳州，被任命為忠武軍節度使。因此，陳許鎮徙治於陳州。趙氏歸附於宣武節度使朱溫，名義上轄有陳、許、汝三州，實際僅控制有陳州，許、汝二州都在朱溫的控制之下。天復元年（901 年），陳州最終被朱溫兼併，忠武鎮成為朱溫的勢力範圍。

一、陳許鎮的轄區沿革

　　陳許鎮的建置沿革為：陳許節度使（786～804）—忠武軍節度使（804～901）。

　　陳許鎮建置初期轄有陳、許二州，治於許州。元和年間，淮西鎮被廢除，陳許鎮增領溵、蔡二州。不久，溵州廢除，陳許鎮因而長期轄有陳、許、蔡三州。唐末，陳許鎮罷領蔡州，增領汝州，其後徙治於陳州。

（一）唐代中後期陳許鎮的轄區沿革

　　陳許鎮建置之前，鄭州曾經建置過鄭陳鎮。據《方鎮表二》記載：乾元二年（759 年），「置鄭陳節度使，領鄭、陳、亳、潁四州，治鄭州，尋增領申、光、壽三州；未幾，以三州隸淮西。」上元二年（761 年），「廢鄭陳節度，以鄭、陳、亳、潁四州隸淮西。」〔註93〕由這兩條記載可知，鄭陳鎮建置於乾元

〔註93〕《新唐書》卷六十五《方鎮表二》，第 1191～1223 頁。下同，不再引注。

二年，轄有鄭、陳、亳、潁四州，治鄭州，直至上元二年被廢除。《方鎮表二》把「鄭陳節度使」作為忠武鎮建鎮之始，其實並不是很合理。因為忠武鎮長期領有陳、許二州，治於許州，而鄭陳鎮則轄有鄭、陳、亳、潁四州，治於鄭州，兩者沒有太多的聯繫。

　　陳許鎮建置於貞元二年（786年）七月。當時，朝廷分義成鎮的陳、許二州建置陳許鎮，治於許州，任命曲環為陳許節度使。《舊唐書》記載，本年七月，「以隴右行營節度使曲環為陳許節度使。」〔註94〕《資治通鑑》也記載：本年「七月，淮西兵馬使吳少誠殺陳仙奇，自為留後……己酉，以虔王（李）諒為申、光、隨、蔡節度大使，以少誠為留後，以隴右行營節度使曲環為陳許節度使。」〔註95〕《方鎮表二》記載：貞元三年，「置陳許節度使，治許州。」這裡記載的時間不準確，當以《舊唐書》和《資治通鑑》的記載為準。

　　朝廷建置陳許鎮，目的是有效管理淮西鎮周邊地區。許州原本隸屬於淮西鎮，淮西節度使李希烈之亂被平定後，朝廷才控制許州。朝廷以許州建置藩鎮，同時也是為了防止淮西鎮再次擴張。

　　貞元二十年（804年），朝廷賜陳許鎮軍號忠武軍。關於陳許鎮賜號忠武軍的時間，《資治通鑑》記載為：本年，「四月丙寅，名陳許軍曰忠武。」〔註96〕《舊唐書》與《資治通鑑》的記載相同。而《方鎮表二》記載為：貞元十年（794年），「陳許節度賜號忠武軍節（度）使。」按前兩者的記載，《方鎮表》的記載有誤。此後，陳許鎮又稱為忠武鎮。

　　元和十二年（817年）十一月，朝廷平定淮西鎮吳元濟之後，以蔡州的郾城、上蔡、西平三縣和唐州的遂平縣建置溵州，隸屬於淮西鎮。《新唐書》記載：「元和十二年復以郾城、上蔡、西平、遂平置溵州。」〔註97〕同年，溵州改隸於陳許鎮。《方鎮表二》記載：本年，「彰義軍節度復為淮西節度，增領溵州，未幾，以溵州隸忠武軍節度。」

　　元和十三年（818年）五月，朝廷廢除淮西鎮，將淮西鎮的會府蔡州劃歸陳許鎮〔註98〕。《方鎮表二》記載：本年，「忠武軍節度增蔡州。」

　　長慶元年（821年）五月，溵州被廢除，所轄各縣復隸於蔡州。對於溵州

〔註94〕《舊唐書》卷十二《德宗本紀上》，第353頁。
〔註95〕《資治通鑑》卷二百三十二《貞元二年》，第7470頁。
〔註96〕《資治通鑑》卷二百三十六《貞元二十年》，第7605頁。
〔註97〕《新唐書》卷三十八《地理志二》，第649頁。
〔註98〕詳見第九章第二節《唐代中後期淮西鎮的轄區沿革》。

的廢除時間，《新唐書・地理志》記載：「長慶元年，（溵）州廢，縣還隸蔡州。」〔註99〕《舊唐書・穆宗本紀》也記載：本年五月「癸亥，敕先置溵州於郾城，宜廢，其郾城、上蔡、西平、遂平兩縣復隸蔡州。」〔註100〕對此，《方鎮表二》誤作長慶二年。此後，陳許鎮長期轄有陳、許、蔡三州。

　　《方鎮表二》記載：大中二年（848年），「置蔡州防禦使、龍陂監牧使」。以往有學者據此認為，大中二年之後蔡州不再隸屬於陳許鎮。其實，蔡州雖然建置防禦使，但仍然屬陳許鎮管轄。根據《唐刺史考全編》的考證，大中十一年（857年），裴識為「忠武軍節度、陳許蔡觀察等使」，咸通初，孔溫裕為「忠武軍節度、陳許蔡州觀察處置等使」〔註101〕，均可證實蔡州仍然隸屬於陳許鎮。《資治通鑑》也記載：「薛能遣牙將上蔡秦宗權調發至蔡州……（中和元年）時秦宗權據蔡州，不從（周）岌命，（楊）復光將忠武兵三千詣蔡州，說宗權同舉兵討（黃）巢。」〔註102〕其中提到的薛能、周岌都是忠武軍節度使，他們能向蔡州下達命令，可見蔡州仍然在陳許鎮的管轄之下。

（二）唐末陳許鎮的轄區沿革

　　唐末，秦宗權割據於蔡州，使得蔡州脫離陳許鎮的管轄。其後，趙犨據有陳州，被任命為忠武節度使，陳許鎮因而徙治於陳州。趙氏歸附於宣武節度使朱溫後，朱溫曾將許、汝二州劃歸忠武節度使管轄。但二州都在朱溫的實際控制之下，趙氏實際僅據有陳州。天復元年（901年），朱溫徙趙珝為匡國節度使，結束了趙氏在陳州的割據。

　　廣明元年（880年），秦宗權佔據蔡州之後，被朝廷任命為奉國軍防禦使，其後又升為節度使〔註103〕。至此，蔡州脫離陳許鎮。

　　秦宗權割據淮西之後，不斷進攻其周邊藩鎮，擴大其勢力範圍。光啟二年（886年）七月，秦宗權攻陷陳許鎮的會府許州，殺忠武節度使鹿晏弘。光啟三年（887年）五月，秦宗權在邊孝村之戰大敗以後，勢力逐漸衰落，失去對許州的控制。

　　文德元年（888年）十一月，秦宗權趁許州防備空虛，再次攻取許州，俘

〔註99〕　《新唐書》卷三十八《地理志二》，第649頁。
〔註100〕　《舊唐書》卷十六《穆宗本紀》，第489頁。
〔註101〕　郁賢皓：《唐刺史考全編》卷五九《許州（潁川郡）》，第848頁。
〔註102〕　《資治通鑑》卷二百五十四《廣明元年》《中和元年》，第8237、8252頁。
〔註103〕　參見第九章第二節《唐末淮西鎮的轄區沿革》。

獲忠武軍留後王薀。同年十二月，秦宗權被部將申叢囚禁後，申叢歸降朝廷，許州復為陳許鎮所有。

　　陳許鎮下轄的陳州，從廣明元年（880年）開始就被趙犨佔據。秦宗權叛亂期間，雖然陳許鎮的會府許州兩次被秦宗權攻陷，但陳州在趙犨的堅守下，一直都未被叛軍攻克。

　　龍紀元年（889年）三月，朝廷平定秦宗權後，任命趙犨為忠武軍節度使。由於趙犨長期據有陳州，朝廷於是將陳許鎮的會府遷到陳州。《資治通鑑》記載，本年三月，「加蔡州節度使趙犨同平章事，充忠武節度使，以陳州為理所。」〔註104〕

　　同年不久，趙犨去世，其弟趙昶繼任為忠武節度使。趙氏兄弟雖然為忠武節度使，但從趙犨開始，就歸附於宣武節度使朱溫，陳許鎮下轄的許州也被朱溫實際控制。據《唐刺史全編》所考，許州刺史趙克裕、朱友裕、朱友恭等都為朱溫部將或親屬〔註105〕。

　　乾寧元年（894年），陳許鎮增領汝州。《方鎮表二》記載：本年，「忠武軍節度增領汝州。」至此，陳許鎮轄有陳、許、汝三州。但是，汝州也在朱溫實際控制下。

　　乾寧二年（895年），趙昶去世，趙珝繼任忠武軍節度使。

　　光化三年（900年），忠武鎮所轄的汝州改隸於東都，《方鎮表二》對此有載。

　　天復元年（901年）十一月，朱溫徙趙珝為匡國節度使，從而結束了趙氏家族對陳州的割據，也標誌著朱溫正式兼併陳許鎮。

　　綜上所述，陳許鎮的轄區沿革可總結如表4-6所示。

表4-6　陳許鎮轄區統計表

時　　期	轄區總計	會　府	詳細轄區
786年～817年	2州	許州	陳、許
817年～818年	3州	許州	陳、許、溵
818年～821年	4州	許州	陳、許、溵、蔡
821年～880年	3州	許州	陳、許、蔡

〔註104〕《資治通鑑》卷二百五十八《龍紀元年》，第8386頁。
〔註105〕郁賢皓：《唐刺史考全編》卷五九《許州（潁川郡）》，第851～852頁。

880 年～886 年	2 州	許州	陳、許
886 年～887 年	1 州	—	陳、〔許〕〔註 106〕
887 年～888 年	2 州	許州	陳、許
889 年～894 年	2 州	陳州	陳、許
894 年～900 年	3 州	陳州	陳、許、汝
900 年～901 年	2 州	陳州	陳、許

二、陳許鎮下轄州縣沿革

陳許鎮建置於貞元二年（786 年），轄有陳、許二州，治於許州。元和十二年（817 年），陳許鎮增領溵州，次年又增領蔡州。長慶元年（821 年），溵州廢除，陳許鎮因而轄有陳、許、蔡三州。唐末，陳許鎮罷領蔡州，後徙治於陳州，增領汝州。

（一）陳許鎮長期轄有的州

許州：786 年～901 年屬陳許鎮，長期為會府。許州原隸於淮西鎮，貞元二年（786 年），朝廷平定李希烈之亂後，建置陳許節度使，治於許州。光啟二年（886 年），許州被奉國軍節度使秦宗權攻佔，三年（887 年）收復，文德元年（888 年）復為秦宗權所陷，同年收復。龍紀元年（889 年），秦宗權被平定之後，忠武鎮徙治於陳州。

轄有長社、長葛、許昌、鄢陵、臨潁、舞陽、扶溝、郾城八縣，治於長社縣。

郾城縣：原隸於蔡州，元和十二年（817 年），改隸於溵州，長慶元年（821 年）復隸於蔡州，同年改隸於許州〔註 107〕。

陳州：786 年～901 年屬陳許鎮，889 年～901 年為會府。陳州曾先後隸屬於河南、淮西、鄭陳、澤潞、滑亳、鄭滑等藩鎮。貞元二年（786 年），陳州始隸於陳許鎮。唐末，秦宗權叛亂，趙犨據有陳州。龍紀元年（889 年），秦宗權被平定後，趙犨被朝廷任命為忠武軍節度使，治於陳州，陳鎮始為忠武鎮治所。

轄有宛丘、太康、項城、南頓、溵水、西華六縣，治於宛丘縣。

〔註 106〕光啟二年（886 年）至三年（887 年），許州為秦宗權勢力所奪取。
〔註 107〕《新唐書》卷三十八《地理志二》，第 649 頁。

圖 4-6　陳許鎮轄區圖（821 年）

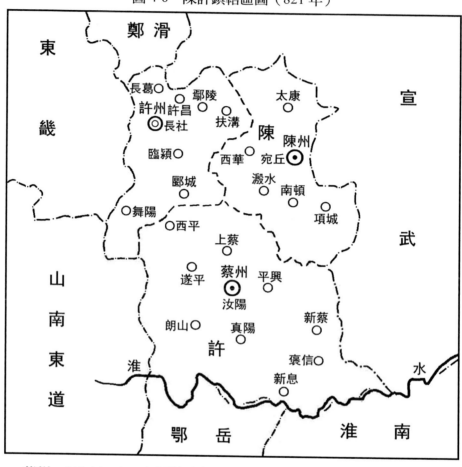

　　蔡州：818 年～880 年屬陳許鎮。蔡州原隸於淮西鎮，朝廷平定吳元濟之亂後，廢除了淮西鎮，蔡州改隸於陳許鎮。廣明元年（880 年），蔡州為秦宗權所據，別置奉國軍防禦使。

　　轄有汝陽、汝南、平興、郎山、新息、真陽、新蔡、褒信、遂平、西平、上蔡十一縣，治於汝陽縣。

　　遂平縣：原為吳房縣，元和十二年（817 年），改為遂平縣，改隸於唐州〔註108〕，同年又以郾城、上蔡、西平、遂平置溵州。長慶元年（821 年），溵州廢，遂平縣復隸於蔡州〔註109〕。

〔註108〕《新唐書》卷三十八《地理志二》，第 650 頁。

〔註109〕對於元和十二年（817 年）遂平縣隸於溵州之事，《新唐書》卷三十八《地理志二》第 649 頁記載：「元和十二年復以郾城、上蔡、西平、遂平置溵州……長慶元年，州廢，縣還隸蔡州」。

西平縣：元和十二年（817年），改隸於溵州，長慶元年（821年）復隸於蔡州〔註110〕。

上蔡縣：元和十二年（817年），改隸於溵州，長慶元年（821年）復隸於蔡州〔註111〕。

（二）陳許鎮短期轄有的州

溵州：817年～821年屬陳許鎮。元和十二年（817年）十一月，以蔡州郾城、上蔡、西平三縣、唐州遂平縣建置溵州，初隸於淮西鎮，同年改隸於陳許鎮。長慶元年（821年），溵州廢除，四縣復隸於蔡州〔註112〕。

轄有郾城、上蔡、西平、遂平四縣，治於郾城縣。

汝州：894年～900年屬陳許鎮。汝州原隸於東畿鎮，乾寧元年（894年），汝州改隸於忠武軍。光化三年（900年），仍隸於東畿。

轄有梁、臨汝、魯山、葉、襄城、郟城、龍興七縣，治於梁縣。

〔註110〕《舊唐書》卷三十八《地理志一》，第1435頁。
〔註111〕《新唐書》卷三十八《地理志二》，第649頁。
〔註112〕溵州的建置情況，詳見前文考述。